W0020393

Claudia Cardinale
Mein Paradies

Claudia Cardinale

Mein Paradies

Erinnerungen

Aus dem Französischen von
Barbara Röhl

Gustav Lübbe Verlag

Gustav Lübbe Verlag
in der Verlagsgruppe Lübbe

Übersetzung aus dem Französischen
von Barbara Röhl

Titel der französischen Originalausgabe:
»Mes Étoiles«

Textredaktion: Heike Krüger
Lektorat: Regina Maria Hartig
Satz: Dörlemann Satz, Lemförde
Gesetzt aus der Adobe Caslon
Druck und Einband: Friedrich Pustet, Regensburg

Printed in Germany
ISBN 10: 3-7857-2244-3
ISBN 13: 978-3-7857-2244-2 ab 1.1.2006

5 4 3 2 1

Für Pasquale, Patrick und Claudia

Inhaltsverzeichnis

VORWORT

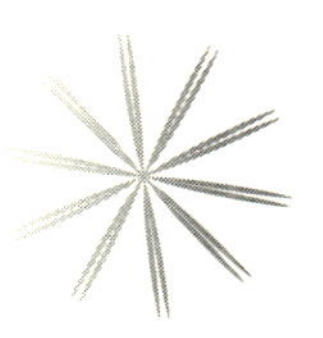

In der Welt des Films sind die schönen Geschichten nicht zu Ende, wenn die junge Unbekannte plötzlich ans Firmament der Stars katapultiert wird. Im Gegenteil, gerade wenn sie glaubt, es geschafft zu haben, beginnen die Probleme erst richtig.

Ich war noch sehr jung, als ich ein Star wurde. Wie in einem Traum, den ich damals häufig hatte – er ging um einen großen weißen Zug, den ich zu Hause, in Tunesien, gerade noch erwischte, voller Angst, weil ich nicht wusste, wo ich aussteigen sollte –, bin ich auf einen fahrenden Zug aufgesprungen, um den Anschluss nicht zu verpassen … So wurde ich mit zwanzig Jahren zur »kleinen Verlobten« Italiens, zur Heldin eines Märchens, eines Jungmädchentraums.

Doch ich lernte auch die Kehrseite der Medaille kennen. Ich war das Symbol eines Landes, dessen Sprache ich kaum verstand. Mein Lächeln machte meinen Erfolg aus, und doch habe ich auch harte Zeiten erlebt. Ich bereue nichts davon. Zum einen, weil man erst weiß, wie stark man ist, wenn man hat kämpfen müssen. Und außerdem, weil ich sonst wahrscheinlich niemals Filme gedreht hätte. Oh, ich hätte durchaus auch auf andere Weise Erfolg im Leben haben können, indem ich zum Beispiel Grundschullehrerin geworden wäre, wie ich das zuerst vorhatte. Aber dann hätte ich nicht dieselben Menschen kennen gelernt.

Denn darin liegt schlussendlich der Unterschied. Glück

oder Unglück sind sehr subjektive Vorstellungen, aber die Chance, außergewöhnliche Menschen zu treffen, Menschen, die man bewundert und die einen so stark beeinflussen, dass es das Leben, die Ambitionen, die Träume verändert, die man hat, das ist schon eine großartige Sache.

Das alles war nicht mein Verdienst. Oft hat das Schicksal an meiner Stelle entschieden. Ich war sehr jung und stand vor einer seltsamen, absurden Wahl: Cinecittà zu erobern oder bei dem Versuch zu sterben. Etwas anderes erschien mir gar nicht möglich. Ein solches selbstgesetztes Ultimatum nährt heftige Emotionen.

Wenn mir damals jemand gesagt hätte, dass ich Glück hatte, wäre ich ziemlich erstaunt gewesen. Vielleicht hätte ich mich sogar schrecklich ereifert. Das hätte mir jedenfalls ähnlich gesehen. Heute teile ich diese Meinung. Ja, ich hatte Glück, unwahrscheinliches Glück. Aber nicht so, wie manch einer glaubt. Nicht das Glück zu gefallen, fotogen zu sein – was natürlich unabdingbar war –, sondern das, von meinem heimatlichen Tunesien aus direkt auf einem Planeten zu landen, wo Genies sich nicht verkauften, wo man an jeder Straßenecke auf Poesie, Talent und die Liebe zum Film traf und auf die Großherzigkeit und die Begeisterung, die damit einhergehen.

Was wäre ohne Luchino Visconti aus mir geworden? Ohne Fellini, ohne Zurlini, ohne Bolognini oder Sergio Leone, meine lieben italienischen Regisseure? Was wäre ich ohne den Kostümbildner Pietro Tosi? Was wäre ich ohne Alain Delon, ohne Burt Lancaster, ohne Jean-Paul Belmondo, meine Partner? Oder ohne Omar Sharif, der schuld daran war, dass ich meinen ersten Film drehte, und ohne die Unbekannten, die längst Vergessenen, die mich an einem festlichen Abend zur schönsten Italienerin von Tunis wählten – ausgerechnet mich, die ich nur Französisch sprach? Was wäre aus mir geworden ohne Pasquale Squitieri, der mich dazu motiviert hat, mich wieder auf den Weg zu machen, als mein Leben in einer Sackgasse steckte? Was wäre ich ohne all die Menschen, die von der Leidenschaft für den Film beseelt waren und mich meinen Beruf als Schauspielerin gelehrt haben?

Ich habe in meinem Leben sehr viel Glück gehabt. Und jetzt ist es an der Zeit, den Menschen zu danken, denen ich auf meinem Weg begegnet bin.

Erster Teil

»Mektoub«

Ich wollte Lehrerin werden

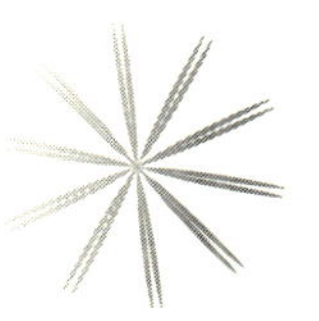

Noch heute frage ich mich, warum Papa wohl erlaubt hat, dass meine Schwester und ich 1954 in dem Film *Anneaux d'or* mitspielten.

Denn das war ganz untypisch für unsere Familie. Was die Ehre ihrer Töchter betrifft, geht ein Sizilianer normalerweise kein Risiko ein. Die Filmleute müssen ihm felsenfeste Garantien gegeben haben. Und außerdem – vielleicht war das der Grund –, stellte das für ihn die seltene Gelegenheit dar, einige bewegte Bilder aus unserer Jugend festzuhalten.

Damals besaß in meinem tunesischen Umfeld niemand eine Filmkamera. Höchstens einen Fotoapparat, eine Balgenkamera, die man sorgfältig zwischen den Wäschestapeln verwahrte. Das war eine Zeit, zu der man die Kinder einmal im Jahr zum Fotografen führte wie zur Kommunion, damit er vor einem Hintergrund aus Pappe ihre ernsten, feierlichen Gesichter, ihre sonntäglich gekleideten Gestalten und blank polierten Schuhe für die Ewigkeit festhielt. Papa allerdings machte viele Fotos, und natürlich waren ich und meine Geschwister – meine Schwester Blanche und meine zwei Brüder Bruno und Adrien, die alle jünger waren als ich – seine bevorzugten Motive. Er nahm uns vor seinem Peugeot 204 auf, im Boot und am Strand, dem Plage de l'aéroport, wo wir ein kleines Ferienhaus besaßen. Fernsehen gab es natürlich in Tunis nicht; sogar in Frankreich zählte man erst einige tausend Apparate. Die große

Sache, das große gesellschaftliche Ereignis der Fünfzigerjahre war das Kino. In Tunis gab es viele Kinos, und wir wohnten sogar ganz in der Nähe eines der größten Lichtspielhäuser, dem Colisée in der Rue de Marseille.

Zu der Zeit, als ich zum ersten Mal vor einer Kamera stand, hätten zwei italienische Filme die Italiener von Tunis sicherlich begeistert, *La Strada* von Fellini und *Senso* von Visconti; Filme von zwei großen Meistern, die mein Leben als Schauspielerin später entscheidend beeinflussen sollten. Ich glaube, wenn ich an der Stelle meiner Eltern gewesen wäre, hätte ich nichts Eiligeres zu tun gehabt, als sie mit meinen Kindern anzusehen, weil diese Bilder ihnen besser als alle Bücher von dem Land erzählt hätten, aus dem sie stammten.

Für fast alle Emigranten war der italienische Film zur neuen Heimat geworden, dieser stolze Zweig des europäischen Kinos, der vitaler als alle anderen zuerst den Krieg überlebt hatte und dann den Marshallplan und die Flut von Hollywoodfilmen, die dadurch über Europa schwappte. Doch in Tunis, wo wir kaum Lust hatten, allzu sehr auf unsere Abstammung zu pochen, war das anders. Weniger als zehn Jahre nach Kriegsende herrschte in der Kolonialgesellschaft längst noch kein Friede. Vielen Franzosen galt Italien, das sich im Krieg mit den Deutschen verbündet hatte, immer noch als faschistisches Land. Und da wir unter französischem Protektorat lebten, hatten wir uns angewöhnt, möglichst nicht aufzufallen.

In der Schule vermieden die Lehrerinnen es sogar, den Namen Cardinale auf italienische Art auszusprechen, und verschluckten das *e*. Auf dem Pausenhof waren wir Zielscheibe von Bosheiten. Ich habe nie vergessen, wie einige Kinder, die sich für Helden hielten, mir einen Schulranzen zertraten, den mein Vater am Ende des Kriegs für mich angefertigt hatte. Da war es gar nicht denkbar, mit der Familie Filme anzusehen, die unsere Nationalität auch noch laut verkündet hätten…

Die Grecos, die Ahnen meiner Mutter, waren genau wie die Cardinales, die Familie meines Vaters, purer sizilianischer Herkunft. Sie hatten im neunzehnten Jahrhundert nur die schmale Wasserstraße im Mittelmeer überqueren müssen, um sich an den Ufern niederzulassen, die lange wie eine natürliche Fortsetzung Süditaliens erschienen waren. Mein Großvater war noch in einem einfachen Ruderboot übergesetzt. Aber meine Eltern waren beide in Tunesien geboren und niemals in ihr Herkunftsland zurückgekehrt. Meine Großeltern sprachen Sizilianisch, so wie man es vor einem Jahrhundert gesprochen hatte, aber wir Kinder kannten nur Französisch und einige arabische Brocken.

Zu Hause aßen wir manchmal tunesisch – wir liebten die Teigpasteten mit Ei oder die Mélojia, ein Gericht auf der Grundlage von Fleisch und Spinat –, häufiger aber italienisch. Mama kochte Parmigiana, Norma, Osso Buco, aber vor allem Polenta, eine Spezialität aus Norditalien. Sonntags gab es Couscous. Wir lebten wie in einem synchronisierten Film: Unsere Küche war italienisch, genau wie unsere Lebensart, die Strenge, mit der meine Schwester und ich erzogen wurden, die Art, wie meine Mutter bei Tisch meinen Vater bediente, alles… bis auf die Sprache, in der wir uns unterhielten. Sogar unsere Namen waren französisch. Mama und Papa hießen Yolande und François. Zu Hause wäre nie jemand auf die Idee gekommen, mich »Claudia« zu rufen. Ich war Claude, ein geschlechtsneutraler Vorname, der gut zu mir passte, denn an mir war ein Junge verloren gegangen. Ich war eine Wasserratte, stürmisch, eine Draufgängerin, die sich laut über die Rüschenkleidchen und die Spiele der kleinen Mädchen mokierte. In meiner Eintragung im Melderegister stehen auch die Vornamen Joséphine und Rose, die Namen meiner Großmütter, die ebenfalls den Geschmack der Kolonialzeit widerspiegeln.

Mein Vater hatte zwei Leidenschaften. Die Uhren, die er auseinander nahm und dann akribisch wieder zusammensetzte. Und die Geige, auf der er uns, als wir noch ganz klein waren, vorspielte, damit wir einschliefen. Ich bin in einer musikalischen Familie aufgewachsen: Meine Schwester spielte Klavier und sang, Adrien spielte Gitarre. Wenn unsere Familie groß ausging, dann ins Konzert und ganz bestimmt nicht ins Kino!

Natürlich kannte ich die Plakate, die für die amerikanischen Filme warben: Wie hätte ich auch die Großaufnahmen von Männern und Frauen übersehen können, die in einen innigen Kuss versunken waren? Doch mit fünfzehn durfte ich diese unmoralischen Veranstaltungen nicht besuchen; und erst recht nicht meine Schwester, die ein Jahr jünger war als ich. Wir konnten nur vor den Fotos träumen, die an den Kinoeingängen mit Reißzwecken an Plakatwände geheftet waren, und versuchen, aus ihnen die Handlung zu erraten. Aber wir Mädchen durften nichts über Liebe wissen. Und dabei rede ich nicht einmal von Sexualität, ein Wort, das wir nicht hätten aussprechen können, ohne rot zu werden, sondern von den grundlegenden Körperfunktionen. Damals erklärte man in der Schule die Fortpflanzung am Beispiel der Amöben … Und ich erinnere mich noch an Blanches Schrecken, als sie zum ersten Mal ihre Regel bekam, den entsetzten Schrei, mit dem sie meinen Vater zu Hilfe rief, und die Ohrfeige, die ihre Panik ihr eintrug! Denn das war bei uns ein Ritual, eine kurze und bündige Art, die Mädchen zu lehren, dass man über solche Dinge zu schweigen hatte. Jeden Monat hörte ich, wie Mama geheimnisvoll zu Papa sagte, »die Engländer sind gelandet«. Eine Nachricht, die meine Brüder an die Fenster stürzen ließ … Ich kicherte hämisch. Mir konnte man nichts vormachen …

Die einzigen bewegten Bilder, die man uns in unserer Kinderzeit erlaubte, waren chinesische Schattenspiele, die bei unserem Nachbarn aufgeführt wurden, einem reichen Araber, mit dem wir Umgang pflegten, wie es damals üblich war – höflich und zurückhaltend. Aber auch mit großer Neugier. In unserem Umkreis gab es Russen, Juden, Araber und Franzosen, und wir alle begegneten einander mit Respekt. Ich erinnere mich an katholische Prozessionen in La Goulette, bei denen alle zusammenkamen, um die Jungfrau Maria vorbeiziehen zu sehen. Aber bei einer Sache weiß ich nicht, ob ich sie geträumt habe. Als ich eines Tages am Fenster eines hoch gestellten Politikers vorbeiging, eines wichtigen Mannes, erblickte ich eine Dienerin, die auf den Knien lag und den Boden putzte… in Ketten. Auf jeden Fall, und dessen bin ich mir ganz sicher, sprachen in allen tunesischen Familien die Mädchen ihren Vater mit niedergeschlagenen Augen an und küssten ihm die Hand.

Im Vergleich dazu herrschte in unserer Familie die vollkommene Demokratie. Dennoch stand außer Frage, dass wir nichts ohne Papas Erlaubnis unternahmen. Mama saß bei Tisch natürlich neben ihm, aber sie wäre nie auf die Idee gekommen, ihn zu bitten, er möge aufstehen und ihr das Salz holen… Das Leben von uns Kindern wurde durch zwei strenge Regeln bestimmt: pünktlich zu sein und stillzuschweigen. Letzteres hat mich nie gestört, vielleicht wegen meiner tiefen Stimme, durch die ich schon immer aus dem Rahmen fiel. Ich war immer diejenige, der man einschärfte, in der Kirche nicht mitzusingen, und ich bin nicht schwatzhaft. Viel schwerer fiel es mir, während der ganzen Mahlzeit auf meinem Stuhl sitzen zu bleiben. Familienfeste waren eine steife Angelegenheit, eine Pflichtübung, die unsere Spiele und unser Lachen unterbrach.

Unsere Eltern erzogen uns alle äußerst streng, aber ganz besonders Blanche und mich. Selbst wenn sie uns nur am Sonntagmorgen zur Messe in die Kathedrale von Tunis schickten, mussten unsere jüngeren Brüder uns nachgehen, und sie gewöhnten sich sehr früh daran, uns zu bespitzeln. Ich weiß, was Freiheit bedeutet, denn jedes Stückchen Unabhängigkeit haben meine Schwester und ich meinem Vater um den Preis unendlich langer Verhandlungen abgerungen. Zum Beispiel das Kino, das wir ab sechzehn endlich besuchen durften. Aber um eine Chance zu haben, in die Vorstellung am Samstagabend zu gehen, musste man sich schon am Montag ans Werk machen und mit großer Sturheit einen Zermürbungskrieg führen, der die Atmosphäre in der Familie zur Hölle machte. Das war der Preis dafür, am Samstagmittag die magischen Worte zu hören: »Na schön, dann geht halt!«

Damit mein Vater uns den Filmauftritt erlaubte, muss er also großes Vertrauen in die Umstände gehabt haben, unter denen die Dreharbeiten stattfanden, denn ich war damals fünfzehn Jahre alt und meine Schwester vierzehn. Bestimmt hat die Beteiligung des Kultusministeriums, das einen Teil des Projekts finanzierte, seine Bedenken zerstreut. Man wird ihm versichert haben, dass es sich um einen Film von hohem intellektuellen Niveau handelte und nicht um eine dieser Schmonzetten, die den jungen Mädchen Flausen in den Kopf setzen. Tatsächlich war es vor allem ein engagierter Film, der sich auf die Seite der tunesischen Nationalisten stellte.

Wir standen kurz vor der Unabhängigkeit oder vielmehr dem Zustand, der vom folgenden Jahr an den Namen Autonomie tragen sollte. Die Lage bei uns war aber überhaupt nicht zu vergleichen mit der im benachbarten Algerien, das zu dieser Zeit von, wie es in der offiziellen Terminologie hieß, einer Folge von »Ereignissen« erschüttert wurde, das heißt, Aufständen, Attentaten und Massakern. Sicher sorgte der friedliche Charakter Tunesiens und seiner Bewohner dafür, dass die Lage dort nicht explosiv war wie einige hundert Kilometer weiter westlich. Aber trotzdem saßen eine ganze Anzahl »Progressiver« im Gefängnis und warteten auf ihre Stunde. Und der Nationalismus und der Wunsch nach einer Veränderung spukten in allen Köpfen herum.

Die Italiener standen dabei zwischen zwei Feuern. Einige waren nicht ganz unzufrieden damit, dass die Franzosen, die ihnen Tunesien 1881 entrissen hatten, bald eine der Perlen ihres Imperiums verlieren würden. So wurden wir ständig verdächtigt, die Unabhängigkeitsbestrebungen der arabischen Bevölkerung zu unterstützen. Wir befanden uns mitten im Kalten Krieg, aber einige Leute benahmen sich, als lebten sie noch in den Zeiten der alten kolonialen Rivalitäten.

Doch mein Vater arbeitete als Ingenieur bei der Eisenbahn, so dass unsere Existenz von der französischen Verwaltung abhing. Das galt im Übrigen für den größten Teil der italienischen Gemeinde, und genauso wird es bei der jüdischen Gemeinschaft gewesen sein, die sich seit dem Auftauchen der französischen Kolonisten – die in Nordafrika Pieds-noirs, Schwarzfüße, genannt wurden – stärker dem Westen zugewandt hatte. Wie auch immer, vor uns lag eine Periode der Unsicherheit. Meine Familie besaß weder Ländereien noch Fabriken, die man hätte verstaatlichen können, und deshalb brauchten wir uns nicht allzu viele Sorgen zu machen: Niemand würde ein Vermögen enteignen, das einzig und allein aus Papas Gehalt bestand. Aber wir liebten dieses Land und kannten kein anderes. Es gehörte uns, und wir alle waren dort geboren. Niemals hätte ich daran gedacht, fortzugehen; in meiner Kindheit spielte diese Vorstellung gar keine Rolle.

Papa und Mama machten sich wahrscheinlich Sorgen, aber in unserer Gegenwart sprachen sie nie über Politik, und wenn es vorkam, dass Mama Papa etwas fragen wollte, das uns nichts anging, dann tat sie es so leise, dass er nichts verstand. Aus lauter Lust an der Provokation amüsierte ich mich dann damit, die Botschaft mit lauter Stimme weiterzugeben… Noch ein Grund für ein paar Ohrfeigen, die in unserem Viertel öfter fielen als der Regen.

Alles in allem lebte ich sorglos, geschützt von dieser Autorität, diesen Verboten, diesem Schweigen. Während des Krieges, als wir in einem *foyer du combattant* lebten – ich weiß nicht, durch welches Arrangement es dazu kam, dass wir das Erdgeschoss eines großen Wohnkomplexes für Militärs bewohnten – tröstete meine Mutter mich während der Bombardierungen mit einem Stück Zucker, so dass ich den Kampflärm mit einer süßen Leckerei in Verbindung brachte. Doch nachdem in unserem Hof eine Bombe eingeschlagen war, zogen wir doch lieber in unser Strandhaus. Mama tat alles, um uns vor der Realität zu behüten. Jugendliche haben oft den Eindruck, dass die Welt unveränderlich ist; das ist bestimmt der Grund, aus dem Revolutionen ihnen keine Angst einjagen. Im Grunde glauben sie einfach nicht, dass die Dinge sich ändern können. Wie hätte ich mir auch vorstellen können, fern von Sonnenschein und Strand zu leben? Nachrichten, das waren für mich die Sportergebnisse von Basketball oder Volleyball, von Leichtathletik und Radrennen. Ich ging nicht ins Kino, sondern lebte praktisch im Stadion.

Ich bemerkte gar nicht, wie sich die Stimmung unter der arabischen Bevölkerung immer mehr aufheizte; wie bei Vollblutpferden, wenn der Winter zu Ende geht und sie spüren, dass die Rennsaison endlich näher kommt. Für sie verging die Zeit schneller. Ihr Kampf befand sich im Einklang mit der historischen Entwicklung. Nationalismus und Unabhängigkeit waren ein Teil der Idee von Fortschritt und Gerechtigkeit, alles republikanische Werte, die man uns in der Schule lehrte. Doch es fällt schwer, die Schlussfolgerungen zu akzeptieren, wenn man selbst davon betroffen ist… Die meisten Europäer bissen die Zähne zusammen. Einige Utopisten dagegen gaben den

Einheimischen Recht, insbesondere die Anhänger der mächtigen Kommunistischen Partei. Ich weiß nicht, wie die Haltung meines Vaters gewesen wäre, hätte er gewusst, dass der Filmemacher René Vautier zu ihnen gehörte.

Als ich René Vautier zum ersten Mal traf, war er sechsundzwanzig Jahre alt, aber er besaß die Reife eines Mannes, der erlebt hat, wie seine Jugend von der Geschichte hinweggefegt worden ist. Der Bretone hatte sich seit frühester Jugend in der Résistance engagiert, und sein Kampf gegen die Kolonialherrschaft sollte ihn bis ins hohe Alter beschäftigen. Großes Aufsehen erregte er 1972, als er *Mit zwanzig Jahren in den Aures* drehte, eine Geschichte aus dem Algerienkrieg, die lange verboten blieb. Aber schon als ich ihn kennen lernte, führte er mit der Kamera seinen politischen Kampf.

Nach dem Beispiel Viscontis, der ebenfalls mit der Kommunistischen Partei sympathisierte und mit einem Film über die sizilianischen Fischer, in dem ausschließlich Laien mitspielten, ein Meisterwerk geschaffen hatte, wollte Vautier einen Ausschnitt aus dem Leben der tunesischen Seeleute erzählen. Die Handlung spielte in Monastir, dem Geburtsort Bourgibas – eine Anspielung auf das junge Tunesien und seinen zukünftigen Präsidenten.

Allerdings war es dem Regisseur nicht gelungen, junge arabische Mädchen – und erst recht nicht deren Väter – von der Mitwirkung an seinem Projekt zu überzeugen. So musste er auf uns zurückgreifen und Tunesierinnen europäischer Abstammung als Laiendarstellerinnen anwerben. Mit der Unterstützung des Kultusministeriums stellte er sich in unserer Schule vor, und so wurden meine Schwester und ich zusammen mit einigen meiner Klassenkameradinnen ausgewählt, um in dem Film mitzuspielen. Niemand würde bemerken, ob wir Araberinnen waren oder nicht, denn wir würden den langen weißen, blau abgesetzten Schleier tragen, den die Frauen sich damals vor das Gesicht zogen, wenn Fremde vorübergingen.

Das Problem war nur, dass das Drehbuch im Verlauf der Dreharbeiten umgeschrieben wurde. Der Film sollte mit dem Bild einer Gruppe von Tunesierinnen enden, die hoch auf einen Felsen klettern und von dort aus ihren Männern, die aufs Meer hinausfahren, nachwinken. Doch dann kam ein Windstoß und enthüllte eines ihrer Gesichter: meines. Aber ich war ja ein dunkler Typ, mit dunkler Haut und dunklen Augen. Eine »Schwarze«, hatte meine Großmutter bei meiner Geburt gesagt, weil ich durch die Nabelschnur, die sich um meinen Hals gewickelt hatte, fast erstickt war. Ansonsten hätte sich niemand eine derartige Bemerkung erlaubt: Von da an war ich eben ein dunkler Typ und hatte den strahlenden, frechen Blick eines Mädchens, das entschlossen ist, sich von nichts und niemandem demütigen zu lassen.

Für mich war dieser erste Film nur eine Gelegenheit gewesen, in der Schule zu fehlen und zusammen mit meinen Freundinnen einige Stunden am Strand zu verbringen; eine Art Kostümfest, das von Fremden gefilmt wurde, merkwürdigen und ernsten Menschen, die mir für dieses Spiel die beträchtliche Summe von fünfunddreißig Francs pro Tag anboten. Unsere Mutter zahlte das Geld sogleich auf ein Sparbuch ein. Kein Anlass, den Kopf zu verlieren, und bald kehrte ich in die Schule zurück.

Aber der Dokumentarfilm wurde auf der Berlinale vorgestellt, wo er Aufmerksamkeit fand. Er gewann in seiner Kategorie sogar den Silbernen Bären. Damit war dafür gesorgt, dass er in allen Kinos von Tunis als Vorfilm lief, bevor die Platzanweiserinnen mit den Bonbons und dem Eis durch die Reihen gingen.

So wuchs jeden Samstag mein bescheidener Ruhm in meiner Stadt. Ich wurde, wenn schon kein Star, so doch eine kleine Lokalberühmtheit, eine Vertreterin der Jugend des Landes, und man fragte meine Mutter sogar, ob sie damit einverstanden wäre, wenn ich an einer Modenschau teilnähme…

Misstrauisch, aber dennoch geschmeichelt, ließ Mama sich überzeugen, und ich wurde engagiert, um eine Kollektion, die speziell für junge Mädchen entworfen war, vorzuführen. Wieder eine Gelegenheit, in der Zeitung aufzutauchen; sicher, das Foto war schwarzweiß und so groß wie eine Briefmarke, aber es zeigte mich auf einem Podium, gekleidet in ein eng anliegendes Kleid und mit meiner Pferdeschwanzfrisur.

In der Schule, wo ich mich auf den höheren Abschluss vorbereitete, begannen die Mädchen mich zu beneiden, und die Jungen wurden immer aufdringlicher. Aber es lag mir fern, mich für einen Star zu halten. Das ist ganz und gar nicht meine Art. Noch heute erstaune ich meine Freunde damit, dass ich den Menschen, die mich ansprechen, ganz einfach Antwort gebe, weil sie es immer auf freundliche Art tun.

Mit welchem Recht hätte ich auch damals die Diva spielen sollen? Stars, das waren für mich Brigitte Bardot, Sophia Loren oder Gina Lollobrigida… Ein Star, das war mehr als ein Mensch; eine Art Göttin, die durch die Scheinwerfer, die Kostüme, die Ausstattung geheiligt wird, jemand, der auf einem anderen Planeten lebt. Ich dagegen wollte springen, rennen; ich kam mit zerzausten, staubbedeckten Haaren nach Hause… Das Kino verlangte nach Frauen, richtigen Frauen mit langen Fingernägeln und geschminkten Lippen. Ich hatte nicht vor, mich zu verändern, um ihnen ähnlich zu sehen. Und außerdem hatte ich gar keine Lust, allzu rasch erwachsen zu werden. Der Film war nur ein Spiel.

Die jungen Leute von heute können bestimmt nicht verstehen, wie wir dachten. In der Zeit des Reality-TV ist die Bekanntheit zu einem Ziel an sich geworden, dem Mittel, um sein Glück zu machen, für das leichte Leben. Da hatten wir wirklich ganz andere Sorgen! Ich hatte keinerlei Ehrgeiz, ich stellte mir nicht einmal die Frage nach der Möglichkeit, Karriere beim Film zu machen. Wie meine arabischen Freundinnen dachte ich nur an die Freiheit, allerdings nur an meine eigene, meine persönliche innere Unabhängigkeit. Zwar fing ich an, den Jungen nachzuschauen, aber ich kam gar nicht auf die Idee, ihretwegen auf meine Sportleidenschaft und die wilden Spiele zu verzichten. Da fand ich es praktischer, in ihre Bande einzutreten, mit ihnen zu spielen, bei ihnen Anerkennung zu finden… was mich daran erinnert, dass mich vor nicht allzu langer Zeit in der Rue de Seine in Paris eine Passantin ansprach und sich heftig darüber beklagte, wie gemein ich sie angeblich vor vierzig Jahren attackiert hätte! Wenn überhaupt jemand in der Familie eine Künstlerin war, dann höchstens meine Schwester Blanche mit ihren blaugrünen Augen, ihrer stets gelassenen Haltung und ihrer tadellosen Frisur. Lange war ich eifersüchtig auf ihre Schönheit gewesen und hatte mich gerächt, indem ich sie auf meine Weise quälte, sie frisierte, verkleidete und sie wie eine Puppe behandelte… Aber schließlich hatte ich mich damit abgefunden. Wir überwanden unsere Rivalität rasch, was bestimmt daran lag, dass wir so unterschiedlich waren.

Blanche war ein kleiner Engel; und die Nonnen von Saint-Joseph-de-l'Apparition in Karthago, bei denen wir in die Grundschule gegangen waren, hatten sie uns ständig als gutes Beispiel vorgehalten. Mir dagegen sagte man immer wieder, ich hätte gar nichts von einem Mädchen – was ich als das allergrößte Kompliment verstand, da ich das gezierte Getue meiner Freundinnen verabscheute. Und vor einer ordentlichen

Rauferei habe ich noch nie Angst gehabt. Wenn man mich nach meinen Zukunftsplänen fragte, antwortete ich herausfordernd: »Entdeckerin.« Ich träumte von einem Leben voller Abenteuer und fühlte mich in der Lage, die größten Gefahren zu bestehen. Ein realistischerer Gedanke war, Grundschullehrerin zu werden, was ich auch oft erklärte. Aber ich setzte gleich hinzu, dass ich im Süden Tunesiens arbeiten wolle, bei den Ärmsten und tief in der Wüste. Warum die Wüste? Träumereien einer etwas wilden Jugendlichen, die sich anders als die anderen fühlte und nichts genauso machen wollte wie sie... Außerdem gab es damals gar nicht so viele Berufe, die eine Frau ausüben konnte. Hausangestellte für die Mädchen von einfacher Herkunft, Stewardess für die Gebildeteren. Ich selbst hatte noch nie in einem Flugzeug gesessen, aber ich sah welche, wenn wir auf dem Weg zu unserem Strandhaus am Flughafen vorbeifuhren. Sicher, ich hätte mich wie die meisten Mädchen damit zufrieden geben können, von einem Ehemann zu träumen, der mir ein bequemes Leben und Ehrbarkeit gesichert hätte, aber ich gebe zu, dass dieser Gedanke mir gar nicht kam. Aus welchem Grund? Ich weiß es nicht. Mir war es ja schon zu viel, dass Blanche und ich die Einzigen waren, die unserer Mutter beim Tischabräumen oder Geschirrspülen halfen. Ich verstand nicht, warum meine Brüder niemals zur Küchenarbeit herangezogen wurden. Natürlich ging der Widerstand nicht so weit, dass ich die Privilegien meines Vaters in Frage gestellt hätte, aber dennoch... Warum wurde dieser Unterschied zwischen uns Kindern gemacht?

Als ich 1956 vor meinem Schultor auf zwei Männer traf, die auf mich warteten, um mir eine neue Rolle anzutragen, bedachte ich sie mit diesem verächtlichen Blick, mit dem bei uns die Mädchen männliche Wesen verscheuchen, die ein wenig zu selbstsicher sind. An Männern, die mir nachliefen, mangelte es mir nicht… Diese beiden waren zu Fuß gekommen. Andere verfolgten mich mit dem Auto. Früher hatten die Vorhaltungen meiner Familie mich daran zweifeln lassen, ob ich überhaupt anziehend auf junge Männer wirkte, aber das war inzwischen anders. Und ich wusste, wie man diese unverschämten Kerle ansehen musste, um sie auf Distanz zu halten.

Ich war gerade siebzehn, und wir hatten das Jahr, in dem Vadims Film *Und Gott schuf das Weib* herauskam… Alle Mädchen aus meiner Klasse träumten davon, sich zu kleiden wie die Bardot: ganz in Schwarz, die Taille mit einem breiten Gürtel eingeschnürt und mit flachen Ballerinas an den Füßen. Ich hatte sogar zu Hause einen Aufstand verursacht, als ich meine Pullover schwarz färbte. Ein junges Mädchen, das sich wie eine Witwe anzog, das war damals schon genug für einen Skandal… Aber mein Vater konnte jetzt nicht mehr behaupten, ich hätte Blumenkohlohren und dicke Lippen, und die Jungen zeigten sich durchaus empfänglich für meine Reize. Ich war sogar besonders stolz darauf, dass es mir gelungen war, die Aufmerksamkeit des schönsten unter ihnen auf mich zu ziehen… Didou, ein junger Araber, der am Strand meine Fingerspitzen gestreift hatte. Ein Blick von ihm reichte aus, um mich erröten zu lassen.

Oft kam es vor, dass Gruppen von Jungen auf der Straße den Mädchen folgten und ihnen aus der Entfernung höchst respektvolle Komplimente zuriefen. Die wagemutigeren pfiffen sogar. Das war zu dieser Zeit die Hauptbeschäftigung der jungen Leute: aufeinander zu warten, sich gegenseitig zu beobachten und einander nachzulaufen.

Diese beiden wollten mit mir über Filme reden. Da hatten sie sich ja eine schöne Geschichte ausgedacht… Ich war kein Mädchen, das man so leicht hinters Licht führen kann. Vor allem, weil die Männer mir so alt vorkamen! So gern ich mich in der Bewunderung gleichaltriger Jungen sonnte, so unwohl fühlte ich mich, wenn Männer sich mir näherten. Eines Tages hatte einer dieser Männer mich dazu gebracht, in seinen Wagen zu steigen … Beharrlich drängte er sich mir auf, während ich von einem jungen Mann träumte, der in unserem Viertel lebte und den ich durchs Fenster beobachtete. Seitdem benahm ich mich bei »alten Männern« noch misstrauischer, ja sogar aggressiv.

Und diese beiden, die am Schultor auf mich warteten, waren wirklich im fortgeschrittenen Alter: Der Regisseur Jacques Baratier war mindestens dreißig und Omar Sharif immerhin schon vierundzwanzig!

Omar Sharif war es gewesen, dem ich in dem Dokumentarfilm von René Vautier aufgefallen war. Und er hatte mich dem französischen Regisseur vorgeschlagen, der für *Goha*, eine Art orientalischer Fabel, ein junges Mädchen suchte. Damals war Omar Sharif noch unbekannt. Er hatte in zwei ägyptischen Filmen von Youssef Chahine gespielt, und sein schönster Preis war es gewesen, dass er seine Partnerin geheiratet hatte, die in Ägypten sehr berühmte Faten Hamama. Aber noch reichte sein Ruhm nicht über Kairo hinaus.

Er besaß bereits diesen Blick, diese Sanftheit, durch die er 1962 in seiner Rolle des Sherif Ali in *Lawrence von Arabien* zum Idealtyp des Verführers werden sollte. Aber das sollte erst sechs Jahre später geschehen. Unterdessen war er nur ein gut aussehender Ägypter, der in einem eleganten, libanesisch akzentuierten Französisch auf eine Italienerin von geradezu krankhafter Überheblichkeit einredete.

Wofür hielten mich diese beiden Kerle, dass sie mich so einfach vor meinen Klassenkameradinnen ansprachen? Ich war rebellisch, stur und frech, und vor allem war ich sehr stolz. Ich schickte die beiden zum Teufel und weigerte mich, sie anzuhören. Vielleicht haben meine Unverschämtheit und meine

Übellaunigkeit sie ja amüsiert... Doch ihre Absichten waren vollkommen ehrenhaft, daher suchten sie anschließend die Direktorin der Paul-Cambon-Schule in der Rue de Marseille auf und erklärten ihr alles. Und sie hielt es für angebracht, Papa zu informieren, der lange vor mir begriff, dass hier vielleicht meine Chance lag. Und so wurde ich eines Samstagnachmittags zum Vorsprechen in ein Hotel in Tunis eingeladen...

Einfach, um zu zeigen, dass ich niemandem vertraute – ganz gleich, ob meine Familie diesen Leuten traute –, stellte ich mich bei dem Termin in Begleitung dreier Freundinnen vor, bereit, mich zu verteidigen. Langsam begann Baratier zu verzweifeln. Dann bat er mich, eine Szene zu spielen, die ich ein wenig zweideutig fand... Damals brauchte es nicht viel, um mich zu schockieren. Schließlich übertrug man mir die Rolle der Dienerin der Hauptfigur, die von der arabischen Künstlerin Zina Bouzaiane verkörpert werden sollte. Wieder machte ich das Spielchen mit. Anschließend kehrte ich an die Schule zurück, um mich auf den Abschluss vorzubereiten, mit dem ich als Lehrerin würde arbeiten können. Ich war sehr gut in Französisch, aber die Mathematik bereitete mir größere Probleme. Zahlen waren noch nie meine Begabung gewesen, und ich musste mich noch anstrengen.

Mama sagte mir immer wieder, dass der Film keine seriösen Zukunftsaussichten biete. Ihrer Meinung nach riskierte ich, in ein gefährliches Milieu hineingezogen zu werden, wo man nur auf eitle Menschen traf, die vor nichts Respekt hatten. Vor allem nicht vor der Ehre junger Mädchen. Allerdings sollte ein Mädchen schon daran denken, einen guten Beruf zu ergreifen, besonders ein Mädchen wie ich. Ich hätte ihren Satz zu Ende führen können: »Du willst dich doch nicht so aufopfern, wie ich es getan habe...« Sicherlich hatte sie Recht. Aber das war mir nicht so wichtig; Hauptsache, ich durfte an den Strand.

So geht es schon in den Sagen aus dem Altertum. Der Held reist um die ganze Welt, um seinem Schicksal zu entrinnen, das ihn dann doch einholt; wie Ödipus, der geradewegs in die Falle geht, der er sich zu entziehen glaubt… Auf Lateinisch nennt man das *fatum*. Bei uns in Tunesien war es üblich, jeden Wunsch, jeden Plan mit einem *mektoub* zu beschließen, was sich ungefähr mit »so sei es« oder »wenn Gott will« übersetzen lässt. Damit will man Unglück abwenden und auch ausdrücken, dass unser Wille wenig zählt, dass hoch über uns schon alles geschrieben steht.

Der Film verfolgte mich, aber ich tat nichts, um mich von ihm einholen zu lassen. Ich versuchte sogar, schneller zu laufen als er. Doch er ließ mich nicht los.

Ich war jung und hatte Lust zu leben. So wie ich es mir vorstellte. Ich war hingerissen von der Persönlichkeit Brigitte Bardots, die das Auftreten und das Verhalten aller Mädchen meiner Generation verändert hatte. Ich hieß Claude Cardinale. Der Tag sollte kommen, an dem die Journalisten mich C.C. nannten, dem Alphabet folgend, in dem nach B.B. gleich C.C. kam… Und Gott weiß, dass diese Manie mich ärgerte. Brigitte und ich waren nicht einmal im selben Alter. Sie tanzte, ich betrieb Gymnastik… Wahrscheinlich nur unwichtige Details für die Produzenten, die auf der Suche nach einer Antwort auf die Bardot waren. Denn dank des Mythos B.B. befand sich der französische Film auf dem Weg zum Erfolg.

Die Produktionsfirmen hatten damals eine einfache Methode, um ihren Vorrat an Starlets aufzustocken, die man auf Italienisch *maggiorate* nannte und unter denen sie nach dem seltenen Vogel suchten, dem Huhn, das goldene Eier legte und ihnen für die Zeit einiger Erfolge Wohlstand einbringen würde: Schönheitswettbewerbe. Gina Lollobrigida war zum Beispiel eine ehemalige Miss Italien. Aber die meisten Kandidatinnen machten keine so brillante Karriere, sondern zogen nur am Himmel von Cinecittà vorbei wie Sternschnuppen oder Meteoriten.

So kamen die Leute von der Unitalia – der Nationalen Union zur Verbreitung des italienischen Films im Ausland – auch nach Tunis. In erster Linie wollten sie Werbung für ihre Filme machen. Aber sie hatten auch vor, die Woche des italienischen Kinos zu nutzen, um Veranstaltungen für das breite Publikum zu organisieren. Zum Beispiel einen Wohltätigkeitsball, zu dem Mama sich sogleich als freiwillige Helferin meldete. Gleichzeitig würde ein Ereignis stattfinden, das Spender anziehen sollte, nämlich die Wahl zur schönsten Italienerin der Stadt.

Die Zeremonie fand in einem sehr eleganten Hotel statt, dem La Tour Blanche in Gammarth, im Norden von Tunis. Ich war gerade siebzehn geworden und besaß inzwischen meinen Schulabschluss. Für diese Gelegenheit hatte ich ein weißes, ganz einfaches Kleid ohne Ärmel angezogen, das nur an der Taille enger anlag und das meine Mutter mir genäht hatte. Meine Schwester und ich sollten ihr beim Verkauf ihrer Lotterielose helfen.

Wie Scarlett O'Hara in *Vom Winde verweht* hielt man mich von dem Spektakel fern, das auf der Bühne stattfand. Fünfzehn leicht bekleidete Mädchen, die sich um den Titel bewarben, spazierten dort strahlend lächelnd herum. Warum machten sie einander eine so alberne Auszeichnung streitig? Was würde ihnen das einbringen?

»Eine Reise nach Venedig, zum Filmfest, die eine der Produktionsfirmen auslobt«, antwortete man mir auf meine Fragen.

Na und? Mich zog es nicht in den Norden, sondern in den Süden. Ist die Wüste etwa nicht romantisch? Ich ahnte nicht, dass diese Reise für mich der erste Schritt zu einer Schauspielkarriere sein könnte.

Die Diskussionen zwischen den Männern erhitzten sich, und wie üblich gelangten die Juroren zu keiner Einigung. Zehn Italiener, die über etwas abstimmen sollen, vertreten grundsätzlich zehn verschiedene Meinungen… Einige Kandidatinnen wurden sogar ausgepfiffen. Die Italiener von Tunis, die so schreckliche Angst davor hatten, andere könnten ihre Frauen umwerben, mussten trotzdem eine Vertreterin finden, die in der Lage war, die Französinnen auszustechen. Denn es hieß, allein sie verstünden es, sich zu kleiden und die Blicke der Männer auf sich zu lenken. Ich weiß nicht mehr, wer, aber schließlich sagte jemand, die schönste Italienerin befände sich nicht auf der Bühne, sondern im Saal… Die Zuschauer drehten sich um, und Menschen kamen auf mich zu. Ich hatte gerade noch Zeit, mich an Blanches Hand zu klammern, dann zerrte man uns aufs Podium.

Ich hatte zwei Filme gedreht und an einer Modenschau teilgenommen. Für meine Landsleute war ich dadurch schon zur Botschafterin prädestiniert. Aber die Situation war trotzdem lächerlich; ich hatte keine Lust, mich von allen anstarren zu lassen wie eine Preiskuh. Vor allem war mir das Ganze Blanche gegenüber peinlich. War sie nicht die Hübschere von uns beiden?

Ich spürte, wie ungerecht, wie beleidigend diese Bevorzugung ihr gegenüber war. Sie hätte sich so sehr gefreut, nach Italien zu fahren, etwas, das mir vollkommen egal war. Ich wollte wenigstens, dass sie meinen Sieg mit mir teilte und auf der Bühne an meiner Seite war, deswegen sollte sie nicht gehen. Ich bin ihr dankbar dafür, dass sie lächelnd neben mir stehen blieb.

Heute betrachte ich ein altes Foto und sehe uns beide hinter dem Moderator, der das Ergebnis des Wettbewerbs bekannt gibt…

Sollte man diese plötzliche Fügung ernst nehmen? Mama

bewahrt noch immer die Schärpe mit dem Titel auf, die man mir bei dieser Gelegenheit überreichte. Verwirrt dankte ich den Vertretern der Unitalia, die mir die Reise nach Venedig schenkten.

Ausgerechnet ich, die ich nur selten allein ausgehen, mich kaum schminken durfte... mich lud man zu dem neben Cannes und Hollywood größten Rendezvous der Stars ein, zur Mostra, die wie jedes Jahr in September stattfinden würde.

Natürlich würde meine Mutter mich begleiten.

Weder Mama noch ich waren schon einmal mit dem Flugzeug geflogen. Man riet uns, warme Kleidung mitzunehmen. Schließlich ist es kalt in den Lüften, und außerdem reisten wir in den Norden... Für uns lag Venedig ja praktisch am Nordpol... und auf jeden Fall war Italien für uns Ausland, viel fremdartiger als Frankreich, dessen Sprache wir sprachen. Den Norditalienern, die wir für distanziert und überheblich hielten, standen wir misstrauisch gegenüber. Aber wir nahmen den Segen meiner Großeltern und all unserer Nachbarn mit, die der Gedanke an die vergangene Größe über die Enge der Gegenwart hinwegtröstete. Sie betrachteten mich, als wäre ich die Jungfrau Maria, und ich war der Stolz des ganzen Stadtviertels.

Da die Italiener unbedingt ein Mädchen aus Nordafrika wollten, hatte ich nicht vor, sie zu täuschen: In meinem Koffer nahm ich den einzigen Wintermantel mit, den ich besaß, einen Burnus; ein langes Kleidungsstück aus Wolle, das den Vorteil hatte, jedes noch so bauschige Kleid zu bedecken, und sicher sehr praktisch bei Regen und Nebel war. Ich packte auch Westen als »Abendkleidung« ein, ebenfalls traditionell geschnitten und mit arabischen Stickereien geschmückt. So etwas hatte man in Venedig noch nicht gesehen, ebenso wenig wie die zweiteiligen Badeanzüge, die Mama mir genäht hatte und die ich am Strand des Excelsior trug, wo sich die Kinoleute trafen. Ich hatte nicht die geringste Ahnung, wie sehr ich mich von den anderen Mädchen unterschied, ob sie nun Abendkleider trugen oder züchtige Einteiler. Ohne es bewusst zu wollen, hatte ich die beste Methode entdeckt, um aufzufallen.

Die Starlets, die Presse, die Produktionsfirmen, all das war für mich eine fremde Welt. Ich wusste nicht, dass die Filmindustrie wie ein Monstrum ist, das Unbekannte verschlingt. Sie nimmt sie, saugt sie aus und wirft sie dann weg, um nur einige Exemplare zu behalten, von denen sie sich Gewinn verspricht. Sie schert sich nicht um zerstörte Leben und enttäuschte Ambitionen.

Sophia und Gina, die beiden großen Stars, die Italien in zwei Lager teilten, waren nach Hollywood gegangen. Ein neuer Star musste her. Für die Geschäfte war es am besten, diese Nachfolgerin früh zu finden, praktisch schon in der Wiege und lange bevor sie »die« Entdeckung wurde. Und ihr ein Engagement über mehrere Jahre anzubieten … das sie ohne aufzumucken unterschreiben würde, glücklich darüber, hundertmal mehr zu verdienen als eine Verkäuferin, ohne zu ahnen, dass sie auf diese Weise auf die wahren Früchte ihrer Arbeit und ihrer Schönheit verzichtete. Es hat noch nie an Spezialisten gefehlt, die von der Naivität der Mädchen profitieren.

Um festzustellen, wer dieses seltene Juwel war, das die Presse faszinierte, diese kostenlose Reklame, bestand die einfachste Methode darin, die Kandidatinnen mitten unter den Schwarm von Fotografen zu werfen, die der Honigduft eines Festivals mit seinen Stars, ihrer Schönheit und ihren Launen anzieht. Noch trugen diese Männer nicht die Bezeichnung Paparazzi, die ihnen Fellini 1960 in *La Dolce Vita* verleihen sollte, aber sie traten bereits in Schwärmen auf, die sich auf jedes appetitliche Opfer stürzten. Sie waren das erste Barometer des Erfolgs. Und auch die Ersten, die herausfanden, ob das Mädchen jene unschätzbare Gabe besaß, nämlich fotogen zu sein. Ein Geheimnis, das sich in der Art verbirgt, das Licht aufzufangen, und nur in einer Nuance liegt, einem Detail: der Hautfarbe, der Form der Wangenknochen, der Wärme des Lächelns, der Intensität des Blicks… Es gibt wunderschöne Mädchen, die auf Fotos vollkommen unscheinbar aussehen, und dann wieder andere, an denen man vorbeigehen würde, ohne ihnen einen Blick zu schenken, und die ihr wahres Gesicht erst auf einer gedruckten Seite zeigen. Bevor man nicht das Ergebnis in einer Zeitschrift gesehen hat, kann man darüber kein endgültiges Urteil abgeben. Deswegen sind Models auch immer mit ihrer Mappe unterwegs; seltsame Handlungsreisende, die sich an Hand ihrer Fotos verkaufen, obwohl sie selbst anwesend sind.

Mama und ich blieben eine Woche in Venedig. Jeden Tag sammelten sich mehr Fotografen um mich. Ich begriff nicht, warum sie so hartnäckig waren; ich war nichts, weder Star noch Mannequin. Ich redete nicht, weil ich nichts zu sagen hatte, und außerdem verstand ich kein Wort von dem, was sie mir zuriefen, denn ich sprach nur Französisch. Also lächelte ich, die beste Art, meine Rolle als Botschafterin Tunesiens zu spielen. Für die Bildunterschrift sagte ich, mein Name sei Claude. Aber die Italiener, die es nicht zulassen können, dass ein Mädchenname nicht auf »a« endet, setzten den Buchstaben sofort hinzu, ohne es auch nur zu merken. Schon rief man mich nur noch mit meinem neuen Vornamen: Claudia.

Mama und ich logierten in einem kleinen Hotel in der Stadt. Wir gingen nicht aus. Wenn ich nicht im Hotel war, dann am Strand, und wenn ich nicht am Strand war, dann bei den

Filmvorführungen. Was mich verblüffte, war das respektvolle Schweigen, das dort die Filme begleitete. In Tunis lief kaum eine Vorstellung ohne Pfiffe ab, ohne spöttische Zwischenrufe, ohne Bekundungen von Zorn oder Begeisterung. In Venedig dagegen ging man ins Kino wie in die heilige Messe. Es ging nicht darum, sich zu unterhalten, sondern etwas zu begreifen. Und man betrachtete all das als höchst ernsthafte Angelegenheit. Man konnte schon ahnen, dass dahinter Clans steckten, deren Kriege schrecklich sein mussten. Sicher ließ der eine oder andere dabei sogar seine Haut.

Amüsierte das Schicksal sich damit, mir einen Fingerzeig zu geben? Der erste Film, den ich sah, war *Weiße Nächte* von Visconti. Der Regisseur, der mich sieben Jahre später zum Star machen sollte, hieß mich in der Welt des Films willkommen.

Dieser Aristokrat von einundfünfzig Jahren, der immer noch über ein beträchtliches Vermögen verfügte, hatte den Ruf, seine Produzenten mit seinen Ansprüchen zu ruinieren. Bevor der große französische Regisseur Jean Renoir ihn darauf brachte, sich auf das Kino zu verlegen, war er nur ein liebenswerter Dilettant gewesen, dessen Leidenschaft der Zucht von Rennpferden galt. Bisher hatte er drei Filme gedreht: 1943 *Von Liebe besessen*, *Die Erde bebt* 1948 und 1954 Italiens ersten Farbfilm *Senso*. Keiner war in Italien ein großer Erfolg gewesen.

Visconti hatte sich wieder dem Theater und der Oper zugewandt, wo seine Bearbeitungen und Inszenierungen stets begeistert aufgenommen wurden. Die Callas verehrte ihn. Er war es gewesen, der ihr – in der Scala in Mailand – ihre Dimension als große Tragödin geschenkt hatte. Es hieß sogar, die Callas sei verliebt in Visconti gewesen. Und kurz vor der Eröffnung der Mostra hatte er für das Fenice gearbeitet, dieses herrliche venezianische Opernhaus mit seinen damals noch intakten Täfelungen aus dem achtzehnten Jahrhundert.

Mit *Weiße Nächte*, der Bearbeitung einer Novelle von Dostojewski, wollte Visconti seinen Ruf als unverbesserlicher Geldverschwender widerlegen. Für diesen Film hatte er sich mit einem Drehbuchautor zusammengetan, Suso Cecchi d'Amico, der in Zukunft an seinem gesamten Werk mitarbeiten sollte, einem jungen Theaterschauspieler, der bis jetzt vor der Kamera nur kleine komische Rollen gespielt hatte, in denen er den Trottel gab, nämlich Marcello Mastroianni, der damals zweiunddreißig war, und schließlich dem viel versprechendsten unter den italienischen Produzenten, dem fünfunddreißigjährigen Franco Cristaldi.

Die drei hatten darauf gewettet, den Film in sieben Wochen zu drehen und ein äußerst knappes Budget einzuhalten. Luchino Visconti, einer der Väter des Neorealismus – dieser Theorie, die verlangte, das Kino solle sich am Dokumentarfilm inspirieren, um die Forderung nach der Wahrheit zu erfüllen –, war sogar bereit gewesen, in Cinecittà zu drehen, der Filmstadt, die Mussolini vor dem Krieg in der Nähe von Rom hatte bauen lassen. Nachdem es eine Zeit lang als Lager für Kriegsgefangene gedient hatte, war Cinecittà inzwischen zu seiner ursprünglichen Bestimmung zurückgekehrt. Die Amerikaner drehten dort ihre Monumentalfilme. Aber Visconti wollte die Wahrheit auch nicht vortäuschen. Dann sollte man eben sehen, dass alles künstlich war, so wie im Theater, auch auf die Gefahr hin, in Kulissen aus Pappmaché zu drehen! Eines Tages, als er nicht zufrieden mit dem Nebel war, den die üblichen Maschinen erzeugten, bestellte er Meter über Meter von einem unglaublich teuren Tüllstoff und sprengte damit den Etat für die Ausstattung. Damit hatte er sein Versprechen gebrochen.

Wie dem auch sei, nach Meinung aller stand ihm endlich der Goldene Löwe zu, die höchste Ehrung der Filmfestspiele. Seit mehr als zehn Jahren galt er als Anwärter darauf. Doch leider … sein barocker Geschmack, die Mischung aus lyrischer und Rock-'n'-roll-Musik, die archaische Welt, die er heraufbeschwor, verwirrten einmal mehr das Publikum. Ihm entging die erwartete Belohnung, die dem indischen Filmemacher Satyajit Ray für *Apus Weg ins Leben – 2. Der Unbesiegbare*, einem Film mit der Musik von Ravi Shankar, zuerkannt wurde.

Visconti musste sich mit dem Silbernen Löwen zufrieden geben. Aber er war kein Mensch, dem es lag, sich mit einem zweiten Platz zu bescheiden, und in seinem Dank an die Jury machte er keinen Hehl daraus.

»Da ziehe ich es vor, mich auf Indisch zu empfehlen«, erklärte er ironisch. »Reden ist Silber, aber Schweigen ist Gold«, setzte er hinzu, womit er einen Teil des Publikums noch mehr verärgerte.

Und Mastroianni gestand: »Ich muss mich wohl damit abfinden, dass ich für den Rest meiner Tage dazu verurteilt bin, Taxifahrer zu spielen.«

Ich dagegen sah staunend umher. Man hatte mich in die Nähe einiger Direktoren der Unitalia gesetzt, von Rino Salviati, Lidio Bozzini und Salvatore Argento und von zwei italienischen Schauspielerinnen, Rossana Podesta und Elsa Martinelli, die ich beide an dem Abend in Gammarth in Tunis gesehen hatte. All diese Schönen und Reichen taten, als gehöre ich zur Familie. Man hatte mich adoptiert, und ich fand das ziemlich bizarr.

Abends kehrten Mama und ich in unser kleines Hotel am Lido zurück. Den ganzen Tag waren wir unzertrennlich. Wir fuhren sogar beide mit der Gondel spazieren. Später sollte ich erfahren, dass ich dabei einmal Alain Delon begegnet war. Er erinnerte sich sehr gut daran, und ich hatte ihn nicht einmal bemerkt.

Alain, Luchino und ich … vereint, ohne es zu wissen, wie zu einer Voraufführung.

Auf diesem ersten Filmfest, an dem ich teilnahm, war auch Alain noch ein Unbekannter, nach dem sich aber bereits alle Frauen umdrehten. Er brauchte nicht berühmt zu sein, um die Blicke auf sich zu lenken; er, in dem Visconti später inmitten der Versammlung echter Aristokraten auf dem Ball in *Der Leopard* (Il Gattopardo) den einzigen echten Fürsten sehen sollte.

Nein, ich hatte keine Ausrede. Ich hätte ihn bemerken müssen. Warum hatte ich ihn nicht gesehen?

Zweifellos, weil ich zu dieser Zeit keinen Mann mehr sehen wollte. Ich war achtzehn, und ich wollte nichts von Liebe hören…

Seinem Schicksal entkommt man nicht

Ich verließ Venedig und kehrte ohne jedes Bedauern nach Hause zurück, nach Tunis. Davon ließ ich mich nicht abbringen, schließlich wollte ich Lehrerin werden … Und wenn meine Schüler mir später vom Kino erzählten, würden sie erstaunt darüber sein, dass ich einmal so viele große Stars getroffen hatte. Aber die Leute von der Unitalia sahen die Sache ganz anders.

Sie waren verblüfft darüber, dass ich abgereist war, und noch erstaunter war ich über ihre Verwunderung. Was glaubten sie denn? Sie hatten mich zu einem Festival eingeladen. Das Festival war vorüber, und ich fuhr wieder nach Hause, das war doch ganz selbstverständlich …

Natürlich hatten wir kein Telefon. Also bombardierten sie mich mit Telegrammen. Sie boten mir einen Vertrag an. Ich müsse ihnen vertrauen, beschworen sie mich; ich besäße alles, was ich bräuchte, um ein Star zu werden … Dabei hatte ich noch nie ein einziges Wort vor einer Kamera gesagt und sprach nicht einmal Italienisch … Waren diese Leute verrückt?

Sie erzählten mir von einer Schauspielschule in Rom. Dort müsse ich unbedingt meine Ausbildung absolvieren. Alles sei bereit, ich bräuchte nur noch zu unterschreiben … Doch je mehr sie drängten, umso energischer wies ich sie zurück; wenn es nach mir gegangen wäre, hätte ich all diese Briefe in den Papierkorb geworfen. Ich hatte genug von diesen Menschen, die über meinen Kopf hinweg entschieden und gar nicht hören wollten, was ich dazu zu sagen hatte. Aber Papa wurde nachdenklich: Diese Produzenten waren offensichtlich viel beschäftigte Leute, Mama konnte das bestätigen. Sie waren sehr wichtig, Geschäftsmänner, die Millionen Lire bewegten. Alle Zeitungen hatten über dieses Festival in Venedig geschrieben, zu dem sie mich eingeladen hatten… Sie wussten bestimmt, was sie taten, dies konnten keine leeren Versprechungen sein.

Ich sah genau, wie er zu schwanken begann. Papa hielt mir vor Augen, dass ich noch keine andere Stellung, kein weiteres Angebot in Aussicht hatte… Und selbst wenn ich wirklich Lehrerin würde, wie viel würde ich dann verdienen? Die Produzenten sprachen von beträchtlichen Summen, die schon jetzt das überstiegen, was er nach zwanzig Jahren in seinem Beruf verdiente… Außerdem, was sollte in einem unabhängigen Tunesien aus uns werden? Er ahnte Gefahren, die größtenteils über meinen Horizont gingen. Wenn man mir unter diesen Umständen anderswo eine Arbeit, einen Verdienst anbot… Das war eine Überlegung wert. Und »überlegen« hieß für die Unitalia, dass ich unterzeichnen würde.

Ich wollte keine Filme drehen, sondern nur ich selbst sein. Und ich hätte vielleicht nie unterschrieben, wenn ich weiter das rebellische, sorglose junge Mädchen hätte sein können, für das meine Eltern mich immer noch hielten.

Aber ich nahm das Angebot an, vor allem, weil es ein Flugticket nach Rom verhieß. Sicher, ich fand das Kino amüsant, aber vor allem würde es mich von dem Mann in dem schwarzen Wagen befreien, von dessen Existenz niemand erfahren durfte, nicht einmal meine Schwester. Dieser Mann, gegen den ich mich nicht mehr zu wehren vermochte; ich, die ich mich für stark genug gehalten hatte, die ganze Welt herauszufordern.

Von dieser traurigen Episode, mit der mein Liebesleben begann, habe ich schon 1995 in einem anderen Buch erzählt.[1] Heute bin ich endlich von diesem Geheimnis befreit, das mich mehr als sieben Jahre quälte. Aber ich sehe darin immer noch einen der seltsamen Wege, die das Schicksal zeichnet. Alles in meinem Leben ist wunderbar miteinander verbunden, wie die Stücke eines Puzzles. Wenn man ein Stück herausnimmt, ist das Gesamtbild nicht mehr dasselbe.

Mektoub … Ein Mann hat mich vergewaltigt, als ich sechzehn war. Schamlos bestellte er mich auf ein Fest, indem er mir vorgaukelte, ein anderer, der mir gefiel, sei dort. Es machte ihm nichts aus, dass er sich ein Gefühl zunutze machte, das nicht ihm galt. Er hat mich benutzt wie einen Gegenstand, ein Objekt. Meine Meinung, meine Gefühle, meine Verzweiflung existierten für ihn gar nicht. Und ich war diejenige, die sich schämte, die fürchtete, einen Skandal zu verursachen, wenn ich die Wahrheit enthüllte, wenn ich meine Eltern um Hilfe bat; ich war es, die das Gesicht nicht verlieren wollte.

Dabei wirkte ich so gewitzt … Nach all den Schimpfkanonaden, mit denen ich die Jungen, die mir den Hof machten, das Fürchten gelehrt hatte, ließ ich zu, dass er mir das antat. Dieses Mal hatte ich mich nicht wehren können, ich, die Kämpferin. Und ich dachte, wenn niemand mein Geheimnis kennen würde, dann existierte das Verbrechen nicht. Ich wollte mich selbst bestrafen, etwas büßen, das ich als meine eigene Schuld betrachtete. Ich wollte diese Vergewaltigung vergessen und so tun, als wäre diese Beziehung, die ich mir nicht ausgesucht hatte, etwas Normales. Also habe ich diesem Mann immer wieder gehorcht, wenn er mir befahl, in seinen Wagen zu

1 Claudia Cardinale und Anna Maria Mori, *Moi Claudia, toi, Claudia*, Paris 1995

steigen, wenn er vor mir auftauchte, wenn er mir den Weg vertrat.

Er oder ein anderer, was machte das jetzt noch aus? Ich brauchte mich ja nur umzusehen. Die Wirklichkeit hatte nicht viel mit dem Kino zu tun. Im richtigen Leben waren die Heldinnen stets schlecht gelaunt, und die Helden genierten sich nicht, im Bett die Zeitung zu lesen. Wo war die Leidenschaft, von der man uns ständig vorschwärmte, von der man behauptete, sie sei das Wichtigste im Leben? Da er mich nicht in Ruhe ließ, ehe ich ihm nicht gegeben hatte, was er wollte, wendete ich immer dieselbe Taktik an: Er sollte zum Ende kommen, und zwar schnell. Wir hatten beide großes Interesse daran, das Geheimnis zu bewahren. Wenigstens in diesem Punkt waren wir uns einig. Zwischen uns war keine Liebe, aber auch kein Hass. Ich gab mich damit zufrieden, anderswo zu sein; zog mich in ein Desinteresse zurück, das die ganze Welt umfasste, die langen Küsse zwischen den Filmschauspielern, die Hochzeitskleider, die Träume meiner Kameradinnen.

Als ich zu Beginn des Winters 1957 als Achtzehnjährige mit meiner Mutter Tunis verließ, glaubte ich, ein neues Kapitel in meinem Leben aufzuschlagen. Aber es war, als würde diese scheußliche Geschichte mich von innen her aushöhlen: Ich sah nichts mehr, ich achtete auf nichts, empfand keine Freude. Heutzutage würde man von Depressionen sprechen, aber damals gab es noch keinen Namen für diesen Zustand.

Hatten die Leute von der Unitalia mir gesagt, was auf mich zukam? Wenn, dann kann ich mich nicht erinnern. Jedenfalls hatten sie mich im Centro Sperimentale angemeldet, der bedeutendsten italienischen Filmhochschule von internationalem Ruf, direkt gegenüber von Cinecittà. Studenten aus der ganzen Welt strömten dorthin, und alle waren leidenschaftliche Anhänger der siebten Muse, Intellektuelle, von denen die meisten sich das Studium vom Mund absparten. Mir zahlte die Unitalia die Reise und die Gebühren. Die Leute hatten nur vergessen zu erwähnen, dass es für meine Einschreibung eine Vorbedingung gab: eine Aufnahmeprüfung, auf die alle anderen sich seit Monaten vorbereiteten. Mein erster Tag war der Auswahltermin.

Kaum war ich angekommen, fand ich mich inmitten hunderter Kandidaten und vor einer Jury wieder, die hinter einem Tisch saß. Man fragte mich, welche Szene ich vorspielen wolle… Das war ja ganz etwas Neues! Aber ich hatte niemanden um etwas gebeten! Man hatte mir zugesetzt, nach Rom zu kommen, und nun, da ich angenommen hatte und mit meiner Mutter hier war, stellte man plötzlich Bedingungen! Man machte sich lustig über mich!

Ich war kein Mensch, der ein Blatt vor den Mund nimmt. Aber mit meinem schlechten Italienisch konnte ich mich nicht verständlich machen. Also entschied ich mich, stumm zu bleiben. Meine zornigen Augen würden für mich sprechen. Ich sah diese ehrenwerten Lehrer von oben herab an. Eine steinerne Statue wie die des Komturs aus *Don Giovanni*, die ihnen mit ihrem Stolz trotzte.

Verwirrt tuschelten sie miteinander. Wusste jemand Bescheid? Hatten sie spezielle Anweisungen erhalten? Sie musterten mich verständnislos. Sie wussten genau, dass ich von der Unitalia finanziert wurde und damit von allen, die sich in diesem Raum befanden, die größten Chancen hatte, zum Film zu kommen, aber dennoch… All diese Menschen machten einen Kult aus ihrem Beruf. Man drückte ihnen nicht einfach mit einem Fingerschnippen ein Starlet auf! Ich verstand nichts von ihren Problemen, von ihrem Gespräch. Nur ein einziges Wort schnappte ich auf, weil es keine Übersetzung brauchte: »Araberin«. Sie waren im Begriff, meinen düsteren Charakter, mein

Temperament meinem »arabischen Blut« zuzuschreiben! Sie sprachen über mich wie über ein Pferd!

Meine Augen schienen Blitze zu schleudern. Ich starrte die Juroren an wie eine Tigerin, die sich anschickt, ihnen an die Gurgel zu springen. Ich reagierte mit einer Grobheit, wie sie nur die Bewohner Nordafrikas an den Tag legen können. Dann habe ich ihnen »den Rücken gezeigt«, wie man bei uns sagt. Blieb nur noch, türenknallend hinauszulaufen, fest überzeugt davon, dass damit meine schöne Filmkarriere beendet war. Umso besser! Damals reichte eine Kleinigkeit, damit ich jedes Maß verlor. Ich war mit den Nerven am Ende, wegen eines falschen Worts hätte ich alles wegfegen können. Ich wäre in der Lage gewesen, auf einen Thron zu verzichten.

Das Resultat war erstaunlich. Ich glaube, beim Film ist es ein wenig wie mit den Männern: Je weniger man davon wissen will, umso mehr laufen die Leute einem nach. Ich wurde zugelassen… mit dem ersten Preis in dem Fach »Ausdruck und Temperament«. Der Preis war mit einem Stipendium verbunden.

Damit konnten Mama und ich unseren Lebensunterhalt bestreiten, bis es mit dem Filmen losging. Natürlich war das nicht sehr gerecht gegenüber den anderen, den wirklich Engagierten. Und diese ungleiche Behandlung sollte sich während meiner gesamten »Schulzeit« fortsetzen. Zum Beispiel wurden einige von uns dafür ausgewählt, bei Dreharbeiten zu hospitieren. Im Allgemeinen waren das Studenten, die Regisseur werden wollten. Aber ich kam ständig an die Reihe, ohne dass ich darum gebeten hätte, als wollten die Leute von der Unitalia dafür sorgen, dass ich möglichst viele Gelegenheiten bekam, Regisseuren über den Weg zu laufen.

So fand ich mich an Sets wieder, wo ich nichts zu tun hatte, ohne zu verstehen, was dort vor sich ging, und wartete… was, wie ich später feststellen sollte, die nervtötendste und zugleich die häufigste Beschäftigung eines Schauspielers ist. Ich arbeitete nicht genug, als dass es mich gefesselt hätte, ich hielt mich von den Gruppen fern und saß in meiner Ecke, ungesellig und misstrauisch, von Natur aus schweigsam und zusätzlich behindert durch meine Schwierigkeiten mit dem Italienischen. Ich gehorchte meinen Lehrern, setzte mich hin, wo man es von mir verlangte, und lernte meine Lektionen, aber alles ohne Überzeugung. Ich besaß keine echte Erfahrung und auch keinen Wunsch danach; ich war schon bereit, mich vor die Kamera zu stellen, wie ich es bereits zweimal getan hatte, aber ich sah nicht ein, wozu diese ganze Theorie, diese ständigen Wiederholungen desselben nützlich sein sollten. Ich hatte um nichts gebeten, ich wollte einfach nur arbeiten und meine Zeit nicht vergeuden. Und außerdem war das Wetter kalt und grau. Ein Klima, das zu meiner Stimmung passte…

Wir hatten Zuflucht bei einer meiner Tanten gefunden. Sie lebte in einem malerischen Dorf, das allerdings mehr als eine Stunde Fahrt von Rom entfernt lag. Jeden Morgen stürzte ich rasch einen Kaffee hinunter und nahm den Bus, um zur Schule zu fahren. Eines Tages folgte auf der Rückfahrt ein Wagen dem Bus über die gesamte Strecke. Als ich aus dem Bus kletterte, stieg ein Mann aus. Ich brauche wohl nicht zu berichten, wie ich ihn empfangen und ob ich ihn angehört habe… Dabei war er einer der wichtigsten Produzenten der Vides, aber ich schickte ihn davon, so wie schon den Vertreter einer anderen Produktionsfirma.

Meine Mitschüler hätten alles darum gegeben, an meiner Stelle zu sein. Das tat mir schrecklich leid für sie. Ich besaß nicht ein Zehntel ihrer Kenntnisse. Und vor allem nicht ihre Begeisterung. Der Film stand nicht im Mittelpunkt meines Lebens. Aus Pflichtgefühl ging ich weiter in die Schule. Ich tat so als ob… Ich stand auf, ich wusch mich, ich aß… ich wirkte, als sei ich lebendig… aber dennoch fühlte ich nichts mehr. Warum, das wusste ich allein.

Und immer noch hatten wir Winter, der Himmel blieb grau. Auch das Land war grau, genau wie die Busse, in denen ich die unendlichen Vorstädte durchquerte. Diese Fahrt vorbei an halb fertigen Gebäuden, durch eine ewige Baustelle, schnürte mir das Herz zusammen. Ich träumte von meinem weißen Dorf, vom blauen Himmel, vom Mittelmeer. Im Süden würden bald die Orangenbäume blühen. Weihnachten stand vor der Tür. Ich hatte das Gefühl, wenn ich meine Brüder und meine Schwester wiedersehen würde, meine Freunde, den Geschmack des Zitronenwassers, den Duft des Honig- und Jasmingebäcks kostete, dann würde meine Lebensfreude zurückkehren.

Und dann brach ich zusammen. Ich hielt diese Kurse, diesen Winter nicht mehr aus. Immer wieder sagte ich Mama, letztlich würde ein Diplom mir auch keine Rolle verschaffen. Ich hatte auch keines gebraucht, um die ersten Filme zu drehen, durch die man auf mich aufmerksam geworden war. Ich flehte meine Mutter an, mich nach Hause zu bringen. Auch sie litt unter Heimweh. Sie beklagte sich nie, aber vielleicht vermisste sie ja ihren Mann und ihre anderen Kinder… Am Ende des ersten Trimesters erklärte sie sich einverstanden. Und ich trat ein weiteres Mal die Flucht an. Ohne uns von jemandem zu verabschieden, entwischten wir zum Flughafen. Aber dort traf ich einen sehr bekannten Journalisten, Domenico Meccoli, dem ich schon in der Schule aufgefallen war. Er war nett, er fragte mich, wohin ich unterwegs sei. Also erzählte ich ihm meine ganze Geschichte. Jedenfalls mein Abenteuer mit dem Film… Er fand sie wunderbar. Für ihn verkörperte ich Aschenputtel in dem Moment, als sie vom Ball wegläuft. Es war kurz vor Weihnachten, und Claudias Geschichte gefiel auch seinem Chefredakteur. Und die wichtigste Zeitschrift

Italiens, *Epoca*, machte sie zur Titelstory. Als ich das zu meiner großen Verblüffung feststellte, befand ich mich bereits auf der anderen Seite des Mittelmeers.

Ohne es zu wollen, hatte ich mich wie die Heldin eines dieser Fotoromane dargestellt, die damals so in Mode waren. Aber glücklicherweise habe ich mich nie damit aufgehalten, was die Presse über mich schreibt... Es ist, als wäre ich immer zwei Personen gewesen, diejenige, die man auf den Titeln der Zeitschriften sieht, und ich selbst. Die andere, die echte. Die überglücklich war, ihren Vater wiederzusehen, ihre Schwester, ihre Brüder, die Sonne...

Doch unter ihren gleißenden, schräg einfallenden Strahlen wurden auch die Schatten immer länger.

Ich hatte nicht nur in der Wohnung in der Rue de Marseille meine Familie wiedergesehen, sondern war auch dem Mann, der mich quälte, erneut begegnet.

Er war da, wie eine Katze, die sich damit amüsiert, ihr Opfer zu belauern. Warum fügte ich mich, obwohl es mir Entsetzen einjagte? Für welches Verbrechen musste ich auf diese Weise büßen? Hatte ich nicht das Recht, glücklich zu sein wie die anderen? Aber ich wusste nicht, wie ich jetzt enthüllen sollte, was ich so viele Monate lang verborgen hatte.

Oft dachte ich an Selbstmord. In der Zerstörung meines Körpers, in der Aufgabe meines Geistes sah ich das Gesicht des Todes. Doch was sich mir zeigte, war das Gesicht des Lebens.

Anfang 1958 stellte ich fest, dass ich schwanger war. Die jungen Leute von heute können sich nicht vorstellen, was dieses Wort aus dem Mund eines Mädchens meiner Generation, von meiner Herkunft, bedeutete. Zur selben Zeit hatte eine Meldung Italien erschüttert: der Selbstmord eines jungen, verlobten Paars. Als das Mädchen die Papiere, die für die Trauung notwendig waren, zusammensuchte, hatte sie entdeckt, dass sie unehelich geboren war. Ein junges Mädchen, das Mutter wurde, entehrte zur damaligen Zeit nicht nur sich selbst, sondern brachte auch Schande über seine ganze Familie. Und verurteilte sein Kind dazu, von der Gesellschaft zurückgewiesen zu werden.

Ich war verloren.

Eines Tages sollte ich hören, wie Frauen das Recht auf freie Entscheidung einforderten ... Aber wann trifft man diese Entscheidung? »Ein Wunschkind, ein sehnlichst erwartetes Kind«, diese Schlagworte taten mir weh, weil ich fürchtete, sie könnten meinen Sohn quälen. Für meinen Sohn habe ich mich entschieden, als ich mich weigerte, abzutreiben. Bei der *mamana,* der Engelmacherin, zu der dieser Mann mich gebracht hatte. Das war das erste Mal, dass ich mich ihm widersetzte und er nicht anders konnte, als mich anzuhören. Für meinen Sohn habe ich den Mut gefunden, ich selbst zu sein.

An diesem verzweifelten Tag habe ich mich für das Leben entschieden. Ich erlebte einen Albtraum. Aber etwas in mir erwies sich als stärker. Dieses Kind, das ich in mir trug, würde mich zwingen, an meine Grenzen zu gehen ... In diesem Moment allerdings ahnte ich nichts davon. Ich befand mich am Boden eines Abgrunds, ich sah keinen Ausweg. Ich traf meine Entscheidungen tastend, blind; entschlossen, nur den kommenden Tag zu sehen und keinen anderen. Ich weigerte mich, an die nächsten Wochen zu denken, ich schob die Vorstellung von mir, die Monate zu zählen. Am Ende dieses Leidenswegs konnte nur der Tod stehen.

Meine Karriere ... Das war eine andere Welt. Wenn man neunzehn ist, vergeht die Zeit noch langsam. Neun Monate, das ist fast ein ganzes Leben. Ich hatte nur den Wunsch, mich zu verstecken. Wie ein Tier, das inmitten von Raubkatzen werfen soll.

Und der Film hat mich gerettet, uns alle. Mich, meinen Sohn, meine Familie. Eines Tages hörte ich im Radio einen Journalisten erzählen, der Regisseur Mario Monicelli suche ein junges Mädchen, das er an einem Filmset getroffen hatte und das in *Diebe haben's schwer* (I soliti ignoti), seinem nächsten Film, die Rolle der Carmela spielen sollte. Aber dieses junge Mädchen sei nach Tunesien verschwunden. Seine Produzenten hätten ihm versprochen, sie zu finden. Nach dem Artikel in *Epoca* ging der Fotoroman weiter. Doch niemand ahnte, bis zu welchem Punkt die Heldin, zu der ich unwillentlich geworden war, mitten in einem echten Melodram lebte.

Ein weiterer Brief kam. Dieses Mal ging es nicht darum, dass ich zurück in die Schule sollte. Die Leute von der Unitalia teilten mir mit, sie könnten mir einen Vertrag als Schauspielerin bei der Produktionsfirma Vides anbieten; der Firma von Franco Cristaldi, dem jungen Produzenten, den ich auf dem Filmfest in Venedig zusammen mit Visconti gesehen hatte. Dazu musste ich sofort nach Rom reisen.

An diesem Tag dankte ich meinem Schöpfer.

Seit Monaten zauderte ich, ließ mich um jede Verabredung bitten. Aber jetzt sagte ich zu, kaum dass ich den Brief zu Ende gelesen hatte. Papa war wie vom Donner gerührt. Diesen Sinneswandel hatte er von mir nicht erwartet. Mir war es ja sogar gelungen, seine Begeisterung zu dämpfen. Er kannte die wahren Gründe für meine Entscheidung nicht, doch ich spürte, dass er besorgt war. Er beschloss, mich nach Rom zu begleiten, da jemand bei mir sein musste, wenn ich den Vertrag unterzeichnete. Das war gesetzlich vorgeschrieben, denn ich war noch minderjährig.

Als wir – mein Vater, meine Mutter und ich – aus Tunis abreisten, standen alle Nachbarn an unserer Türschwelle. Ich wurde mit Datteln und Kuchen beschenkt; beinahe hätte ich sogar noch Couscous mitnehmen müssen... Die alten Leute umarmten mich weinend, die jungen wussten nicht, was sie zu mir sagen sollten. Ich war der Stolz des Viertels. Doch es hätte nur eine winzige Kleinigkeit gefehlt, und ich wäre zum Gegenstand eines Skandals geworden. Meine Schwester schloss mich schluchzend in die Arme. Sie und unsere beste Freundin Monique waren jetzt die Einzigen, die Bescheid wussten.

Sei schön und schweig

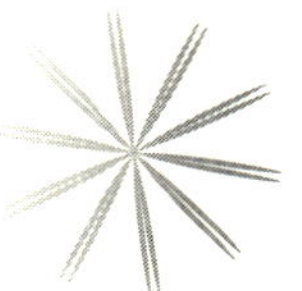

Meinen ersten Vertrag unterschrieb ich praktisch, ohne ihn zu lesen. Mein Vater konnte mir keine Hilfe sein. Die Produktion brachte uns in einer kleinen Wohnung an der Piazza Bologna, mitten im Stadtzentrum von Rom, unter. Papa kehrte sehr rasch nach Tunis zurück, da er wieder arbeiten musste. Und ich blieb mit Mama zurück. Es kam gar nicht in Frage, mich allein in Rom zu lassen. Ein weiteres Mal verließ Mama Mann und Kinder, um mit mir ins Abenteuer zu ziehen. Früh am Morgen brach ich zu den Dreharbeiten auf und kam spätabends zurück. Manchmal kam Mama mich auch abholen.

Sie hatte uns beide, meine Schwester und mich, zu größter Schamhaftigkeit erzogen, und nie bin ich ihr dankbarer gewesen. So sah sie niemals, in was für Hüfthalter, was für barbarische Korsetts ich meinen Bauch presste. Während der ersten Monate half mir auch die Natur: Ich nahm ab. Ständig war mir übel, und ich konnte nichts essen, ohne mich gleich wieder zu erbrechen. Die Gerüche nach Leim, nach Farbe, die Parfüms der Schauspieler… alles in meinen Erinnerungen an die Dreharbeiten bringt mich zum Würgen. Und dabei war es ein lustiger Film!

Vier kleine Gauner organisieren von einer Wohnung aus, deren Schlüssel sie sich verschafft haben, einen Einbruch in ein Pfandleihhaus. Ich spiele Carmela, die Schwester von Ferribotte, der Karikatur eines Sizilianers. Er ist besessen von der Ehre seiner Schwester und verbringt seine Zeit damit, ihr nachzuspionieren und sie in ihrer gemeinsamen Wohnung einzusperren. Ein Gag jagt den anderen, bis die Spitzbuben schließlich am Ziel ihrer Abenteuer ankommen und die Wand durchbrechen, die sie von den Reichtümern trennt. Aber der Plan war schlecht: Sie landen in der Küche und stürzen sich auf den Vorratsschrank, bevor sie im Morgengrauen nach Hause zurückkehren. Der Film endet mit einem Zeitungsartikel: »Diebe durchbrechen eine Wand und bemächtigen sich eines Kichererbsengerichts. Der Einbruch ist umso erstaunlicher, da die Küche vom Flur aus zugänglich war.«

1958 wollten in Italien alle gern lachen. Die Reichen im Norden, die von der Integration in den Gemeinsamen Markt profitierten, ebenso wie die Armen im Süden, die noch nie so arm gewesen zu sein schienen. Die Freude am Komischen ist traditionell ein Lebenselixier dieses Volkes, von der Commedia dell'Arte bis hin zur neapolitanischen Farce. Nach dem Krieg hatten manche Leute geglaubt, die Revolution voranzutreiben, indem sie die Zuschauer zum Weinen brachten, aber diese Zeit war jetzt endgültig vorüber. Monicellis Waffe war das Lachen. Seine kleinen Betrüger, seine vom Pech verfolgten Helden, seine hoffnungslosen Träumer hätten ebenso gut Personen aus einem Melodram sein können, doch sie waren einfach bloß komisch. Mit ihm hatte der italienische Film den Übergang von der neorealistischen Tragödie zur Komödie vollzogen. Am Milieu, dem der armen Leute, änderte sich nichts. Nur der Blickwinkel veränderte sich. Auf dem Höhepunkt seines Werks vereinten sich die Tragödie und die Komik, diese beiden Seiten des Lebens.

Die »italienische Komödie« verkaufte sich damals in der ganzen Welt und war ein Genre, das man besonders bei der Vides schätzte. Jedes Jahr wurden Dutzende von Komödien gedreht, und Franco Cristaldi hatte beschlossen, dass ich nur mit den größten Regisseuren arbeiten sollte.

Monicelli, der damals dreiundvierzig war, beeindruckte mich sehr. Insbesondere hatte er eine Reihe von Komödien mit dem Schauspieler Toto gedreht, die enormen Erfolg gehabt hatten. Er war nicht daran gewöhnt, mit Amateuren zu arbeiten, und zeigte sich äußerst fordernd, ironisch, grob und oft sarkastisch. Und er wusste, dass ich noch keine zwanzig war.

Damit er mir meine fehlenden Kenntnisse verzieh, legte ich mustergültigen Gehorsam an den Tag. Ich folgte seinen Anweisungen aufs Wort, und zwischen zwei Szenen setzte ich mich allein in meine Ecke und war in der Lage, ganze Tage zu warten, ohne mich zu beschweren. Für mich war der Set schon ein Schauspiel. Ich brauchte einige Zeit, um zu begreifen, wer der Bursche war, der die Kulissen vorbereitete, ein Auge auf die Kostüme warf, die Komparsen herbeirief, derjenige, bei dem alle ihre Klagen und Vorwürfe abluden, nämlich der Regieassistent. Für jede Aufnahme musste die gesamte Truppe anwesend sein: der Cheftechniker, der Kameramann, der Fotograf, der Toningenieur, das Scriptgirl, der Bühnenbildner, Requisiteur, Gewandmeister, Garderobieren, Friseure, Visagisten, nicht zu vergessen die Bühnentechniker und die Beleuchter… Bei jeder Bewegung musste man sich vorsehen, nicht auf ein Kabel zu treten oder über eine Schiene zu stolpern. Und vor allem musste man in der Lage sein, die Komödie scheibchenweise zu spielen: Ein Schatten im Bildfeld? Sofort aufhören zu weinen. Ein Geräusch? Die Liebeserklärung muss noch einmal gedreht werden. Man hat gerade zwei Stunden damit verbracht, sich zu schminken, sich anzuziehen, aber egal: Zwischen zwei Aufnahmen ist immer jemand da, der eine Falte glättet, Puder aufträgt oder eine Wimper wegwischt.

Ein Ameisenhaufen, dessen Regeln ich nicht verstand.

Nie werde ich meine erste Szene vergessen: Carmela schlägt einem Freund ihres Bruders die Tür vor der Nase zu. In meinem Wunsch, alles richtig zu machen, knalle ich sie zu, so wie es im Drehbuch steht. Mit aller Kraft... Und ich höre das Aufheulen von Renato Salvatori, das nicht realistischer hätte sein können.

Monicelli nahm mich beiseite.

»Weißt du, Claudia«, sagte er mir sanft, »im Film tut man immer nur so, als ob...«

Offensichtlich musste ich alles noch einmal von vorn lernen. Renato war mir deswegen nicht böse. Er versuchte allerdings, sich mit ein paar Zärtlichkeiten entschädigen zu lassen, aber da hatte er Pech, wie alle anderen Schauspieler. Später erfuhr ich dann, dass er überall herumerzählte, er habe mich beim ersten Rendezvous »flachgelegt«!

Ich drehte mit Mastroianni und Gassman, zwei Schauspielern von perfekter Schönheit, die Visconti verlassen hatten, um in Komödien aufzutreten. Der Meister hielt zwar nicht viel von diesen Filmen, aber die beiden sollten damit großen Erfolg haben.

Oft kamen sie und setzten sich zu mir, um mir ein wenig den Hof zu machen. Ich reagierte nicht oder kaum darauf. Ich lächelte nicht und klammerte mich an mein Drehbuch wie an einen Rettungsring. Ich hatte keine Lust, mich zu amüsieren. Unter dem Vorwand, ich müsse an meinem Italienisch arbeiten, lehnte ich alle Einladungen ab. Ich hatte die starke Ahnung, dass sie eine Art Wettbewerb ausgerufen hatten: Wer würde mich als Erster verführen? Sie sollten enttäuscht werden...

Diebe haben's schwer wurde auf den Festivals von San Sebastian und Locarno prämiert. Er wurde in Cannes vorgestellt, in Hollywood für den Oscar nominiert und war ein großer Publikumserfolg. Von einem Tag auf den anderen begannen die Passanten auf der Straße mich anzusprechen. Ich war der Typ der jungen Sizilianerin geworden, sinnlich und zu Unrecht von den Männern ihrer Familie tyrannisiert, die jedoch gelernt hat, sich zu wehren. Ich kann mir vorstellen, dass die Leute bei der Vides triumphierten. Einige Zeitungen nannten mich bereits die »kleine Verlobte Italiens« – ausgerechnet mich, die ich hochschwanger war.

Aber es kam nicht in Frage, das Geheimnis zu enthüllen. Ich war fest entschlossen, weiter aufs Gas zu treten, bis ich vor die Wand fuhr. Man hatte mich ins kalte Wasser geworfen, und jetzt war nicht der Moment, um innezuhalten und nachzudenken. Ich musste weiterschwimmen. Ich betäubte mich mit Arbeit und dankte dem Himmel dafür, dass Christian Dior in diesem Jahr die H-Linie kreiert hatte, die – nach der verrückten Mode der extrem zusammengeschnürten Taille – jetzt Bauch und Hüften locker umspielte.

Bis zum siebten Monat meiner Schwangerschaft drehte ich drei Filme; nach dem Film von Monicelli noch *Drei Ausländerinnen in Rom* (Tre straniere a Roma) von Claudio Gora und dann *Die erste Nacht* (La prima notte) von Cavalcanti. Bei den Dreharbeiten zu diesen beiden Filmen traf Mama Jean Cocteau und ihren großen Schwarm Jean Marais, worüber sie völlig aus dem Häuschen geriet.

Wenn ich unter normalen Menschen gelebt hätte, wäre meine Lage mir bestimmt unerträglich vorgekommen, aber in dem Universum, das ich jetzt entdeckte, war nichts zu extravagant. Ich drehte mit Martine Carol, einem Sexsymbol der Fünfzigerjahre, von der alle Männer träumten, die aber ihren Kummer und ihre Frustration im Alkohol ertränkte und immer wieder Selbstmordversuche unternahm. Ich drehte mit dem überragenden Vittorio De Sica, der zugleich Regisseur und Schauspieler war, nach dem alle Italienerinnen verrückt waren und der nur daran dachte, seine Gagen im Casino zu verschleudern. Vor der Kamera spielte ich eine Jungmädchenrolle nach der anderen, und dabei würde ich bald Mutter sein. Aber im Scheinwerferlicht war ich noch zu steif.

»Ja, so. Nein, fang von vorn an. Das ist besser. Noch einmal.«

Ich lebte meine Personen nicht von innen heraus, durch ein langsames Verstehen oder eine Art Metamorphose, sondern ich zog sie über wie ein Kostüm, das ein Regisseur mir auf den Leib geschneidert hatte, ohne dass ich jemals meine Meinung dazu sagen konnte, ohne dass ich mich im Spiegel ansehen durfte.

So machte ich weiter, so lange das möglich war. Dann, als es offensichtlich wurde, dass keine Bandage und kein Korsett mehr die Wahrheit verbergen konnten, nahm ich meinen ganzen Mut zusammen. Nicht, um mit meiner Mutter zu sprechen, denn das wäre über meine Kräfte gegangen, sondern um den Produzenten aufzusuchen.

Ich erinnere mich noch ganz genau an die Fahrt von der Piazza Bologna, wo wir wohnten, zur Piazza Pitagora, wo sich die Büros der Vides befanden.

Der Film war für mich immer noch eine bloße Nebensache, der ich mich jetzt, so viel war klar, entledigen musste. Ich bat darum, den Chef sehen zu dürfen, Franco Cristaldi. Ich wartete, aber es dauerte nicht lange, bis er mich vorließ.

Er war ein kleiner und sehr schmaler Mann, dunkel und ziemlich gut aussehend. Verheiratet natürlich, doch er lebte getrennt von seiner Frau, denn die Scheidung existierte zu der Zeit in Italien noch nicht. Er strahlte Ruhe und Macht aus. Der Produzent war damals beim Film eine äußerst wichtige Persönlichkeit. Die bedeutendsten, wie David O. Selznick in Hollywood, kannten die Zuschauer beim Namen. Für uns alle in Rom war Cristaldi der »Chef«, derjenige, der das Sagen hatte, einem Arbeit gab oder einen zum Schweigen verdammte.

Wir waren uns bereits begegnet, kannten einander jedoch nicht wirklich. Ich hatte keine Zeit zu verlieren und hielt mich daher nicht mit Höflichkeitsfloskeln auf. Ich setzte mich vor seinen Schreibtisch und begann.

»Es tut mir sehr leid, aber ich kann den Vertrag mit Ihnen nicht einhalten.«

Das Problem war nur, dass ich nicht über eine Antwort auf die Gegenfrage »Warum?« nachgedacht hatte. Ich war in dem Glauben, ich wäre frei, und es reichte, einfach »Schluss« zu sagen, und alles wäre geregelt.

»Ich möchte keine Filme mehr drehen«, sagte ich daher, als Cristaldi mich nach den Gründen fragte. Zweifellos hatte er zuerst geglaubt, ich sei gekommen, um ihn um Geld anzugehen. Warum sollte eine junge Schauspielerin sonst einen Produzenten aufsuchen? Also ging er alle Argumente durch, von denen er glaubte, ich wolle sie ihm darlegen: drei Filme, großer Erfolg, der Beginn einer steilen Karriere…

»Sind Sie schwanger?«, fragte er dann unvermittelt.

Ich hielt meine Tasche über den Bauch, schlug die Augen nieder, und ein Schluchzen stieg mir in die Kehle.

»Wissen Ihre Eltern Bescheid?«

Ich schüttelte den Kopf. Da stand er auf und bedeutete mir mit einer theatralischen Geste, ihm zu folgen.

»Ich kümmere mich darum«, erklärte er.

Wie hatte er das nur erraten? Kam das bei jungen Schauspielerinnen so oft vor? Lag es daran, wie ich nervös meine Tasche über dem Bauch umklammerte? Oder hatte ihn jemand informiert?

Tatsächlich hatte ich in tiefster Verzweiflung dem Vater meines Kindes einen Brief geschrieben. Viel später erfuhr ich, dass er mir geantwortet hatte. Diesen Brief habe ich aber nie erhalten. Ist es möglich, dass jemand ihn abgefangen und an meinen Produzenten weitergeleitet hat?

So viele Jahre sind seither vergangen… aber dieser Moment hat sich als einer der grausamsten meines Lebens in meine Erinnerung eingegraben. Sicher, da war ein Mann, der mir zu Hilfe eilte. Aber Großmut war nicht sein einziges Motiv. Und außerdem quälen mich bis heute Gewissensbisse, weil ich nicht den Mut hatte, allein mit Mama zu sprechen.

Als sie davon erfuhr, war es, als hätte ein Erdbeben alles, was unserer Familie etwas bedeutete, über ihr zusammenstürzen lassen. Zu der Angst, mich als ledige Mutter zu sehen, zu der Scham, weil sie es nicht hatte verhindern können, gesellte sich noch der Kummer darüber, dass sie nichts bemerkt hatte, obwohl wir zusammenlebten. Sie fühlte sich furchtbar schuldig und hat sich noch lange Vorwürfe gemacht, weil sie nichts getan hatte, um mir zu helfen… Was haben wir beide an diesem Tag vor Cristaldi für Tränen vergossen!

Er spielte die Rolle des Guten, war Herr der Lage und der großmütige Mann, der versprach, alles in die Hand zu nehmen. Vor allem fand er eine Lösung für uns, und dafür werde ich ihm ewig dankbar sein. Mama und ich waren so niedergeschmettert, dass wir nicht in der Lage waren, die einfachsten Entscheidungen zu treffen.

Cristaldi schickte uns nach London. Er hatte allen erzählt, ich sei in einem ultrageheimen Projekt unterwegs, für das ich unbedingt so schnell wie möglich Englisch lernen müsse. Ich sollte mich also angeblich mit der Sprache vertraut machen, und dazu war es mir offiziell untersagt, mich mit Italienern zu treffen.

Er hatte ein Apartment gegenüber einer Sprachenschule gemietet, die ich jeden Morgen besuchte. Nachmittags ging ich mit Mama spazieren. So lebte ich zwei Monate lang. Und dann, am 19. Oktober 1958, spürte ich die ersten Wehen. Der Arzt riet mir, ich solle ruhig noch mit dem Bus fahren; so schnell würde das Baby nicht kommen. Mama war wütend, weil niemand auf die Idee kam, mir einen Sitzplatz anzubieten; und endlich lieferte sie mich in der Klinik ab. Um Mitternacht kam mein Kind auf die Welt. Man legte mir meinen Sohn auf den Bauch, und ich verliebte mich auf den ersten Blick in ihn. Ja, so war es, er war der Sohn, von dem ich seit meiner Kindheit geträumt hatte. Ohne zu zögern, gab ich ihm seinen Namen, einen französischen und denselben, den ich schon meiner Babypuppe gegeben hatte: Patrick.

Mit meinem Kind auf dem Arm verließ ich die Klinik. Am Ende war es gar nicht so kompliziert, obwohl ich nicht ganz wie die anderen Mütter war, denn ich hatte keinen Mann, der mir den Koffer trug. Cristaldi hatte Blumen geschickt. Mama weinte sehr, doch dann erging es ihr wie mir: Sie erlag Patricks Charme. Dies und jenes war zu tun, man musste ihn zudecken, ihm das Mützchen, die Schühchen anziehen. Patrick sah meinem kleinen Bruder ähnlich, aber dennoch …

Auf dem Heimweg traf ich auf der Straße meinen Englischlehrer. Er wäre beinahe in Ohnmacht gefallen. »My god!« Ich hatte ein Baby erwartet, und er hatte nichts bemerkt … Wir kümmerten uns um Patrick wie zwei Mütter.

Doch bald sollte er nur noch eine haben.

Cristaldi hatte sich deutlich ausgedrückt. Es kam gar nicht in Frage, Patrick der Öffentlichkeit als meinen Sohn zu präsentieren. Ich durfte nur seine Schwester sein. Dafür würde es uns an nichts fehlen.

Cristaldi brachte uns in einem schönen Haus im eleganten römischen Stadtviertel Parioli unter, wo bald meine Schwester zu uns stieß. Meine Brüder wussten nicht Bescheid; und mein Vater weigerte sich, mich zu sehen. Als Patrick zum ersten Mal lächelte, zum ersten Mal plapperte, rebellierte ich. Ich demütigte mich und flehte Cristaldi an, sagen zu dürfen, dass ich ein

Kind hatte. Aber da konnte ich schreien und aufstampfen, so viel ich wollte, er bewahrte unerschütterlich die Ruhe. Immer wieder erklärte er, das wäre das Ende meiner Karriere. Ich dürfe nicht vergessen, dass mich ein Vertrag an die Vides band.

Cristaldi war schließlich Anwalt gewesen, bevor er Produzent wurde.

Auf Dutzenden von Seiten wurde mein Berufsleben organisiert, mein monatliches Einkommen festgelegt, das – unabhängig von der Höhe meiner Gagen, die der Produzent einstrich – im Voraus fixiert war. Darin standen die Namen der Couturiers, die mich einkleideten, die Kosten, welche die Vides übernahm, die Eskorte aus Chauffeur, Sekretärin und Pressesprecher, die mich in jedem Moment meines Lebens umgab.

Mit diesen Vereinbarungen, unter die ich meine Unterschrift setzte, hatte ich meine Seele verkauft. Der Vertrag zwang mich, meinen freien Willen aufzugeben.

Ich hatte nicht einmal mehr das Recht auf meine äußere Erscheinung. Die Vides hatte mich eingekauft wie eine Ware: Farbe und Länge des Haars, Maße, alles war festgelegt, ohne dass ich das Geringste mitzureden hatte … In einer Zusatzklausel stand, dass jede Entscheidung, die mein Privatleben betraf, mit meinen Produzenten abzustimmen sei.

Cristaldi war gut und großzügig, aber er machte mir auch ohne Umschweife klar, dass er mich erschaffen hatte und ich deshalb sein Eigentum war.

Noch heute, so viele Jahre nach unserer Trennung und nach seinem Tod, habe ich nichts davon vergessen.

Zweiter Teil

Filme wie am Fliessband

Meine wunderbaren Lehrer

Zwischen 1958 und 1973 drehte ich etwa fünfzig Filme, also durchschnittlich drei pro Jahr, und mehr als die Hälfte davon mit den größten Regisseuren Italiens. Während dieser gesamten Zeit war ich an die Vides gebunden, Franco Cristaldis Produktionsfirma; zunächst durch einen ersten Fünfjahresvertrag und dann durch weitere, die regelmäßig erneuert wurden. Ich wurde bezahlt wie eine Gehaltsempfängerin; ein Gehalt sicherlich, das immer höher wurde, aber nicht das Geringste mit den enormen Gagen zu tun hatte, die von nun an Bedingung waren, wenn man mich engagieren wollte. Alle Repräsentationskosten wurden übernommen, und ich lebte, als wäre ich reich. Dieser Anschein war mir genug. Ich habe nie versucht, die Klauseln unseres ersten Vertrags, der geschlossen wurde, als ich am Boden lag, neu zu verhandeln. Indem ich unterschrieb, hatte ich mein Wort gegeben, und es kam mir nicht in den Sinn, es zurückzunehmen.

Von Anfang an war vertraglich festgelegt, dass ich keine Entscheidung treffen durfte, ohne mit meinem Produzenten Rücksprache zu halten. Die Juristen, die diese Klausel verfasst hatten, dachten dabei zweifellos an eine Heirat… Oft genug kam es vor, dass junge Mädchen alles stehen und liegen ließen, wenn sie die »große Liebe« trafen. Sie hatten nicht vorhergesehen, dass in meinem Fall Cristaldi sich sogar in die Auswahl der Kinderfrau für meinen Sohn einmischen würde… Nach meiner Rückkehr aus London im November fuhren wir beide aufs Land, in die Nähe von Rom, wie ein Ehepaar, das den Wunsch hat, sein Kind an der guten Landluft aufwachsen zu sehen. Um keine Aufmerksamkeit auf mich zu ziehen, brauchte ich zum Schein einen Ehemann.

Das Problem war nur, dass ich es nicht fertig brachte, Cristaldi »Liebling« oder auch nur »Franco« zu nennen. Immer wieder rutschte mir »Herr Cristaldi« heraus, was merkwürdig klang. Und er gab mir einen Rippenstoß und brummte: »Herrgott, geben Sie sich doch Mühe!«

Patrick sollte den Winter fern von Rom verbringen. Ich konnte nicht von Mama verlangen, dass sie Tag und Nacht um ihn war, während ich wieder zu Kräften kam. Meine Arbeit für das kommende Jahr war bis ins kleinste Detail festgelegt. Cristaldi hatte sich eine Strategie zurechtgelegt: Ich sollte kleine Rollen spielen, aber nur zusammen mit den Größten.

Die italienische Filmindustrie befand sich damals auf dem Höhepunkt ihrer Macht. Sie war nach Hollywood die zweitgrößte der Welt und produzierte zwischen zweihundertfünfzig und dreihundert Filme pro Jahr.

Jedes Jahr wurden etwa achthunderttausend Eintrittskarten verkauft, ein Rekord für eine Bevölkerung von fünfzig Millionen. Wenn man Babys, Kinder und alte Leute nicht mitrechnete, bedeutete das, dass jeder erwachsene Italiener, in der Stadt wie auf dem Land, mindestens einmal pro Woche ins Kino ging.

Dieses Freizeitvergnügen ersetzte das Ritual des Opernbesuchs, einen Brauch, den man in allen sozialen Schichten gepflegt hatte. In Rom besaßen die Kinosäle eine luxuriöse Ausstattung, wie man sie nur dort findet. Wie im Theater gab man seinen Mantel an der Garderobe ab und wetteiferte um die eleganteste Erscheinung. Doch auch in den entlegensten ländlichen Winkeln, bis hin ins tiefste Sizilien, verbreitete sich dank eines dichten Netzes von kleinen Sälen in den Gemeinden, die oft vom Dorfgeistlichen betrieben wurden, der Film über Italien. Alle Filme wurden damals synchronisiert und kamen in unterschiedlichen Vertonungen heraus, je nach der Region, in der sie gezeigt wurden, die Sizilianer weigerten sich beispielsweise, ihre Lieblingsschauspieler mit Mailänder Akzent sprechen zu hören... Die unterschiedlichsten Kinosäle, verschiedene Tonspuren, immer wieder ganz andere Zuschauer... Nie hatte es in Italien einen größeren Unterschied zwischen der Welt der Bauern und der Städter gegeben, zwischen dem Süden mit seinen archaischen Strukturen, der immer noch größtenteils von der Landwirtschaft lebte, und dem industrialisierten, modernen Norden.

Während meines London-Aufenthalts hatte Pietro Germi mich nach meinen Fotos für eine sehr schöne Rolle in *Unter glatter Haut* (Un maledetto imbroglio) ausgewählt, einer Mischung aus Kriminalfilm und Sozialdrama nach einer literarischen Vorlage, und wir drehten in Rom, zwischen den alten Palästen in der Via Merulana.

Zu seinen Lebzeiten war Germi ebenso berühmt, wie er nach seinem Tod in Vergessenheit geraten ist. Und ich war besonders gerührt, als anlässlich einer Retrospektive des italienischen Films, die 2001 in New York stattfand, *Unter glatter Haut* vor einem Publikum gezeigt wurde, zu dem auch die Regisseure Woody Allen und Petro Almodóvar gehörten. Seit der Film 1959 in die Kinos gekommen war, hatte ich ihn nicht mehr gesehen. Am Ende der Vorstellung standen alle Zuschauer auf, um zu applaudieren.

Unter glatter Haut gilt als der erste erfolgreiche Kriminalfilm der italienischen Filmgeschichte. Ich spielte darin die Rolle einer Hausangestellten, einer Frau aus dem Volk, die mit einem Dieb verlobt ist. Das war bereits mein sechster Film, aber ich hatte – vielleicht weil das Leben mich zu sehr herumgestoßen hatte, vielleicht weil meine Probleme mich gehindert hatten, den Kopf frei zu haben – bis dahin den Eindruck, in keine meiner Rollen richtig eingedrungen zu sein. Ich nahm die Position einer Zuschauerin ein. Der Film hatte mich noch nicht erobert. Natürlich begann ich Vergnügen am Spiel mit der Kamera zu finden, denn ich hatte rasch begriffen, dass sie meine beste Verbündete war, aber ich löste mich zu leicht von meinen Figuren und ließ mich von Gefühlen nur in intensiven, aber kurzen Wogen tragen. Noch war der Film für mich nicht mehr als eine Arbeit, fast wie jede andere. Doch der Film von Germi war für mich eine Offenbarung.

Pietro sprach nicht gern, er hatte einen mürrischen Charakter, drückte sich barsch aus, und man musste blitzschnell erfassen, was er von einem wollte. Doch er konnte mir begreiflich machen, dass es unmöglich war, einfach mit den Händen in den Taschen am Set aufzutauchen und zu warten; sich damit zufrieden zu geben, dem Regisseur zu gehorchen. Man musste etwas von sich geben, »sich das Hemd nass machen«, wie die Franzosen sagen. Das heißt, sich von seiner Rolle in Besitz nehmen, verwandeln und aussaugen lassen. Diese Hingabe ist der Preis, den ein Schauspieler dafür bezahlt, dass er eine erdachte Person lebendig werden lässt.

Diese neue Begeisterung half mir vielleicht über meine Probleme hinweg, die nicht abrissen: Am Set ist kein Platz für private Sorgen. Ein Schauspieler muss emotional verfügbar sein. Er muss sozusagen »jungfräulich« zum Drehen kommen und das Abenteuer akzeptieren, das es bedeutet, sich vom Regisseur ohne Angst vor Gefahren auf unbekanntes Gebiet führen zu lassen.

Jetzt reichte es mir nicht mehr, nur fotogen zu sein. Aber ich konnte zuhören, und ich arbeitete gern. Auf diesen beiden Eigenschaften habe ich mir eine Karriere aufgebaut, die ich nicht selbst gewählt hatte. Der Zufall hatte es gut gemacht, als er uns zusammenbrachte, das Kino und mich. Mein großes Glück war, dass in dieser großen Ära des Films eine Schauspielerin in Italien außerordentlichen Regisseuren, Bühnenbildnern und Fotografen begegnete.

Ich war noch nicht einmal zwanzig und Germi fünfundvierzig. 1946 hatte er seinen ersten Film, *Il testimone,* im allerreinsten neorealistischen Stil gedreht. Eine einfache Geste, ein Blick reichten aus, damit ich spürte, was er von mir erwartete. Mir fiel das leicht, weil wir uns ähnlich waren. Pietro Germi hatte nicht den Überschwang der Römer von Cinecittà. Er war kurz angebunden und jähzornig, was ihn von allen anderen unterschied, und ähnelte eher den Tunesiern, die ich aus meiner Kindheit kannte.

»Du willst spielen?«, fragte er. »Dann heule, weine, schreie!«

Ein ganz anderer Unterricht als im Actor's Studio! Diese Leute, die sich das Hirn zermartern mit ihrem »Stell dir vor, du bist ein Baum; sei der Baum; und jetzt bist du ein Blatt, das fällt; du schwebst vom Baum …« haben mich schon immer zum Lachen gebracht.

Bis dahin hatte man von mir nur verlangt, auf der Leinwand passiv zu sein. Während der wenigen Minuten, die meine Rolle in *Diebe haben's schwer* dauert, spreche ich kaum ein Wort, ein Mädchen, das vom Gewicht der Konventionen erdrückt wird und gerade eben den Blick zu heben wagt … Überhaupt nicht schwierig, sogar ein Kind hätte das fertig gebracht. Aber dieses Mal spielte ich ein römisches Zimmermädchen, redselig, mitteilsam, das mit den Händen sprach. Das genaue Gegenteil meiner selbst. Ich musste mich enorm anstrengen, um mich wie sie auszudrücken. Aber Schauspieler zu sein bedeutet nicht, den bequemen Weg zu gehen. Und noch weniger, Geschichten zu spielen, denen man sich nahe fühlt … Von einer Schauspielerin wird nicht verlangt, dass sie Gemeinsamkeiten mit ihrer Figur hat. Wenn ja, umso besser, dann soll sie die ruhig nutzen! Aber wenn die Rolle keine Saite in ihr anschlägt … Pech gehabt, dann muss sie suchen, wühlen und bis auf den Grund ihrer Emotionen greifen, um sie zu verwandeln, bis sie den richtigen Ausdruck findet.

Und genau diese Arbeit lernte ich unter der Regie eines der ganz Großen kennen. Das Drehbuch war ein Juwel.

Heutzutage brauche ich ein Drehbuch nur einmal zu lesen, um zu erraten, ob ein Film gut wird. Das ist wie die Positionierung der Scheinwerfer, die Platzierung der Kameras … ich brauche nicht lange, um mir darüber klar zu werden, ob ich es mit ernsthaften Menschen zu tun habe. Und oft denke ich dann nostalgisch an meine Anfänge zurück, als ich die Chance hatte, mit großen Profis zu arbeiten, die sich dazu noch die Zeit nahmen, eine Anfängerin in den Beruf einzuführen.

Szene für Szene erklärte Germi mir die Gefühle, die ich noch nicht verstand. Er brachte mir sogar bei, wie man vor der Kamera weint.

Zum ersten Mal in meiner noch jungen Karriere spürte ich körperlich die Auswirkungen dieser Alchimie, die den Geist des Schauspielers verändert. Wenn ich abends nach Hause kam, hatte ich das Gefühl, meiner gesamten Energie beraubt zu sein. So erschöpft war ich, dass ich mich im Dunkeln hinlegen musste, um wieder zu mir selbst zu finden.

Viele Menschen betrachteten mich trotzdem nur als eine Art Retorten-Star, geschaffen von Produzenten wie von einem neuzeitlichen Pygmalion. Dieser Ruf hat mir noch lange angehangen. Man sah mich nicht als richtige Schauspielerin. Ich war für viele nur ein Mädchen, das einen Schönheitswettbewerb gewonnen hatte und sich vor den Kameras wiedergefunden hatte, ohne es wirklich zu verdienen.

Kürzlich habe ich noch einmal einen Artikel gelesen, der Anfang der Sechzigerjahre in der französischen Presse veröffentlicht wurde und der mir nicht verzieh, dass ich immer noch mit der Bardot rivalisierte – ein Ziel, das ich mir allerdings nie gesetzt hatte. Der Artikel spiegelt die Atmosphäre dieser Zeit ziemlich gut, diesen schamlosen Machismus, der uns auf Sprechpuppen reduzierte. Darin konstruiert der Journalist um mich herum eine Art Szenario à la *My Fair Lady*. Ihm zufolge war ich nichts als eine Marionette in Cristaldis Händen.

»Sie musste Italienisch mit vier Lehrern lernen; Cristaldi verlangte, dass sie sich in die Sprache hineinkniete... Dann Sprecherziehung mit Clara di Nato, der ehemaligen Theaterschauspielerin, deren Schüler Anna Magnani, Rossano Brazzi oder Silvana Mangano waren. Sie spielte bei Vittorio De Sica vor, den man für einen der schwierigsten Regisseure Europas hält. Schließlich musste sie, um Englisch zu lernen, das schmerzlichste aller Opfer bringen: Rom verlassen und nach London gehen, denn Cristaldi behauptete, man könne eine Fremdsprache nur im Land selbst richtig lernen. Sie war noch nie von ihrer Mutter getrennt gewesen. Verloren in der grauen englischen Hauptstadt, melancholisch bis zur Verzweiflung, kehrte sie mit einer perfekten Aussprache nach Italien zurück, einem äußerst gewählten Englisch... ›Ihr Gehirn‹, sollte Cristaldi später sagen, ›ist wie das eines Kindes. Weiches Wachs, dem sich jede Einzelheit einprägt.‹ Als sie neunzehn wird, teilt ihr unerbittlicher Mentor ihr eine Art Leibwächter zu, den liebenswürdigen und distinguierten Fabio Rinaudo, dessen Aufgabe es ist, ihr wie ein Schatten zu folgen und ihre kleinsten Probleme zu lösen.[2] Seine ständige Gegenwart an ihrer Seite verleiht dem zukünftigen Star eine Art Prestige; und da Ri-

2 Stimmt nicht! Fabio Rinaudo war mein Pressesprecher.

naudo Cristaldis graue Eminenz ist, wird dieser über alles, was Claudia tut und sagt, auf dem Laufenden gehalten.«

Diese Mischung aus exakten Beobachtungen und falschen Schlussfolgerungen hat etwas Perverses. Aber so war das nun einmal, in Frankreich und in Italien ebenfalls… Ich musste mich mit diesem Chor von mehr oder weniger inspirierten Autoren abfinden, die mich wie ein Objekt behandelten, ein Starlet, von dem man nur verlangt, seine Jugend und seine Reize zur Schau zu stellen, damit der Zuschauer etwas zum Träumen hat.

Inmitten all dieser Artikel, die ignorierten, wer ich war, die meine Arbeit als Schauspielanfängerin, die dabei ist, zu wachsen, vor der Kamera zu reifen, gering schätzten, gab es einen Blitz, ein Wunder: mein erstes Geschenk in diesem Beruf. Eine echte Kritik, verfasst von Pier Paolo Pasolini, einem jungen Schriftsteller und Avantgarde-Regisseur von sechsunddreißig Jahren. Seine ganze Besprechung des Films von Germi basierte auf der Analyse meines Blickes. Ich besäße eine Art zu beobachten, schrieb er, die allein mir eigen sei, zu drei Vierteln aus dem »Augenwinkel heraus«.

Diese wenigen wohlwollenden Zeilen erlaubten mir, hoch erhobenen Hauptes in die Welt zu blicken. Ein so anspruchsvoller, so poetischer Mensch wie Pasolini konnte mich als Schauspielerin betrachten… Diese paar Zeilen überzeugten Anna Magnani, mir ihre Tür zu öffnen. Sie war etwa dreißig Jahre älter als ich und betrachtete mich zweifellos nicht als potenzielle Rivalin. Sie, die den Ruf hatte, so eifersüchtig, so besitzergreifend und exklusiv zu sein, nahm mich liebevoll auf und machte mich in gewissem Sinn zu ihrer Erbin.

Ich erinnere mich an einen Abend, an dem sie mich zu sich nach Hause einlud und wir im Fernsehen einen Schlagerwettbewerb ansahen, das sehr beliebte Festival von San Remo. Auf dem Teppich in ihrem Salon saßen Visconti, sein Drehbuchautor Suso Cecchi d'Amico, Mario Monicelli … Ich war eine von ihnen, sie erlaubten mir zu glauben, dass ich meinen Platz unter den Schauspielern verdiente und dass mein Schicksal mich dazu bestimmt hatte. Doch auch wenn es nicht so gewesen wäre, hätte ich nichts an meinem Leben ändern mögen: Darin war kein Platz für Bedauern oder für Gefühle – nicht einmal für Urlaub.

Ich gehörte dazu.

Jahrelang sprang ich von einer Geschichte zur nächsten, von einem Kostüm zum anderen … Im Film habe ich die Heldinnen der italienischen Kultur verkörpert und wurde trotz des französischen Akzents, den ich damals hatte, zur Botschafterin einer wunderbaren Kultur. Ich habe alle Rollen gespielt: verliebte Mädchen, leichte Mädchen, prüde Mädchen, ungezogene und naive … Aber außerhalb der Dreharbeiten hatte ich keine Zeit mehr, eines zu sein. Ich war nur noch eine Schauspielerin, die ihre Seele an ihren Beruf verkauft hat.

Mein Sohn lebte jetzt bei mir zu Hause. Aber auf den Familienfotos, die in der Presse veröffentlicht wurden, ist er nicht zu sehen. Dabei versteckten wir ihn nicht; es war nur so, dass selten Fremde über unsere Schwelle kamen, und von denen wusste niemand genau, wer er war. Mein kleiner Bruder vielleicht? Tatsächlich sagte Patrick »Mama« zu unserer Mutter, wie wir alle auf die eine oder andere Weise. Mich begann er »Totte« zu rufen, weil er »Claude« noch nicht aussprechen konnte. Auch »Patrick« konnte er noch nicht sagen, so dass er für alle »Pit« wurde.

Papa war schließlich mit Bruno und Adrien, meinen Brüdern, zu uns gezogen. In seinen Augen war die Situation endlich beinahe ehrbar. Schließlich war ich Schauspielerin und hatte mir eine Unabhängigkeit errungen, die mir gestattete, meine Vergangenheit hinter mir zu lassen. Mehr noch, jetzt war ich die Ernährerin der Familie. Ich verdiente Summen, die ihnen phänomenal erschienen. Wir hatten Tunesien verloren, und alles, woran wir früher geglaubt hatten, erschien jetzt veraltet.

Nach dem Zwischenfall von Bizerte, dem kurzen Krieg zwischen Frankreich und Tunesien 1961, in dem es um die von der alten Kolonialmacht beanspruchte Marinebasis ging, hatten die letzten Europäer Tunesien verlassen. Meine Eltern hatten vorgehabt, sich in Südfrankreich niederzulassen, doch schließlich zogen sie zu mir nach Italien, in ein Land, dessen Sprache keiner von ihnen sprach. Ich war glücklich. Langsam kam alles in Ordnung. Abends konnte ich nach Hause kommen wie alle Mädchen meines Alters, beruhigt in dem Wissen, dass Papa und Mama nebenan schlafen. Ich sah meinen Sohn aufwachsen und wusste, dass gut für ihn gesorgt wurde. Mein Haus verdiente seinen Namen: Castel Jubileo, das »Haus der Freude«. Es war ein von Schirmpinien umgebenes imposantes Gebäude. Eine Art Zitadelle an der Via Salaria, dieser antiken Straße, die in der Mitte von Rom entspringt, um sich weit draußen auf dem Land, wo wir lebten, zu verlieren. Eines Tages entdeckte ich, dass am anderen Ende, im Stadtzentrum, der Palast von Luchino Visconti lag.

Mein Zimmer war ein richtiges Jungmädchenzimmer… so wie man es in den Frauenzeitschriften der Zeit darstellte: Himmelbett, rüschenbesetzte Tagesdecke, Blümchentapete. Gern ließen die Fotografen mich meine Schranktüren öffnen, denn darin hing die Art von Garderobe, von der alle Mädchen träumten: Abendkleider, Pelzmäntel, Nina-Ricci-Kostüme, Chanel-Taschen. In meinem Schuhschrank standen fünfzig Paar Pumps. Mein Leben wirkte ganz und gar wie ein Märchen.

Von mir träumten Männer und junge Mädchen gleichermaßen. Lange behielt ich ein Kindergesicht, aber ich besaß bereits – und aus gutem Grund – den Körper einer Frau. Jedem fiel das auf. Diese Mischung aus Unschuld und Sinnlichkeit, die ich ausdrückte, zog die Regisseure an.

Doch niemand bei den Dreharbeiten verstand, warum dieses äußerlich so liebenswerte Mädchen sich in der Wirklichkeit so hart, so verschlossen gab. Seit Tunesien wusste ich, dass die Männer einen umso mehr umschwärmen, je verächtlicher man sie behandelt. Dieses Spiel hat sie wahrscheinlich erst recht angestachelt. Aber mein Lächeln diente mir auch als Schutzpanzer. Es verriet nichts über mich, sondern sagte nur: »Danke, sehr freundlich ... bitte, gehen Sie Ihrer Wege.« Ich war ein wandelndes Mysterium. Ich war zwanzig Jahre alt und hatte keine Liebhaber, aber viele Verehrer. Meine gesamte Freizeit verbrachte ich Arm in Arm mit meiner Schwester, die immer noch davon träumte, zum Film zu gehen.

Als wir eines Tages durch die Straßen von Rom flanierten, sprach mich ein Mann an. Sein Gesicht sagte mir nichts, und sein Name noch weniger: Mauro Bolognini.

Ich war es nicht gewöhnt, einem Unbekannten zu antworten, daher wandte er sich an Blanche.

»Entschuldigen Sie, mein Fräulein, ich bin Regisseur und möchte mit Claudia über eine Rolle in meinem nächsten Film sprechen.«

Ich höre noch, was meine Schwester ihm zur Antwort gibt.

»Es hat keinen Sinn, mein Herr, lassen Sie es gut sein.«

An mich kam man nur über die Produktionsfirma heran. Ich hatte mich in einer Festung eingeigelt, zu der nur mein Produzent die Schlüssel besaß. Bestimmt hatte er noch nie auf einen so absoluten Gehorsam, eine so ausschließliche Treue zählen können. Nachdem ich mir also vorschriftsmäßig Cristaldis Erlaubnis eingeholt hatte, nahm ich die Rolle in der Literaturverfilmung *Bel Antonio* (Il Bell'Antonio) an, meinem ersten

Film mit Bolognini, dem Mann, der vergeblich versucht hatte, sich mir auf der Straße vorzustellen.

Wir sollten noch vier weitere Filme drehen, die zu meinen Lieblingsfilmen gehören. *Hörig* (Senilità, 1961), nach dem Roman *Ein Mann wird älter* von Italo Svevo, *Libera, amore mio* (1973), aber vor allem *Das Haus in der Via Roma* (La viaccia, 1961), einen meiner absoluten Lieblingsfilme und der erste mit Belmondo.

Als ich Bolognini kennen lernte, war er siebenunddreißig. Als ich ihn die letzten Male sah, konnte er nicht mehr sprechen und hatte Atemprobleme, aber er kritzelte mir immer noch kleine, zärtliche Worte auf Papierstückchen, die er mir mit Tränen in den Augen reichte. Alle Regisseure meiner Jugend sind mein Leben lang meine Weggefährten geblieben.

Bolognini hatte Architektur studiert, bevor er das berühmte Centro Sperimentale durchlief. In Italien war er Assistent von Luigi Zampa gewesen, und in Frankreich hatte er für Marc Allégret und Jean Delannoy gearbeitet. Er liebte die Literatur, und die Bücher haben ihm seine schönsten Drehbuchvorlagen geliefert.

Bei den Dreharbeiten zu *Bel Antonio* entdeckte ich Catania auf Sizilien, eine sonnenverbrannte Landschaft ganz in der Nähe der Wiege meiner Familie.

Lag es daran, dass jeder Regisseur die Messlatte ein wenig höher legte als der vorherige, oder daran, dass ich das Format der großen Profis, die ich vor mir hatte, besser beurteilen konnte? Je mehr man mich zu dem Weg beglückwünschte, den ich zurückgelegt hatte… umso deutlicher sah ich den, der noch vor mir lag. Und als ich in meiner ersten Szene Rina Morelli gegenüberstand, einer großen Dame des Theaters und des Films und einer von Viscontis Lieblingsschauspielerinnen, da zitterten mir die Knie.

Sie spürte, wie nervös ich war, und versuchte, mir Zuversicht einzuflößen.

»Aus dir wird etwas werden, weil du dich vollkommen hingibst«, meinte sie. »Und sag dir, dass du dich ruhig fürchten darfst... ich habe nämlich auch Angst! Misstraue Menschen, die sich zu selbstbewusst geben; oft ist das nur vorgeschützt. Denn jeder Film stellt dich auf die Probe. Er ist eine neue Prüfung, die man niemals im Voraus besteht.«

Und dabei hätte ich geschworen, dass für sie inzwischen alles so einfach war... Sie beherrschte ihr Metier, und jeder respektierte sie. Ihr Alter schützte sie. Wie hätte sie sich irren können? Ich hoffte, dass es auch für mich eines Tages so sein würde, dass nach der Zeit der Mühen die der Belohnungen kommen würde. Und heute weiß ich ganz genau, dass sie Recht hatte!

Bolognini hatte die Gewohnheit, seine Schauspieler anzuweisen, indem er sie durch das Objektiv der Kamera betrachtete, aus einem Blickwinkel, der normalerweise dem Kameramann vorbehalten ist. Sein etwas schwerer Körperbau, seine scheinbare Ungeschicklichkeit erklären vielleicht seine verschlossene Seite. Aber in Wirklichkeit war er ganz zart besaitet und fühlte sich unter Schauspielern wohl, weil er bei ihnen die Sensibilität fand, die er brauchte. Und er war ein Ästhet, der Kunst und Antiquitäten liebte.

Der Film nach dem Roman von Vitaliano Brancati erzählt die Geschichte von Antonio, einem impotenten jungen Mann, mit dem ich verheiratet bin. Wir drehten ihn im selben Jahr, als *Die Katze auf dem heißen Blechdach* mit Paul Newman und Liz Taylor in die Kinos kam, ein Film, der ein ähnliches Sujet behandelte. Aber dieses Thema in Italien anzusprechen, wo die Männlichkeit ein Heiligtum ist, war gefährlich. Mit seinem Feingefühl und seiner Eleganz ging Bolognini jedoch siegreich hervor. Er hatte eine Vorliebe für delikate Themen und verachtete alles Konventionelle.

In *Bel Antonio* war ich Barbara, eine Frau, die ihren Mann, statt ihm bei der Überwindung des Problems zu helfen, mit ihrer Feindseligkeit nur noch tiefer in seine Schwierigkeiten hineintreibt. Bei Bolognini habe ich immer so eine Art männermordendes Ungeheuer gespielt, gefährlich und kastrierend.

Marcello Mastroianni spielte den Antonio. Seit dem großen Erfolg von *Diebe haben's schwer* war er zusammen mit Gassman zu einem Star der italienischen Komödie avanciert. Doch im selben Jahr sollte er endlich in einem Fach Erfolg haben, wo er bei Visconti gescheitert war, und zu einem ganz anderen Rollentyp überwechseln, sensibler, dramatischer, sogar tragischer. Durch *Die Nacht* von Antonioni und insbesondere *La Dolce Vita* von Fellini, den größten Erfolg in der Geschichte des zeitgenössischen italienischen Films, wurde Mastroianni zum Weltstar. Von jetzt an rissen sich alle um ihn; aber Star oder nicht, er blieb genau der Mensch, den ich bei den Dreharbeiten zu *Diebe haben's schwer* kennen gelernt hatte. Seine Ungezwungenheit, seine Nonchalance waren Teil seiner Persönlichkeit.

»Ich spiele ein Spiel…«, pflegte er zu sagen. »Und dafür werde ich sogar noch bezahlt!«

Die Bemerkung war alles andere als ein Scherz. Von ihm kommend klang sie aufrichtig, denn er war ein glücklicher Komödiant, der seinen Beruf über alles liebte und dessen größtes Vergnügen es war, ihn mit Freude und guter Laune auszuüben. Die einzige Person, die Mastroianni bei der Arbeit ernst nahm, war der Regisseur. Alle anderen behandelte er so, wie er sich selbst sah, als Gassenjungen.

Mit seinem dunklen, doch sanften Blick, diesen »Samtaugen«, die dem Latin Lover eigen sind, hatte er alles, um zu gefallen… Und er kam sehr gut an. Seine Liebenswürdigkeit, diese Mischung aus weiblicher Sensibilität und männlicher Kraft, sein Feingefühl, seine Schönheit und seine Zurückhaltung sprachen für ihn … Auch ich gefiel ihm. Aber ich sagte mir immer wieder, dass er zu der Sorte Schauspieler gehörte, die nicht anders können, als sich in ihre Partnerin zu verlieben. Ich witterte die Falle, und je mehr er mir den Hof machte, umso distanzierter gab ich mich. Die Atmosphäre zwischen uns entsprach genau dem Drehbuch, sie war voller Spannung und Vorwürfe. Während ich geschminkt wurde, legte er leise Musik auf und sah mich an, und ich schaute in die andere Richtung. Dass ich ihm widerstand, wo ihm doch alle anderen Frauen in die Arme fielen, machte ihn verrückt.

Bolognini, der seinen Freund verehrte, grämte sich seinetwegen. Ich erinnere mich, wie er eines Abends sehr besorgt war, weil Marcello verschwunden war. Er bat Tomas Milian, einen wunderbaren kubanischen Schauspieler, und mich, in der Stadt nach ihm zu suchen. Wir stießen die Türen mehrerer Bars auf, bis wir ihn entdeckten. Er klammerte sich an die Theke und war sturzbetrunken. Marcello stellte mich vor: »Seht sie euch an, diese falsche Schlange!«

Wir konnten ihn nicht von seinem Barhocker losreißen.

Einige Tage später, bei einer Soiree im Hotel, forderte er mich zum Tanzen auf, um unsere Versöhnung zu besiegeln. Ich spürte, dass der Moment näher rückte, in dem er mir eine Liebeserklärung machen würde. Aber je zärtlicher er sich gab, desto weniger vertraute ich ihm. Auch dieses Mal entzog ich mich ihm, sah ihm in die Augen und nannte ihn einen *buffone,* einen Clown; ein Wort, das Fellini in *8½* (Otto e mezzo) wieder aufnehmen sollte.

Bolognini, der den Ruf hatte, alle Schauspieler, sogar die schwierigsten, um den Finger zu wickeln, ließ nicht locker und versuchte mich umzustimmen.

»Streng dich ein bisschen an, sieh doch, wie unglücklich er

ist. Versuch mit ihm zu sprechen, zeig dich ein wenig umgänglich«, lag er mir in den Ohren.

Wie hätten sie auch alle mein Misstrauen, meine Aggressivität, meine Kälte verstehen können? Was wussten sie schon davon, was das Leben mich gelehrt hatte? Da ich nicht lügen wollte, sagte ich lieber gar nichts. Mir einen Liebhaber nehmen? Wozu? Eine kurze Liaison, die keine Auswirkung auf mein Leben gehabt hätte... Das war für mich unvorstellbar. Und lieben? So etwas ist zwangsläufig von Aufrichtigkeit begleitet, der Wahrheit. Aber wie sollte ich jemandem, der mich verraten könnte, das Geheimnis anvertrauen, das mich für immer prägen würde? Ich durfte niemandem vertrauen. Cristaldi hatte es mir oft genug eingeschärft, genau wie zuvor meine Eltern. Wie Recht sie hatten...

Marcello dagegen hatte keine Angst, mir seine Liebe zu beteuern. Er war zwar verheiratet, aber das war in Italien nun einmal so. Man passte sich den Anforderungen des Vatikans an... Im Übrigen betete Marcello seine Frau an, die Schauspielerin Flora Carabella, die er 1948 geheiratet hatte und von der er sich niemals scheiden ließ. Aber als wir gemeinsam diesen Film drehten, lebten sie schon lange getrennt. Und Marcello hatte kein schlechtes Gewissen gegenüber Flora, wenn er mir den Hof machte. Sie war daran gewöhnt.

Meine harte Haltung gegenüber Mastroianni hat Bolognini vielleicht dazu bewogen, mir in unserem zweiten Film die Rolle der Bianca zu übertragen, einer Prostituierten, die in einem Bordell eingesperrt ist und in die sich ein junger, unschuldiger Bauer, gespielt von Belmondo, verliebt. Das war nun jemand, mit dem ich mich verstand. Liegt es vielleicht daran, dass wir beide im Zeichen des Widders geboren sind? Und dabei drehten wir jede Menge Liebesszenen. Aber mit Jean-Paul war das einfach. Bis zu dem Moment, in dem Mauro »Action« rief, lachten und alberten wir. Die Barrieren waren gefallen, und ich hatte Vertrauen. Hinter dem Starlet steckte immer noch das Mädchen, an dem ein Junge verloren gegangen war. Mit Jean-Paul brauchte ich keine zarten jungen Mädchen zu spielen, die unter Liebeskummer leiden. Ich konnte mich amüsieren, ich fühlte mich wohl. Wie ist das zu erklären? Was mir Angst machte, war die Liebe, die wahre Liebe.

Marcello hat mir nie verziehen, dass ich ihm damals die kalte Schulter gezeigt habe. Vor nicht allzu langer Zeit, kurz vor seinem Tod 1996, sind wir uns in einem Fernsehstudio wieder begegnet. Ich war der Überraschungsgast bei einer Sendung zu seinen Ehren. Marcello hatte keine Ahnung. Ich trat ein, setzte mich neben ihn, und er sah nicht in die Kameras, sondern schaute mich an.

»Du hast mir nicht geglaubt, du hast mir nicht geglaubt!«, sagte er immer wieder. »Und jetzt hast du gewonnen!«

Mir war das Ganze peinlich …

»Marcello, wir sind in einer Livesendung …«, meinte ich zu ihm.

Darauf sprach er ganz einfach die Zuschauer an.

»Ich habe sie immer geliebt, und sie hat mir nie geglaubt!«

Sollte ich lachen oder weinen? Einmal mehr verbarg sich in seinen Worten die Wahrheit hinter der Clownerie. Es war zu spät, um ihm alles zu erklären, mich zu rechtfertigen. Ich hätte vielleicht Wehmut für diese verlorenen Jahre empfinden können, das Glück, das ich zurückgewiesen hatte, aber das kleine Wort, das mir immer geholfen hat, *mektoub*, war mir immer noch Gesetz.

Warum dem nachtrauern, was nicht gewesen ist? Heute weiß ich, dass ich dem Schicksal nichts vorzuwerfen habe. Es hat mir keine Prüfungen erspart, mich aber auch reich beschenkt.

Sexy Sixty

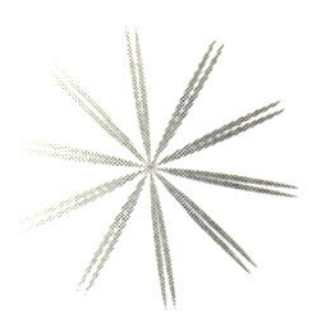

1960 ... Was für ein Jahr! Von Bolognini kam ich zu Visconti. Bei dem einen wurde ich von meinem Kostüm aus dem neunzehnten Jahrhundert geschützt, bei dem anderen wurde ich in die Realität der Jahre des Überflusses geworfen. Bei dem ersten lernte ich ein tristes Bordell in Florenz kennen, und bei dem anderen erwartete mich die kleine Hölle der Vorstädte von Mailand, grau und seelenlos. Der Zufall wollte es, dass ich in wenigen Wochen Abstand mit den beiden Schauspielern drehte, die fast fünfzig Jahre lang den französischen Film beherrschen sollten: mit Belmondo, der damals siebenundzwanzig war und gerade *Außer Atem* abgedreht hatte, und dem vierundzwanzigjährigen Alain Delon, der mit *Nur die Sonne war Zeuge* bekannt geworden war.

Ich hatte in Komödien und Dramen gespielt, ich hatte den Neorealismus in seinen letzten Zügen erlebt. Bei Bolognini war ich geliebt und beschützt worden; bei Visconti fand ich mich einem Raubtier gegenüber. Man hatte mich vorgewarnt, ihm meine Verletzungen nicht zu zeigen. Alle meinten, dass es ihm Vergnügen bereite, die Schwächsten zu zerreißen.

Heute glaube ich das nicht mehr. Ich denke eher, dass er sich die Stärksten vornahm, wie Vittorio Gassman, seinen Prügelknaben, oder Renato Salvatori, den ich bei meinen ersten Dreharbeiten in Italien beinahe entstellt hätte und der in diesem Film den gefallenen Helden spielte.

Für die Rolle des schrecklichen Simone, des jungen Mannes, der in *Rocco und seine Brüder* (Rocco e i suoi fratelli) durch die Liebe zu einem Mädchen untergeht, brauchte Visconti einen wütenden Mann. Und er wusste, wie er das Schlimmste aus Renato herausholen konnte, diesem gewaltigen Burschen, der ein goldenes Herz besaß, aber zu unkontrollierten Wutausbrüchen neigte. Zum Beispiel bestellte er ihn am Morgen, ließ ihn aber erst spätabends vor die Kamera. Kein Make-up hätte Renato diesen Blick eines wilden Tiers verleihen können, den er plötzlich hatte, als die Kameras liefen. Um zu bekommen, was er wollte, konnte Visconti sich wie ein Teufel aufführen. Wenn er hinter einem Bild her war, von dem er geträumt hatte, kannte er keine Prinzipien mehr. Einmal sprachen die beiden zwei Monate nicht miteinander. Renato warf Visconti Ungerechtigkeit vor. Dieser hatte ihn in aller Öffentlichkeit beleidigt, weil sein Toningenieur sich angeblich darüber beklagt hatte, dass er zu leise spreche.

»Wo holst du denn deine Stimme her?«, brüllte der höchst elegante Regisseur Renato an. »Aus dem Hintern?«

Wenn er wütend wurde, kannte die Grobheit des Grafen Visconti keine Grenzen… Salvatori antwortete ihm im gleichen Ton und verließ dann den Set. Zwei Monate, ohne ein Wort zu wechseln! So etwas verkompliziert die Situation am Set.

»Aber das ist nicht so wichtig«, sagte Salvatori noch Jahre später. »Wenn wir nur wieder solche Kerle hätten, solche wunderbaren Schweinehunde!«

Er erzählte, wie Visconti eines Abends beobachtete, wie er sich wegen der schönen Augen eines Mädchens prügelte. Das faszinierte ihn.

»Wir sind die ganze Nacht umhergegangen, in der Nähe seiner Wohnung, und er hat immer wieder gesagt: ›Aber du hättest ihn umbringen können! Nicht schlecht, deine Linke… gar nicht übel!‹«

So ist vielleicht die Idee zu dem Boxer in *Rocco* entstanden, aber erst nachdem er Salvatori fünf Monate lang intensiv trainieren ließ, vier bis fünf Stunden täglich … Am Ende der Dreharbeiten war Salvatori so mit seiner Rolle verschmolzen, dass er wirklich Nadia heiratete, die Prostituierte, und so im wirklichen Leben einem Film noir, in dem er sie umgebracht hatte, ein Happy End bescherte.

In *Rocco* hatte ich keine große Rolle; ich war das ehrliche junge Mädchen, dass den unscheinbarsten der fünf Brüder heiratet, und Visconti machte aus mir eine junge Mutter, die ihr pausbäckiges Baby herumträgt und wiegt. Auch das gehörte zur Rolle. Dieses Kind, das ich versteckt hielt, legte er mir in die Arme … mit unfehlbarem Instinkt. Ohne zu überlegen, ohne an mein Baby denken zu wollen, das fern von mir war, folgte ich seinen Anweisungen. Ich lächelte, wie man es von mir verlangte, obwohl es wirklich eine Furcht einflößende Erfahrung war, mit Visconti zu drehen.

Sein majestätisches Auftreten bis hin zu dieser Art, sich lässig in beigefarbenen Kaschmir zu hüllen, hatte für mich – die Anfängerin, die sich nicht sicher war, ob sie ein Recht hatte, hier zu sein – etwas Erschreckendes. Seinem Scharfblick entging keine Einzelheit. Zum Beispiel die Kostüme. Man hätte meinen können, dass man diese abgetragenen Unterhemden, diese formlosen Hosen der armen jungen Leute an irgendeinem Stand, in einem billigen Laden hätte finden können … Aber das Gegenteil war der Fall. Der geniale Piero Tosi, den ich schon bei den Dreharbeiten mit Bolognini getroffen hatte und der hauptsächlich mit Visconti zusammenarbeitete, fuhr bis in die Basilicata, um sie aufzutreiben! Er erzählte immer, wie er einmal an einem Straßenrand bei einem Straßenarbeiter eine Hose und eine Weste sah und sie ihm abkaufte. Der Mann zog sie auf der Stelle aus und murmelte dabei: »Daran sind allein die Christdemokraten schuld!«, was Tosi begeistert wiedererzählte. Denn die Filmleute waren alle überzeugte Linke.

Franco Cristaldi, der den Film produzieren sollte, hatte darauf bestanden, die Rolle der Prostituierten, die alle ins Unglück stürzt, entweder mit Brigitte Bardot oder Pascale Petit zu besetzen. Doch da biss er bei Visconti auf Granit. Der Regisseur setzte die beiden Schauspielerinnen sogar auf unvorstellbare Weise herab.

»An die beiden«, antwortete er ihm, »denke ich vielleicht im Notfall … wenn ich eine Maniküre brauche. Aber für *Rocco* will ich die Girardot!«

Die beiden zerstritten sich.

»Eigentlich war die Sache gar nicht so dramatisch«, sollte Cristaldi später gestehen. »Aber nach dieser Geschichte sah er in mir nicht länger den idealen Produzenten; und ich hatte einen ganz anderen Menschen vor mir als den, der für mich mehr als ein Regisseur gewesen war, nämlich ein Freund und Partner. Nach einer Reihe von Telegrammen, die man in einem anständigen Buch nicht veröffentlichen kann und bei denen es mich erstaunt, dass die Post sie überhaupt befördert hat, haben wir unsere Beziehung abgebrochen.«

Also finanzierte ein anderer Produzent, Goffredo Lombardo, den Film. Lombardo versuchte dann, Visconti für Paul Newman zu begeistern … Mit welchem Erfolg, das kann man sich wohl vorstellen!

Wenn Luchino einen Film drehte, dann konnte niemand, ganz gleich, was für ein hohes Tier er sein mochte, ihn zu etwas zwingen. Er betrachtete sich als den Einzigen, der etwas zu sagen hatte. Wenn er die Girardot wollte, dann, weil er sie für die größte Schauspielerin Frankreichs hielt, seit sie am Theater zusammen mit Jean Marais unter seiner Regie gespielt hatte.

Annie Girardot besitzt eine sehr seltene Gabe, eine breite Ausdrucksfähigkeit, die vom Drama bis zur Komödie reicht. Die Komik entwächst aus einer komplexen Mechanik, die nicht alle Schauspieler beherrschen. Ich zum Beispiel habe in zahlreichen Komödien gespielt, aber nicht ich brachte die Menschen zum Lachen, sondern die Komik der Situation.

In dieser Rolle einer Prostituierten, der ein Engel – gespielt von Alain Delon – die Möglichkeit der Erlösung eröffnet, lieferte die Girardot eine umwerfende Darstellung von Verzweiflung und Angst.

Aber geblendet war Visconti von Alain Delon, wie wir alle übrigens. Für ihn hatte Visconti diesen Film erdacht.

»Ich brauchte seine Unverdorbenheit«, sollte er später erklären. Er strahlte die Melancholie eines Menschen aus, der sich gezwungen fühlt, sich in Hass zu steigern, um zu kämpfen, dessen Instinkt ihn aber zum Lieben drängt.

Alain war Anfänger, genau wie ich, aber seine Schönheit war ein Hindernis für ihn. Auch er hatte schon harte Zeiten erlebt, doch im Unterschied zu mir hatte er keine Familie, auf die er sich hätte stützen können. Visconti war dabei, ihn seinen Beruf zu lehren. Und ich existierte nicht.

Während der gesamten Dreharbeiten nahm Visconti mich überhaupt nicht wahr. Zumindest glaubte ich das. Bis zu dem Moment, in dem meine Figur, Ginetta, nach einem Boxkampf in eine Rauferei gerät. Ich muss versuchen, die Gegner auseinander zu bringen, werde herumgestoßen, mein Haarknoten geht auf, und mein Bruder schickt mich nach Hause. Plötzlich höre ich den Regisseur schreien.

»Bringt mir bloß die Cardinale nicht um!«

Er hatte meinen Namen ausgesprochen wie den einer Diva… Aus seinem Mund, was für eine Verheißung!

Einmal mehr verfehlte Visconti bei der Mostra in Venedig den Goldenen Löwen. *Rocco* hatte den Unwillen der Zensoren erweckt. Man kritisierte das Werk als obszön, sowohl wegen des Realismus der Vergewaltigungsszene als auch wegen der Anspielung auf die Homosexualität. Die Zensur zwang ihn, einige Szenen zu schneiden. Aber der Film brachte dem Regisseur auch seinen ersten großen kommerziellen Erfolg ein.

Durch *Rocco* hatte ich den Mann getroffen, der meine Karriere für immer bestimmen sollte und der von mir sagte: »Claudia ähnelt einer Katze, die sich auf dem Sofa im Salon streicheln lässt. Aber Vorsicht, die Katze kann sich in eine Tigerin verwandeln. Und dann zerfleischt sie die Hand des Dompteurs.«

Ohne dass ich ihm etwas anzuvertrauen brauchte, hatte Visconti verstanden, warum ich so heftig war. Er liebte es, wenn er einen Schatten über der Vergangenheit seiner Schauspieler spürte; das gab seinen Figuren die Tiefe, die er brauchte. Regisseure sind immer ein wenig medial begabt. Aber niemand hat besser als Valerio Zurlini erraten, was aus mir ein besonderes Mädchen machte, eine Schauspielerin, die in keine Gruppe passte, keine Kategorie. Mit ihm sollte ich *Das Mädchen mit dem leichten Gepäck* (La ragazza con la valigia) drehen, meine erste große Rolle.

Zurlini hatte kämpfen müssen, um mich für seinen Film zu bekommen. Die Aïda war eine sehr komplexe Rolle, und die Leute aus der Branche betrachteten mich immer noch nicht als »richtige« Schauspielerin. Warum beharrte er so darauf? Weil, wie er antwortete, ich es nicht nötig haben würde, die Aïda zu »spielen«. Ich war Aïda. Wie ist er nur darauf gekommen? Aïda ist eine kleine Prostituierte aus Parma, ein Mädchen aus dem Volk, das leidet, eine Verlorene, ein dünnhäutiges Wesen mit einem tragischen Schicksal. Und sie redet, redet ohne Unterlass.

Auch Zurlini verbrachte Stunden damit, mir meine Rolle zu erklären. Ich hatte wirklich unglaubliche Privatlehrer! Bei jedem von ihnen hat die Zusammenarbeit mich bereichert, verwandelt, entwickelt. Das ist das Geheimnis einer langen Karriere. Ein Schauspieler nährt sich von den Träumen eines anderen. Der Austausch, der zwischen ihm und dem Regisseur stattfindet, sorgt dafür, dass er sich weiterentwickelt.

Ich hatte das Glück, Männern zu begegnen, die genial waren, aber auch aufmerksam, voller Intuition, und die die richtigen Worte fanden, um mich zum Verständnis von Rollen zu führen, die zu vielschichtig für mein Alter waren.

Ein Regisseur darf sich nicht darauf beschränken, sein Handwerk zu beherrschen, sondern muss einen großen menschlichen Reichtum besitzen. Wir Schauspieler spielen mit unserer Empfindsamkeit wie mit einem Muskel, und wie ein Muskel, den man zu stark beansprucht, geschwächt wird, so schwächt uns diese Empfindsamkeit. Der Regisseur ist der Einzige, der uns Kraft schenken und uns helfen kann, Risiken einzugehen.

Aïda ist verliebt in einen jungen Mann aus guter Familie. Zwischen den beiden findet eine Begegnung zweier Welten statt, von Reich und Arm. Aïda glaubt, dass sie durch die Liebe dieses reinen jungen Mannes gerettet werden wird, doch man überredet sie, wegzugehen, um die Zukunft des Jungen nicht aufs Spiel zu setzen. Sie opfert sich. Im Zug öffnet sie endlich den Umschlag, den er ihr gegeben hat, bevor sie ihn verließ; fiebernd wie ein junges Mädchen, das sich auf einen Liebesbrief stürzt. Doch darin befindet sich nur Geld. Sie hat alles verloren.

In dem Film gab es eine Szene, die mich an den Rand des Abgrunds trieb, eine Szene, die zu drehen mir schwer fiel und die ich noch heute nicht ansehen könnte… Auf einer Bahnhofstreppe sitzend, vor einem Teller Fettuccine, erzählt Aïda Gian Maria Volonté die Geschichte ihres Lebens. Und davon, wie man sie gezwungen hat, ihr Kind zu verlassen…

Beim Essen redete ich, und vor allem weinte ich. Ich identifizierte mich so sehr mit meiner Rolle, dass ich am Ende des Films nicht mehr wusste, wer ich war. Und Jacques Perrin, mein Partner, konnte mich nicht unterstützen. Er war so jung, selbst so verschlossen, so unabhängig…

Er war bereits ein ganz besonderer Mensch, und man konnte schon damals ahnen, dass er alles vollbringen würde, um seine Träume zu verwirklichen. Seitdem hat er uns das eindrucksvoll bewiesen. Für ein wenig Magie ist er die größten Risiken eingegangen. *Mikrokosmos – Das Volk der Gräser*, 1995, oder *Nomaden der Lüfte – Das Geheimnis der Zugvögel*, 2001, waren Produktionen, die keine Rücksicht auf den Markt nahmen. Er hat gezeigt, dass man noch heute mit echten poetischen Abenteuern kommerzielle Erfolge haben kann. Wirklich, ein Mensch, der noch nie den einfachen Weg gewählt hat. Wie gerührt war ich, als ich ihm für *Z* von Costa Gavras, den er produziert hatte, den Oscar überreichen durfte!

Die Zuschauer sehen eine Schauspielerin, die einen Umschlag öffnet, einen Namen sagt und dem Preisträger in die Arme fällt… Vielleicht glauben sie ja, dass das alles künstlich ist, arrangiert für die Show. Aber in diesen Momenten zieht das Leben an einem vorüber, und die Erinnerungen überwältigen einen! Jacques ist immer anders gewesen, auf seine Weise ein Außenseiter. Ein Einsamer, der am Ende jeder Szene verschwand. Und ich blieb mit meinem Schmerz allein zurück.

Manche Schauspieler sind in der Lage, nach den Dreharbeiten sowohl das Kostüm als auch die Haut zu wechseln. Das, was sie soeben erlebt haben, berührt sie nicht wirklich. Bei mir war das nicht der Fall.

Ich hatte nicht nur das Bedürfnis, wie nach einer Zeit intensiver Konzentration üblich, rasch zu Abend zu essen und dann früh schlafen zu gehen, um den Faden nicht zu verlieren und in der Stimmung des Films zu bleiben. Wie ein Taucher musste ich gleichsam eine Dekompressionskammer passieren und konnte nicht in einem Zug an die Oberfläche steigen.

Zwei Monate lang ließ mich Aïdas tragische Erfahrung nicht los. Noch lange nach dem Ende der Dreharbeiten trug ich diesen schmerzhaften Eindruck mit mir herum; das ging so weit, dass ich mich in ein Haus auf dem Land zurückzog, das ich gemietet hatte, zusammen mit meiner Familie: meiner Mutter, meiner Schwester, meinen Brüdern und Pit, der jetzt laufen konnte und zu sprechen begann. Ich brauchte Bäume und Himmel, Meer und Erde und die Sterne, das schönste Schauspiel, das die Natur uns schenkt. Zurlini hatte Recht, als er mich »Lumumba« nannte, wegen meiner »afrikanischen Wurzeln«.

Auch das verstand außer ihm niemand. Ich war in einem Land geboren, aus dem ich meine Kraft schöpfte, und es klebte, wie man so schön sagt, weiter an den Sohlen meiner Schuhe, dieser unzähligen Paare von Pumps, von denen meine Bewunderinnen träumten.

Die Männer glaubten in ihren Träumen, ich sei zerbrechlich, und behandelten mich wie ein Kind... Dabei war ich sehr stark, sonst hätte ich mich nicht mit den zahlreichen Facetten eines Lebens auseinander setzen können, dessen Dimension niemand, oder fast niemand, kannte! Meine Freundschaft mit Zurlini währte bis zu dessen Tod 1982, sechs Jahre, nachdem er für *Die Tatarenwüste* endlich die höchsten Weihen erhalten hatte.

Er rief mich zu sich, und ich besuchte ihn in seiner Wohnung gegenüber der wunderbaren Basilika Santa Maria Maggiore in Rom. Früher hatte sein Zuhause einem Museum geglichen, so sehr liebte er Kunstwerke, doch jetzt war es leer. Er hatte alles verkauft. Zurlini litt an Leberzirrhose, er hatte nicht mehr lange zu leben. Ich traf ihn im Bett an. Zum Mittagessen bestellte er Fettuccine aus dem Restaurant im Erdgeschoss des Hauses, ein Gericht, das mich sehr an die Szene erinnerte, die ich etwa zwanzig Jahre zuvor gespielt hatte.

Wir stellten die Teller auf eine Kiste und setzten uns einander gegenüber auf die Erde. Ich versuchte, dem Gespräch einen leichten, witzigen Ton zu geben, aber das fiel mir furchtbar schwer... Erst nachdem ich mich von meinem Freund verabschiedet hatte, begann ich über die Katastrophe zu weinen, in der sein Leben endete. Eine Frau hatte ihn verlassen, und er hatte sich nie wieder davon erholt. Am Tag nach dieser letzten Begegnung erfuhr ich aus der Zeitung von seinem Tod. Zurlini hatte sich zu Tode getrunken. Ich bin mir ganz sicher, dass er mich in voller Kenntnis der Lage zu sich gebeten hat, um mir ein letztes Mal Lebewohl zu sagen. Um nichts in der Welt würde ich mich von dem Bild trennen, das er mir schenkte, nachdem wir Das *Mädchen mit dem leichten Gepäck* abgedreht hatten, und nicht nur, weil es so wertvoll ist. Mit dieser sehr alten »Madonna mit Kind« wollte Zurlini auf seine Weise weiter die Hand über mich halten, wie er es schon während der gesamten Dreharbeiten getan hatte.

Mit *Das Mädchen mit dem leichten Gepäck* und *Das Haus in der Via Roma* kam ich 1961 zum Festival von Cannes. Ich war bei weitem nicht die einzige Italienerin vor Ort. Da war Sophia Loren, die für *Und dennoch leben sie* von Vittorio De Sica den Preis für die weibliche Hauptrolle erhielt und im Jahr darauf mit einem Oscar belohnt wurde. Auch Sophia hatte an Schönheitswettbewerben teilgenommen, zunächst für Fotoromane posiert und hart daran gearbeitet, ihren neapolitanischen Akzent loszuwerden. Seit 1956 war sie ein Star und hatte sich dafür entschieden, in Hollywood zu filmen. Zweifellos hatte auch ihre Liebe zu dem Produzenten Carlo Ponti – einem verheirateten Mann, den seine Frau mit Vorwürfen verfolgte – damit zu tun, dass sie dieses freiwillige Exil gewählt hatte.

Neben Sophia hatte es von Anfang an Gina Lollobrigida gegeben, die der Franzose Christian Jaque 1952 mit *Fanfan, der Husar* zum Star gemacht hatte. Italien war damals in zwei Clans gespalten, Pro-Sophia und Pro-Gina, die sich befehdeten wie die Anhänger zweier rivalisierender Fußballmannschaften. Die Bedeutung der beiden Gruppen maß sich an den aufgeregten Menschenmengen, die jeder Auftritt der zwei Damen verursachte. In diesem Jahr war die rote Marc-Bohan-Robe, die Sophia beim Empfang der Sowjets zur Schau trug, eine Sensation gewesen; aber die Zobelboa, die Gina bei ihrer Ankunft im Festspielpalast trug, schlug wie eine Bombe ein.

Hatte ich neben diesem Duo einen Platz? Nie habe ich versucht, mich mit diesen beiden Großen zu messen. Ich spielte in einer ganz anderen Liga. Damals war ich erst zweiundzwanzig, und man konnte mich auf der Croisette oder am Strand antreffen, in einem einfachen Kleid, mit einem Tuch à la Bardot im Haar. Ohne es bewusst zu wollen, brachte ich frischen Wind mit und wurde die Außenseiterin, in der manche Journalisten bereits die Nachfolgerin sahen.

Die Zeitschrift *Paris Match* widmete mir ein erstes Titelbild mit der Schlagzeile: »Man nennt sie bereits C.C. Claudia Cardinale, die junge Rivalin von B.B.« Man hatte mich mit einem einfachen Herrenhemd bekleidet und mit offenem Haar fotografiert, ein typisches Mädchen der Sechzigerjahre. Die Franzosen waren sich nicht ganz sicher, ob sie mich zu den Ausländerinnen zählen sollten. Besonders exotisch war ich jedenfalls nicht: Sprach ich nicht besser Französisch als Italienisch, selbst wenn ich nach meinem Pass unbestreitbar Italienerin war? Man erklärte, mein Vater sei ein integerer, mutiger

Mann, der trotz der Vorteile, die eine Einbürgerung für ihn gehabt hätte, seine alte Heimat nicht habe verraten wollen. Damals füllte der Algerienkrieg die Schlagzeilen, und jemand entdeckte, dass ich ganz einfach ein »kleines Mädchen aus den Kolonien«, eine Pied-noir war… Und jeder verlieh mir im Herzen die doppelte Staatsangehörigkeit. Frankreich konnte sich zumindest einen Teil meiner ersten Erfolge zugute halten.

In Cannes wurde die Goldene Palme ausnahmsweise gleich an zwei Filme verliehen: *Noch nach Jahr und Tag* des Franzosen Henri Colpi, und *Viridiana* des Spaniers Luis Buñuel. Italien erhielt den Preis für die beste Auswahl, der für die Vielfalt und Qualität der vorgestellten Produktionen verliehen wird. Mein Film *Das Mädchen mit dem leichten Gepäck* hatte allerdings nicht den Erfolg, den ich erwartet hatte, aber dafür erinnern sich bis heute viele Zuschauer an meine gestreiften Strümpfe aus *Das Haus in der Via Roma*. Wie üblich hatte Piero Tosi mit seinem unglaublichen Sinn für Details in Schwarze getroffen. Diese Strümpfe symbolisierten die Rolle, und sie hatten mir geholfen, ihr Leben einzuhauchen. Seit meiner Kindheit habe ich es immer geliebt, mich zu verkleiden. Die Kostüme sind eine große Stütze für einen Schauspieler. Ich probierte sie, wie man sich für ein Fest ankleidet; sie befreiten mich von mir selbst. Aber nie hätte ich geglaubt, dass ich einmal so prächtige Kleider tragen würde, wie Visconti sie mir für einen Film verordnete, dessen Dreharbeiten Anfang 1962 beginnen sollten.

Die Katze und der Leopard

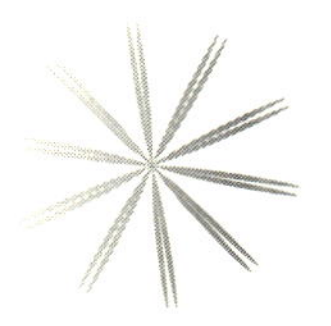

Visconti hatte mich als Heldin für die Verfilmung eines Romans ausgewählt, der bei seinem Erscheinen 1958 enormen Erfolg gehabt hatte. *Der Leopard* war das einzige Buch des Fürsten Guiseppe Tomasi di Lampedusa. Er schrieb es einige Monate bevor er mit vierundsechzig Jahren starb und zeigte sein Manuskript niemandem. Nach seinem Tod wurde das Buch entdeckt; es wurde in zwölf Sprachen übersetzt und Millionen Male verkauft.

In diesen Jahren, in denen in Italien die Christdemokraten regierten, aber die gesamte Intelligenz links oder extrem links stand, konnte es nicht ausbleiben, dass der Weltbestseller heftige Diskussionen auslöste. Was sollte man von der desillusionierten Einstellung des Fürsten Fabrizio Salina halten? Musste man ihn zu den Reaktionären rechnen oder im Gegenteil zu den reinen Seelen? Gern hätte man Viscontis Meinung dazu gehört. Er stammte aus demselben Milieu, und er stand der Kommunistischen Partei nahe… Aber Visconti mischte sich nicht in die Debatte ein. Seine Antwort sollte er erst fünf Jahre später geben.

In einem seiner schönsten Filme.

Dieses Mal hatte Piero Tosi keine freie Hand bei den Kostümen. Niemand konnte besser als Visconti wissen, was zu einer reichen, schönen und lebenshungrigen jungen Frau aus dem Bürgertum des neunzehnten Jahrhunderts passte.

Wer erinnert sich nicht an das weiße Kleid, das Angelica Sedàra auf dem Ball im Gangi-Palast trägt? Das tiefe Dekolletee, das die Schultern zeigt, die Volantärmel, die Taille, die so schmal war, dass Alain Delon, der in dem Film meinen Verlobten spielt, sie mit zwei Händen umspannen konnte, wie es das Schönheitsideal der Zeit verlangte …

Unter der Guipure-Spitze, der Seide, der Klöppelspitze, den Spitzen aus Venedig oder Alençon, aus Brüssel oder England, unter diesen weißen Stoffen, die schaumig wie Wellenkämme oder transparent wie der Nebel über der Lagune waren, war ich in ein Korsett aus der Zeit eingeschnürt, eine entsetzliche Qual. Darin bestand bei Visconti die Magie des Films. Hinter der scheinbaren Einfachheit, der natürlichen Eleganz stand wohl verborgenes Leiden. Wie mein Körper, der in diesem Schraubstock steckte, waren wir Schauspieler alle ein formbares Material in den Händen unseres großen Schöpfers. Von diesem Korsett habe ich noch lange eine Narbe um die Taille zurückbehalten. Sie erinnerte mich an diesen Schmerz, den ich, ohne etwas zu sagen und fast ohne zu leiden, ertrug, so sehr ließ ich mich von der Begeisterung mitreißen, der Gewissheit, an einem Werk für die Ewigkeit mitzuwirken, von der Konzentration, die diese Aufgabe erforderte, und der Schönheit, die uns umgab.

Und nicht nur die Fischbeinstangen aus Angelicas Korsett sind mir unter die Haut gegangen. Dieser Film veränderte mein Leben und war der Beginn meiner internationalen Karriere. Aber mehr noch, nach diesen Dreharbeiten war ich nicht mehr dieselbe Frau.

Der Leopard hat Delon, Lancaster und mich so stark beeinflusst, dass zwischen uns eine enge Freundschaft entstand, die auch Burts Tod 1994 überdauerte und Alain und mich noch heute verbindet. Niemand ahnt, warum wir uns nur anzusehen brauchen, um zu wissen, was der andere denkt, warum wir über dieselben Dinge lachen und auch, warum wir so oft weinen. Alain und ich sind die Schiffbrüchigen eines Traums, den Visconti für uns geschaffen hatte. Bis zum Ende unserer Tage werden wir desillusionierte Adlige sein, denn wir kannten ein großes Reich, über das ein absoluter Herrscher regierte, tyrannisch, grausam, aber auch großzügig, leidenschaftlich, zärtlich und von verblüffender Intelligenz: Visconti, der größte Regisseur des zwanzigsten Jahrhunderts.

Viscontis Filme erzählen fast immer von der Vergänglichkeit. Die Schönheit ist ebenso zum Untergang verurteilt wie der Freiheitskampf von Garibaldis Rothemden, genau wie unsere strahlende Jugend zum Tode verurteilt war. Und wie die Macht des Leoparden. Visconti ist ein Romantiker. Er wird immer die untergehende Sonne herrlicher finden als die aufgehende und der Meinung sein, das die Tragik, die in der Schönheit wohnt, diese erst zum Strahlen bringt. Als Tischdekoration wählte er immer Rosen aus, die vollkommen aufgeblüht waren und kurz vor der Auflösung standen. Wunderschön und todgeweiht. Immer mussten zwei Blütenblätter auf dem Tischtuch liegen. Zwei Stück und keines mehr.

Der Leopard ist die Geschichte eines Fürsten, der den unaufhaltsamen Niedergang seiner Welt miterlebt, diesem jedoch seltsam distanziert gegenübersteht. Dieses Universum, das er geliebt hat, stellt trotz seiner Ungerechtigkeiten einen Gipfel der Zivilisation dar. Aber es kann nicht in alle Ewigkeit nach oben gehen. Auf den Aufstieg folgt zwangsläufig der Niedergang und oft der Sturz. Als Neorealist war Visconti immer der Meinung, dass die Poesie aus der Realität entsteht. Wie ich schon sagte, gehörte er zu denen, die den Anspruch erhoben, eine erdachte Geschichte wie eine Dokumentation zu filmen, mit dem gleichen Bemühen um Authentizität. 1954 hatte er mit *Senso* das erfunden, was er den »romantischen Realismus«

nannte. Nur durch die exakte Rekonstruktion der Ausstattung, der Kostüme, die sorgfältige Auswahl der Gegenstände konnte er die authentische Atmosphäre des neunzehnten Jahrhunderts erschaffen. Jemand hat einmal gesagt, er sei Stendhals Kamera. Ein schöneres Kompliment hätte man ihm nicht machen können.

Drei Jahre zuvor hatte Piero Tosi auf den Märkten, in den Dörfern und den Straßen Liguriens erforscht, wie sich die armen Leute aus dem Süden kleideten. Aber jetzt befand sich Graf Visconti, dessen Vorfahren ihre Abstammung bis auf Karl den Großen zurückverfolgen konnten, in der besten Position, um zu wissen, wie die Aristokratie lebte. Er war 1906 geboren, seine Erinnerungen reichten also bis vor den Ersten Weltkrieg zurück. Seine Mutter, Carla Erba, hatte das Vermögen einer der reichsten Industriellenfamilien von Mailand in die Ehe mit seinem Vater eingebracht, dem Herzog Giuseppe Visconti di Modrone. Seine ersten Aufführungen hatte er als Kind in dem kleinen Theater ihres Palasts in der Via Marsala inszeniert, wo sich alle, die in Mailand Rang und Namen hatten, die Klinke in die Hand gaben. Die Adligen von damals waren sich nicht zu schade, selbst auf der Bühne zu stehen, wenn die Einnahmen für wohltätige Zwecke gespendet wurden. Luchino hatte alle Feinheiten einer Kultur kennen gelernt, die unter der sizilianischen Sonne erstarrt war. Aber das reichte ihm nicht für diesen Film. Er musste noch studieren, lesen, Gemälde betrachten, Möbel, Antiquitäten … Ohne jemals seine Geschichte aus den Augen zu verlieren. Man könnte *Der Leopard* als ein von der Filmtechnik animiertes Stillleben betrachten. Aber der Film ist viel mehr als das. Er handelt von einem ganz bestimmten Ereignis, das zu einer genau bestimmten Zeit geschehen ist. Und er stellt universelle Fragen: Was ist der Fortschritt, was ist Gerechtigkeit, was ist die Jugend?

Ich hatte schon an die zwanzig Filme gedreht, von denen mehrere inzwischen Klassiker sind. Aber nie zuvor hatte ich eine so wichtige Rolle gespielt. Bis dahin war ich für die römische Bevölkerung »Carmelita«, eine ferne Nachfahrin der Agnès aus der *Schule der Frauen* von Molière. Lange rief man mich auf der Straße mit diesem Namen an. »He, Carmelita!« Doch von jetzt an sollte ich Angelica sein, ein Vorname, der nach Kampf oder, besser noch, nach Sieg klingt und der mich von da an bis in entlegene Städte, gottverlassene Landschaften und an exotische Strände verfolgt hat. Als er mich für die Rolle dieser jungen Frau von zweifelhafter Herkunft auswählte – die Mutter halb verrückt und Analphabetin, der Vater ohne Ehre und Prinzipien, von Ehrgeiz zerfressen –, die aber so kraftvoll, so stark ist, dass keine Konvention ihr widerstehen kann, machte Visconti mir das schönste Geschenk in meinem Leben als Schauspielerin. Neben der schönen Bürgerlichen sind alle echten Fürstinnen nichts als »Affenweibchen«, bemerkt Fürst Salina in dem Film. Angelica verkörpert die neue Welt, die – zum Guten oder zum Schlechten – das traditionelle Italien zerschmettert.

Schön zu sein kann man lernen, so wie alles andere. Und Visconti hat mich darauf dressiert, schön zu sein.

Als die Dreharbeiten vorüber waren, war mein Blick nicht mehr derselbe. Ich hatte aufgehört, meine Partner mit einem diffusen, raschen, immer noch schüchternen Blick anzusehen, der nicht wagte, sich zu behaupten. Luchino zwang mich, sie lange und eindringlich anzuschauen, ohne Angst, unverschämt zu wirken. Ich musste sogar das Kinn zurücknehmen, um die Stirn- und Augenpartie stärker hervorzuheben. Er hat meinen Blick geformt. Und er hat mich gelehrt, das Geheimnisvolle zu kultivieren, ohne das es, wie er meinte, keine wahre Schönheit geben kann. Er befahl mir, niemals mit meinen Augen zu lachen. Im Gegenteil, sie mussten weiter würdevoll, ernst, düster blicken, sogar und ganz besonders, wenn der Mund lächelte, selbst als dieses vulgäre Lachen erklingt, das Angelicas Eintritt in diese Welt begleitet, dieses Lachen eines jungen Mädchens, das voller Begierde ist, aufgeregt über den Luxus, die Macht der Männer und ihre eigene Macht über sie. Von dem Stirnrunzeln, das er mir damals verordnete, habe ich eine Falte zwischen den Augenbrauen zurückbehalten, auf die ich um nichts in der Welt verzichten würde. Mit ihr hat Visconti mich gleichsam signiert. Ich war »seine« Claudine, das Raubtier, die Katze, zu der er nur auf Französisch sprach, der er nur auf Französisch schrieb und die er mit Geschenken überhäufte.

Natürlich hätte Visconti selbst die Rolle des Fürsten Salina spielen können. Er besaß seine Hellsichtigkeit, seine Desillusioniertheit, seine Distinguiertheit, seine Kultiviertheit … Delon und ich wollten ihn unbedingt überreden, diesen Schritt zu tun. Um die Wahrheit zu sagen, kam uns jede andere Besetzung wie eine Anmaßung vor, aber er wollte nichts davon wissen. Heute wissen wir alle, dass es gut so war.

Aber als er uns dann erzählte, er wolle Burt Lancaster für den Fürsten Fabrizio haben, den Helden aus *Verdammt in alle Ewigkeit* und *Vera Cruz*, einen neunundvierzigjährigen Cowboy-Mythos, waren wir entsetzt. Wie sollte das funktionieren? Ein *Amerikaner*! Allein dieses Wort drückte doch für Visconti schon den Gipfel der Vulgarität der modernen Welt aus. Ein Amerikaner, der Italien nur in GI-Uniform kennen gelernt hatte, bei der Landung auf Sizilien …

Später erfuhr ich, dass Goffredo Lombardo, der Präsident der Titanus, der Rivalin der Vides, ihm diese Idee eingeflüstert hatte. Nach dem Erfolg von *Rocco* war er sein Produzent geblieben. Dazu bedurfte es angesichts von Viscontis bekannter Verschwendungssucht eines gehörigen Maßes an Mut – oder Naivität. Visconti einen Film über die Welt des Boxens und der Vorstädte von Mailand drehen zu lassen war eine Sache. Aber ihn eine Gesellschaft wiederbeleben zu lassen, deren Raffinement ihre Mitglieder finanziell ruiniert hatte, war eine ganz andere. Lombardo hatte darauf gesetzt, dass er mit einem amerikanischen Star wie Lancaster den Film mit einem Verkauf an die Fox vorfinanzieren könnte, was ihm auch gelang, und auch den französischen Verleih Pathé gewann er als Co-Produzenten. Leider verhinderten diese elementaren Vorsichtsmaßnahmen nicht, dass der Film ihn fast in den Bankrott trieb.

Der Leser wird sich erinnern, wie Visconti zu reagieren pflegte, wenn ein Produzent ihm einen Schauspieler aufgrund von dessen Bekanntheit vorschlug... Man kann sich also vorstellen, welches enorme Maß an Diplomatie Lombardo aufbringen musste, um sein Ziel zu erreichen.

Zuerst einmal log er. Beiden Parteien gegenüber. Er versicherte Visconti, Lancaster träume davon, unter seiner Regie zu drehen. Dann fuhr er nach Hollywood, um Lancaster zu treffen, der noch nie von Visconti gehört hatte, und brachte ihm eine Kopie von *Rocco* und ein Flugticket nach Rom mit. Dann, in Rom, ließ Lombardo die beiden Männer allein in einer Suite des Hotel Excelsior zurück und zitterte bei der Vorstellung, sein Plan könnte entdeckt werden. Er erzählte, dass er nach einer Stunde tief besorgt und mit Schweiß auf der Stirn zurückkehrte.

Burt Lancaster war ein Zirkusartist, ein ehemaliger Akrobat, der durch Zufall zuerst zum Theater und dann, mit dreiunddreißig Jahren, zum Film gekommen war. Er hatte mit Anatole Litvak, Jacques Tourneur, Michael Curtiz, Anthony Mann, Robert Aldrich, John Sturges, John Huston, John Frankenheimer und vielen anderen gedreht. Er hatte also eine Vergangenheit, genau das, was Visconti nicht mochte, weil er, um seine Pläne durchzuführen, die ihm geistig schon ganz genau vorschwebten, unverdorbene Künstler wollte, die fügsam und formbar waren. Und ganz bestimmt keine launischen Stars, die sich Gedanken über ihren Kassenerfolg machten.

Visconti erwartete also, einen als Star verkleideten Cowboy zu sehen, doch er traf auf einen Grandseigneur, blendend aussehend, mit einem strahlenden Blick. Und er schmolz dahin, wie er jedem charmanten Wesen erlag. Verblüfft stellte Lombardo fest, dass diese beiden so unterschiedlichen Männer handelseinig waren. Er konnte stolz auf sein Werk sein … Später würde er sich eingestehen müssen, dass er sich selbst ins Unglück gestürzt hatte.

Das Grundproblem war damit allerdings nicht gelöst: Unser Yankee hatte keine Ahnung von der Differenziertheit der europäischen Gesellschaften und erst recht nicht von der einer sizilianischen Aristokratie, die sich in ihrem Staub und ihren Erinnerungen verschanzte und sich gegen jeden Einfluss von außen verschloss. Lancaster hätte ebenso gut auf dem Mars landen können.

Während der langen Monate der Drehzeit sahen wir ihn ständig mit dem Roman von Lampedusa unter dem Arm. Er hatte sich darin Anmerkungen gemacht, stellte Fragen und ließ sich jede Veränderung gegenüber der ursprünglichen Geschichte erklären. Er ließ sich bei allen adligen Familien von Palermo einladen. Er besuchte ihre Häuser, aber vor allem beobachtete er diese steifen Menschen, diese blutleeren Gespenster. Er lernte, sich wie sie zu halten, seine Krawatte zu binden wie sie, einen Frack zu tragen, mit auf dem Rücken verschränkten Händen zu gehen, das Knie zu beugen, wenn er an einem Kruzifix vorbeiging, oder auf italienische Art zu grüßen, mit diesem »Ciao«, das mit einer einfachen Handbewegung ausgeführt wird, wobei die Handfläche in die entgegengesetzte Richtung zeigt wie beim amerikanischen »Hi«.

Lancaster war dermaßen verblüfft über seine Entdeckungen, dass er aufmerksamer lauschte als ein Anfänger. Er hatte ja keine Ahnung von der Gesellschaft gehabt, die sich ihm offenbarte, diesen Distinktionsmerkmalen, die er sich nie vorgestellt hatte. Zuerst staunend und bald fasziniert, ließ der großartige Schauspieler sich von diesen Gespenstern erfüllen.

Delon und ich waren wie vor den Kopf geschlagen. Diese traurige Eifersucht, die nicht einmal wagt, sich zu ihrem Namen zu bekennen, weil sich mit ihr auch Bewunderung und Zuneigung mischen, dieses Gefühl, das Tancredi empfindet, als er auf dem Ball zusieht, wie sein Onkel mit mir tanzt… das war auch die Eifersucht eines jungen Schauspielers, der atemberaubend schön war, von dem alle Frauen in Palermo träumten und den Romy heimlich auf Sizilien besuchte. Eines sechsundzwanzigjähren Schauspielers, der vier Jahre zuvor zum Film gekommen war und den man sofort als Idol gefeiert hatte, der aber jetzt mit einem Mal seine Grenzen erkannte.

Für mich hatten die Dreharbeiten mit einem Erlebnis begonnen, das nicht aufregender hätte ausfallen können. Kaum waren wir auf Sizilien angekommen, beschlossen wir mit einem Teil des Teams, darunter auch Suso Cecchi d'Amico, dem Drehbuchautor, ein Boot zu mieten, um auf einer unbewohnten Insel in der Nähe der Küste ein Picknick zu veranstalten. Ungefähr ein Dutzend Personen nahmen an diesem Abenteuer teil. Das Essen, das vor allem aus Tomaten und Oliven bestand, war sehr fröhlich verlaufen, aber die Hitze war bereits erdrückend, und wir mussten bis zum Abend warten, um in den Hafen zurückkehren zu können. Und so kam es, dass wir, ohne es zu wollen, einige hundert Meter von der Mole entfernt ein Boot rammten, in dem Zigarettenschmuggler unterwegs waren.

Unser Boot schlug leck und begann zu sinken.

Ich hatte keine Angst vor der körperlichen Anstrengung oder der Entfernung zum Ufer. In Tunesien war ich es gewöhnt gewesen, mehrere Kilometer zu schwimmen. Doch unglücklicherweise konnte von meinen schiffbrüchigen Kollegen die Hälfte nicht schwimmen. Da ich am Meer aufgewachsen bin, kam mir das unglaublich vor, aber so war es nun einmal. Wir waren also gezwungen, sie inmitten des ganzen Aufruhrs ans Ufer zu schleppen. Ich musste sogar die Faust gebrauchen, um meine Assistentin Caroline Pfeiffer zu beruhigen, denn sie war derart in Panik, dass sie sich an meinen Hals klammerte und uns fast beide ertränkt hätte. Kurz gesagt, wir waren beinahe in einem Zustand wie die Überlebenden vom Floß der Medusa, als wir im Hotel ankamen, wo Visconti und der Rest des Teams auf uns warteten… und beteten.

Die Dreharbeiten konnten beginnen.

Visconti hatte beschlossen, zuerst den Ball zu drehen, der als Apotheose den Film beendet. Er war sehr stolz auf eine Entdeckung, die einer der Techniker gemacht hatte: das Originalmanuskript eines unveröffentlichten Walzers von Verdi, dem Nationalhelden, der für die Italiener nicht nur das Genie der Oper verkörpert, sondern auch die Begeisterung des nationalistischen Kampfes.

Wir probten mit einem Ballettmeister. Luchino – muss ich das erwähnen? – verlangte Perfektion. Aber Burt hatte sich das Knie verletzt… Der Leopard hinkte. Seine Tanzschritte waren steif…

Luchino bemerkte das und bekam einen seiner Wutanfälle, die wir alle fürchteten. Er brüllte und beschimpfte Lancaster als *divo*, die männliche Form von »Diva«, ein Wort, das in einer anderen Sprache keinen Sinn ergibt. Immer wieder sagte er, von seinen Schauspielern wolle er kein Gejammer hören. Leiden mit einem Lächeln zu ertragen gehöre einfach zum

Beruf, zur Disziplin, die er verlange! Ansonsten solle Burt lieber Zahnbürsten verkaufen, das könnten die Amerikaner doch so gut! Er warf ihm vor, er habe sich aus reiner Angeberei verletzt, nämlich bei der Stunde Sport, die er täglich trieb, und das bloß, weil er unbedingt seine Illusion nähren müsse, er sei noch jung. Wenn er jetzt leide, dann sei einzig und allein seine Eitelkeit schuld daran!

Und das alles warf er ihm natürlich vor mehreren hundert Menschen an den Kopf, den Komparsen, den Technikern, Alain, mir und allen sizilianischen Adligen, die es sich nicht nehmen lassen wollten, in dem Film, den einer der ihren drehte, sich selbst zu spielen.

Dann schien Visconti sich zu beruhigen. Er drehte sich um, nahm mich bei der Hand und zog mich in die Wohnräume, die er in einem Flügel des Palasts hatte einrichten lassen.

»Wir kommen zurück, wenn Sie so weit sind!«, rief er noch über die Schulter zurück.

Während der folgenden Stunde saßen wir beide einander gegenüber und ließen uns von livrierten Dienern bedienen. Er wollte mich seinen Ausbruch vergessen machen, indem er mich zum Lachen brachte, er hatte Champagner bestellt und erzählte mir Geschichten… Natürlich lächelte ich, aber ich war nicht mit dem Herzen dabei. Ich dachte daran, wie sehr er Burt, diesen großen Star, gedemütigt hatte, fragte mich sogar, ob das möglicherweise das Ende der Dreharbeiten bedeutete. Was, wenn Lancaster beschloss, den Set zu verlassen und nach Hollywood zurückzukehren, wo es ihm nicht an Angeboten mangelte? Hegte Visconti dieselben Befürchtungen wie ich? Ich glaube nicht. Ich bin mir sogar sicher, dass er diesen ersten Eklat, diese erste Verletzung für das Selbstwertgefühl seines Stars, gesucht hatte, um allen und insbesondere Burt zu zeigen, dass bei den Dreharbeiten einzig und allein er das Sagen hatte.

Schließlich klopfte ein Assistent an die Tür. Burt wollte mit Luchino sprechen… Erst jetzt verließen wir unseren Zufluchtsort. Und tanzten weiter.

Dies war der Beginn einer tiefen Freundschaft zwischen Lancaster und Visconti. Burt hatte sich seine Inspiration in der Gesellschaft von Palermo gesucht, doch er wusste genau, dass er das beste Beispiel direkt vor Augen hatte, nämlich Visconti.

Man schminkte ihn sogar so, dass er ihm ähnlich sah.

Die Aufnahmen der Ballsequenz und aller Szenen, die im Palast spielen, beschäftigten uns einen Monat lang. Wir drehten ausschließlich bei Nacht, bis fünf oder sechs Uhr morgens, im Gangi-Palast, den uns seine Besitzerin, die Fürstin von San Vincenzo, zur Verfügung gestellt hatte. Irgendjemand von uns amüsierte sich einmal damit, die Zimmer zu zählen, und kam auf zweihundertachtzehn. Das war schon fast Blasphemie, denn in *Der Leopard* heißt es, dass ein Palast, dessen Zimmer man noch zählen kann, keiner ist.

Bei Tag erreichte die Temperatur vierzig Grad und fiel bei Nacht nicht unter fünfunddreißig, und dazu kam noch die Hitze der Scheinwerfer. Luchino ließ eine Klimaanlage aufbauen, die ein wenig Abkühlung brachte, so dass wir nicht zerflossen wie Butter in der Sonne. Aber wir legten nie die Taschentücher aus der Hand. Ständig mussten wir uns das Gesicht abtupfen, mit dieser Geste, die ich zuvor für eine typische Affektiertheit von Schauspielern gehalten hatte, die hier aber ihren ganzen Sinn offenbarte. Die Erschöpfung, unter der Burt Lancaster litt, aber auch die jungen und weniger jungen Komparsen in ihren Kostümen aus dem Jahr 1850, in ihren Seidenunterröcken, bis zum Hals geschlossenen Fracks und Galauniformen, ist auch die der Figuren des Films. Sie macht diesen Ball noch authentischer, diese Mattigkeit, welche die

Gäste am Ende der Nacht ergreift und ihre Bewegungen so weit verlangsamt, dass es den Anschein hat, als wollten sie gar nicht mehr aufbrechen.

Visconti kommandierte seine Truppe im Smoking, einen langen weißen Seidenschal um die Schultern gelegt. Wie hätte er sich auch lässig kleiden können, wo wir doch alle Abendgarderobe trugen? Schließlich war er der große Herr, der uns empfing.

»Es war immer sehr schwierig, Visconti praktische Überlegungen entgegenzuhalten«, erklärt Goffredo Lombardo heute taktvoll, der damals im Übrigen nicht einmal Zutritt zu den Dreharbeiten hatte. Angesichts des finanziellen Abgrunds, der sich Tag für Tag unter seinen Füßen auftat, waren Viscontis kleinere Extravaganzen nur ein Detail: die frischen Blumen, die auf Anweisung des anspruchsvollen Meisters nur aus San Remo kommen durften, von wo aus sie alle drei Tage eingeflogen wurden, oder die zweitausend Kerzen, die im Licht der Scheinwerfer krumm wurden und jede Stunde von einer vierundzwanzigköpfigen Mannschaft, die nur dazu da war, ausgewechselt werden mussten. In meinem Täschchen steckte eine echte Tanzkarte aus dem Jahr 1850 neben einem echten Taschentuch aus dieser Zeit. Mein Parfüm, meine Strümpfe waren authentisch… Luchino ertrug nichts Nachgemachtes. Wie hätte er sich darauf einlassen können, in den Studios von Cinecittà zu drehen? Die fürstlichen Paläste waren verfallen? »Egal, dann bauen wir sie wieder auf«, hatte er gebieterisch entschieden.

Diese Gegenstände aus der Zeit, mit denen er uns umgab, waren nicht einfach Accessoires. Sie veränderten unser Wesen. So hinderte mein Korsett mich daran, mit dem Bauch zu atmen. Ich musste mich darin zwangsläufig recken, damit ich wenigstens durch den Hals ein wenig Luft bekam. Der Umfang meines Kleides, dessen Rock einen Kreis von mindestens einem Meter fünfzig um mich herum schlug, verbot mir auch, mich zu setzen. Luchino hatte mir einen genau auf mich angepassten Stehhocker anfertigen lassen, der mir erlaubte, mich ein wenig auszuruhen, ohne die Knie zu beugen.

Er lehrte mich, wie man einen Salon betritt. Vor allem nie mit kleinen Schrittchen. Nein, ich musste weit ausschreiten.

»Du musst dein Territorium in Besitz nehmen, wie ein Panter!«, befahl er.

Welch ein Wunder! Natürlich musste man bezahlen, um daran teilzuhaben, sozusagen seine Eintrittskarte kaufen. Für mich war der Preis eine Vorbereitungszeit von vier Stunden, von denen eine Hälfte für das Kostüm verwendet wurde und die andere für die Frisur und das Make-up. Ich trug keine Perücke und hatte Order erhalten, mir die Haare nicht zu waschen, denn nur so bekamen sie die typische Schwere romantischer Frisuren. Man musste sehen, wie Visconti mich inspizierte, während das Heer von Visagistinnen und Friseurinnen zu zittern begann! Er kontrollierte die Schatten unter meinen Augen und erklärte, sie müssten betont werden, weil das Leidenschaft ausdrücke, und die Augenbrauen wollte er breit haben, ganz anders, als es die Mode der Sechzigerjahre vorschrieb. Nach den Dreharbeiten entwickelte meine erschöpfte Friseurin eine nervöse Depression und wollte nie wieder für den Film arbeiten. Ich selbst hatte keine Zeit, mich mit solchen Erwägungen aufzuhalten. Ich hatte das Gefühl zu schweben, ich übertraf mich selbst.

Am Set ging eine schweigende, bunt gemischte Menschenmenge umher. Adlige und Schauspieler, alte Frauen, deren Gestalt von Überfluss und Trägheit kündete, junge Frauen, deren Haut zu blass und deren Haar zu fein war, als hätte die Lebenskraft sie verlassen. Zweiundzwanzig Korsettschnürerinnen waren nötig, um uns alle anzukleiden, jeweils eine für vier Frauen. Der Leopard, Tancredi und ich bildeten die heilige Dreieinigkeit dieses Pantheons. Wie hätten wir uns beklagen können? Wir wurden von unserem guten – und häufig schlechten – Geist getragen. In vollkommener Konzentration.

Als Tancredi und ich die verlassenen Zimmer des Palasts besuchen, als wir uns belauern, uns verfolgen, uns umschlingen – das waren nicht Delon und die Cardinale, die ihre Rollen spielten, sondern wirklich zwei vom Schicksal gehätschelte Kinder am Beginn ihres Lebens.

Visconti amüsierte sich damit, uns zu provozieren.

»Claudine, ich will keine falschen Küsse, keine gespielten Zärtlichkeiten …«

Aber ich trickste, ich spielte, und Luchino schätzte mich darum umso mehr: Ich ging nicht in die Falle und zeigte ihm, dass ich trotz meines Lächelns, meiner Sinnlichkeit und hinter meiner scheinbaren Sanftheit eine starke Frau war. Denn nur solche Frauen liebte er, Frauen wie die Chanel oder die Dietrich. Auf seinem Schreibtisch in Rom stand nur ein einziges Foto, das der Blaue Engel mit »I love you« signiert hatte.

Visconti war großzügig, sensibel, kultiviert, zärtlich, alles, was man will, nur eins nicht: »nett«. Bei ihm wurde alles am Kriterium der Eleganz gemessen, und Nettigkeit war nicht elegant. Seiner Meinung nach galt das einzig für die Boshaftigkeit. Er konnte mit Menschen spielen wie die Katze mit einer Maus. Ich erinnere mich an einen anderen Film, *Sandra* (Vaghe stelle dell'Orsa) aus dem Jahr 1964. Meine Schwester Blanche besuchte mich bei den Dreharbeiten, denn wir wohnten ganz in der Nähe, in einem wunderbaren Palast, der einsam in den Bergen in der Gegend von Volterra lag. Luchino wusste, dass Blanche sehr prüde war. Und während gedreht wurde und absolute Stille herrschen musste, warf er ständig kleine pornografische Skizzen aufs Papier, die er ihr vor die Augen hielt.

Sie wagte nichts zu sagen, aber sie kochte innerlich und wurde puterrot. Das war nichts, nur eine kleine Grausamkeit. Er war ein Raubtier und konnte andere zerreißen, doch er war ebenso ein König und konnte aus vollen Händen schenken.

Täglich warteten wir gespannt darauf, ob er uns zu Tisch bitten würde. Davon ausgeschlossen zu sein war eine Strafe, die Einladung eine Ehre. So setzten sich acht oder zehn Personen – niemals mehr – Abend für Abend vor herrliches Geschirr, Silberbesteck und antike Spitzentischdecken. Luchino hatte vor Ort die sizilianischen Keramikköpfe entdeckt, die er, wie üblich, in Mode brachte, ohne es zu wollen, und stellte selbst seine Blumensträuße zusammen, die wahre Skulpturen waren und immer aus Rosen bestanden. Um uns einladen zu können, hatte er zwischen Palermo und Mondello eine alte Mühle gemietet und einige in seinen Augen unabdingbare Details verändert wie die Türgriffe, die er vergolden ließ.

Das Ende der Dreharbeiten fiel auf Weihnachten. Ich zählte zu denen, die in seinen römischen Palast in der Via Salaria eingeladen waren. Jeder von uns fand auf seinem Teller ein Geschenk. Auf meinem lag ein indischer Schal in Blassblau und Gold, wunderschön. Bereits entzückt, schlug ich ihn auf, aber er sollte nur eine Verpackung sein. In dem »Päckchen« befand sich ein »Carnet de bal«, ein Tanzbüchlein von Cartier, besetzt mit Edelsteinen, Smaragden, Türkisen und Perlen. Auf der ersten Seite stand eine kurze Widmung von Luchino und seine Unterschrift, und dahinter kamen die Autogramme aller, mit denen ich dieses schönste Abenteuer meines Lebens bestanden hatte. Wer außer dem Grafen Visconti hätte sich eine so feinfühlige Aufmerksamkeit einfallen lassen?

Ich weiß, dass Alain sich bis heute mit einer gewissen Wehmut an diese grandiose Zeit erinnert. Jeder von uns reagiert eben anders. Mir schenken diese Erinnerungen Kraft und die Lust, weiter neugierig auf das Leben zu sein, selbst wenn es weniger süß zu sein scheint als früher.

Damals war ich noch keine fünfundzwanzig und erlebte eine Zeit absoluter Ausgeglichenheit. Wie in einer gelungenen Symphonie ging ein Satz aus dem anderen hervor. Nichts konnte die Grundharmonie zerstören, diesen Ton, den ein anspruchsvoller Dirigent von seinem Pult aus vorgab. Und so konnte ich erfolgreich eine weitere Aufgabe meistern, von der Luchino ehrlich gesagt nicht viel hielt, nämlich gleichzeitig mit der Arbeit an *Der Leopard* mit Fellini, seinem größten Rivalen, *8½* zu drehen. Ich wechselte zwischen Angelicas Robe und der Bluse des jungen Mädchens am Brunnen, zwischen der üppigen braunen Haarpracht der stürmischen Sizilianerin und den blonden Locken der sanften Muse. Ich verließ Palermo und ging zurück nach Cinecittà. Niemand konnte mir meine Freiheit nehmen. Ich war unermüdlich, unaufhaltsam.

Und trotzdem reichte es nicht aus, einfach in ein Flugzeug zu steigen und einige hundert Kilometer zurückzulegen. Es war nicht genug zu warten, bis meine Haarfarbe einwirkte, denn natürlich ließ keiner der beiden Giganten zu, dass ich eine Perücke trug. Nein, ich musste die Zeit durchqueren, die Romantik vergessen und mich in die wilden Sechzigerjahre stürzen. In wenigen Stunden ein Jahrhundert zurücklegen.

In Angelicas Korsett hatte ich nach Luft gerungen, doch diese Schnüre waren jetzt mit einem Mal gelöst: Nun musste ich tief und frei atmen, so wie es Fellini verlangte, dieser Träumer, der nie aufgehört hat, uns in seine Traumwelt zu ziehen.

8½ … ein schöner Traum

Wenn man Mastroianni fragte, wen er lieber möge, Visconti, in dessen Theatertruppe er als Schauspieler debütiert hatte, oder Fellini, der ihn zu einem großen Filmstar gemacht hatte, pflegte er zu antworten:

»Visconti war immer so etwas wie der Lehrer, den die Schüler lieben und bewundern, und Fellini der Banknachbar in der Klasse.«

Auch für mich ist Visconti ein Lehrer gewesen. Ich bewunderte seine Bildung und seine Neugierde, die es ihm erlaubte, ebenso gut über die neue Kleider- oder Make-up-Mode der Saison, über die Chansons, die in San Remo gewannen, oder die Bestsellerliste auf dem Laufenden zu sein. Er interessierte sich leidenschaftlich für Geschichte, Literatur und Musik. Er war ein harter, manchmal sarkastischer, ironischer und grausamer Lehrer, der seine Liebe zu uns nicht offen zeigen konnte und sie durch tausend kleine Geschenke ausdrückte, tausend kleine Botschaften, die immer in seinem höchst eleganten Französisch verfasst waren.

Bei Luchino stellte die Vorbereitung auf einen Film eine wesentliche Etappe dar. Er war in der Schule des Theaters und der Oper geformt worden, wo er immer noch zwei bis drei Inszenierungen pro Jahr übernahm.

Zuerst arbeiteten wir ohne jede Technik, so wie bei einer Theaterprobe. Mit unserem Drehbuch in der Hand saßen wir um einen Tisch und lasen mit verteilten Rollen. Und Visconti tadelte unsere Diktion, obwohl er der Einzige bleiben würde, der sie hörte, denn für die italienische Fassung wurden wir fast alle synchronisiert. Dann zeigte er uns unsere Positionen im Raum und spielte anschließend sämtliche Rollen vor. Und dann endlich, sobald wir alles gemeistert hatten, sobald alle Einzelheiten bedacht, ausgewählt und durchgegangen waren, sobald er alle Entscheidungen getroffen hatte, setzte er alles in die Tat um und ging zur eigentlichen Regiearbeit über.

Fellini dagegen fühlte sich nur in der Improvisation wohl. Man nannte ihn den »Zauberer«, weil er das Talent besaß, einen in seine Träume hineinzuziehen. Er ging den Problemen nicht aus dem Weg, sondern präsentierte sie uns als wesentlichen Bestandteil seines Traums.

Bis zum Beginn der Dreharbeiten wusste ich nicht, welche Rolle ich spielen würde. Aber das war bei ihm nicht ungewöhnlich. Sogar Anouk Aimée wusste nicht mehr, und dabei hatte er sie gebeten, sich die Haare zu schneiden und rot zu färben, sich die Wimpern zu kürzen und eine Brille zu tragen! Aber sie freute sich darauf, wieder mit dem Team aus *La Dolce Vita* zu drehen, daher war sie zu allem bereit und hatte drei andere Angebote abgelehnt.

Während der gesamten Dreharbeiten bestürmten uns die Journalisten, die wissen wollten, worum es in dem Drehbuch ging. Wir hätten ihnen ja gern geholfen, aber wir wussten auch nicht mehr als sie – und wahrscheinlich nicht mehr als Fellini selbst. Er schrieb spontan. Und amüsierte sich über seine eigene Geheimnistuerei, an der die Neugierigen verzweifelten. Um sie noch mehr zu ärgern, erklärte er immer wieder, er sei Argus, der Prinz aus der Mythologie, ein Riese mit hundert Augen, von denen fünfzig immer offen blieben.

»Na schön! Sagen wir, dass mein Film den Visionen des Argus ähneln will«, schloss er dann rätselhaft.

»Das wird das Werk, das die Bilanz seiner Reife zieht…«, sagten die einen. »Eine Autobiografie… ein komischer Film«, hieß es bei den anderen. Einige neigten dazu, eine weitere Kritik an der besseren Gesellschaft zu vermuten, die anderen spekulierten über eine Wiederbelebung der wilden Zwanziger… Der *dottore,* wie man ihn auch nannte, ließ noch einen weiteren Hinweis fallen.

»Wenn ich meinen Film vom Sirius aus hätte machen können, hätte ich es getan. Von dort aus hätte ich die Menschen noch besser erkennen können.«

Wäre er nicht der Regisseur von *Die Müßiggänger*, 1953, *La Strada,* 1954 und *Der Schwindler*, 1956, gewesen, hätte man ihn für einen Aufschneider, einen Hochstapler gehalten. Aber er war Fellini, der Poet, der mit *La Dolce Vita* im Jahr 1960 für den größten Erfolg in der Geschichte des europäischen Kinos verantwortlich zeichnete.

Ein unerwarteter Erfolg war das gewesen, aber er hatte ihn verstummen lassen. Der ehemalige Journalist von dreiundvierzig Jahren, der in diesem Metier begonnen hatte, indem er Gags für die großen Komiker – die Schauspieler, die er am meisten bewunderte – geschrieben hatte, sah sich durch diesen Erfolg einem Druck ausgesetzt, der ihn lähmte. Dem konnte er nur entrinnen, indem er dort grub, wo es wehtat, indem er seine eigenen Träume und Ängste als Steinbruch benutzte.

Selbst der Titel des Films war eine Ausflucht. Er war auf die Idee gekommen, als der Produzent ihn gebeten hatte, ihm wenigstens den Namen des Spielfilms zu verraten, den er ihm finanzieren sollte. Da war er wie die Parfümeure, die einen neuen Duft so lange wie möglich zurückhalten. Fellini zählte also seine Werke und kam auf sieben, dazu noch einige Sketche. Damit würde dies sein achteinhalbter Film sein. Und weiter zerbrach er sich den Kopf nicht. Bis zum Tag vor dem Beginn der Dreharbeiten.

Dann packte ihn das Entsetzen angesichts dessen, was ihm bevorstand. Nichts war vorbereitet. Er befand sich in der gleichen Klemme wie ein schlechter Schüler, der seine Hausaufgaben immer weiter hinausschiebt und dann, ein paar Minuten bevor er sie abgeben muss, aufwacht und genau weiß, dass ihm gar nichts anderes übrig bleibt, als Krankheit vorzutäuschen.

Fellini hat die Geschichte oft erzählt. Am Abend vor dem Beginn der Dreharbeiten hatte er einen Brief an den alten Rizzoli begonnen, seinen Produzenten. Einen verzweifelten Brief, der mit den folgenden Worten anfing: »Lieber Angelino, ich bin mir bewusst, dass das, was ich dir jetzt sagen muss, unsere Arbeitsbeziehung unwiderruflich zerstören wird. Auch unsere Freundschaft könnte Schaden nehmen. Diesen Brief hätte ich dir schon vor drei Monaten schreiben sollen, aber bis gestern Abend hoffte ich noch, dass …« Kurz gesagt, er wollte alles abblasen, voller Panik, weil sein Stoff sich ihm entzog. Er wusste, dass er das Porträt eines Mannes hatte zeichnen wollen, doch er wusste nicht einmal mehr, welchen Beruf er ihm geben sollte. Mastroianni sollte es sein, dessen war er sich gewiss. Und eine Frau würde dabei sein, eine Geliebte, und viele Hirngespinste. Aber abgesehen davon hatte er keinen roten Faden, nicht einmal dieses Gefühl, diesen Duft, diesen Lichtblitz, der ihn für gewöhnlich in die Lage versetzte, sich ins kalte Wasser zu stürzen …

Fellini wurde von der Angst des Schöpfers vor dem weißen Blatt Papier gequält. Das Problem war nur, dass eine Etage tiefer die Zimmerleute hämmerten. Die Kulissen waren beinahe fertig und alle Schauspieler bereits engagiert.

War es besser, wenn die Produktionsfirma jetzt ein kleines Vermögen verlor statt am Ende ein sehr großes? Seine Ehrlichkeit – und zweifellos auch seine panische Angst – bewogen ihn, sich für die erste Lösung zu entscheiden.

So weit war er, sollte Fellini später erklären, als Menicuccio, der oberste Bühnenarbeiter, ihn rief. Gasparino, ein Kollege, feierte seinen Geburtstag und wollte ihn einladen, auf seine Gesundheit zu trinken. Fellini ging hinunter. Er fand sich in dieser Kulisse wieder, die von der ländlichen Küche seiner Großmutter inspiriert war. Und Gasparino öffnete eine Sektflasche und brachte seinen Trinkspruch aus.

»Das wird ein großer Film, *dottore,* auf Ihr Wohl! *8½* lebe hoch!«

Wenn Fellini von dieser Szene erzählte, sah man unwillkürlich einen verstörten Charlie Chaplin vor sich oder Buster Keaton, wie er sich den Schweiß von der Stirn wischt. Die Gläser sind gefüllt, alle klatschen Beifall, und er, er spürt die Scham des Kapitäns, der in Versuchung ist, sein sinkendes Schiff zu verlassen. Als er wieder in sein Büro hinaufging, fiel ihm die Lösung ein: Er würde das erzählen, was er gerade erlebte, das Drama eines Regisseurs, dem es an Inspiration fehlt.

Ob diese Geschichte nun wahr ist oder nicht, jedenfalls erklärt sie das außerordentliche Chaos, in dem wir uns über Wasser zu halten versuchten.

Visconti arbeitete nach einem Drehbuch, in dem er jede Einzelheit beherrschte, Fellini drehte ohne Skript. Er zog kleine Papierstückchen aus der Tasche, die er uns in letzter Sekunde gab. Am schlimmsten waren diejenigen Schauspieler daran, die ihm, um ihre Nervosität zu überwinden, am Vorabend mit großer Mühe einen Text abgerungen und sich danach vorbereitet hatten. Am nächsten Morgen wurde alles wieder umgeworfen. Fellini begann zu improvisieren. Um mir zu zeigen, wie ich eine bestimmte Szene spielen sollte, stellte er sich vor mich, anstelle von Mastroianni, der seinerseits im Film Fellini verkörpern sollte... Dieser Mann mit den zwei Gesichtern sprach zu mir von Liebe. Es war nicht schwierig, sich unseren Dialog vorzustellen. Seit *Bel Antonio* hatte sich daran nichts verändert. Ich nannte ihn weiterhin *buffone.* Aber das war nicht meine einzige Rolle. Ich spielte auch eine Schauspielerin, die Claudia Cardinale heißt… Und die der Muse, die häufig in den Traum entschwindet. Was machte es schon, wenn wir uns darin verloren und wenn der Zuschauer, genau wie wir, Gefahr lief, durcheinander zu kommen und nichts zu verstehen? Ganz im Gegenteil. Passiert es nicht uns allen, dass wir bei Nacht Namen und Gesichter verwechseln? Und dennoch lassen wir uns von unseren Träumen fesseln.

Fellini arbeitete assoziativ. Wie die Surrealisten gefiel er sich darin, mit den abstrusesten, den unangemessensten Bildern zu arbeiten, dem Rohmaterial des Unbewussten. Er drehte, verwarf das Material und begann von vorn. Wonach suchte er? Niemand hätte es sagen können. »Das hier ist eine Darbietung, die zwischen einer psychoanalytischen Sitzung und einer Gewissenserforschung pendelt«, sagte er eines Tages. In der Tasche trug er trotzdem ein Stück Papier, auf dem stand: »Denk daran, dass du einen komischen Film drehst!«

Niemand wird mir widersprechen, wenn ich behaupte, dass man, um mit diesen beiden genialen Regisseuren arbeiten zu können, zumindest Flexibilität und Aufgeschlossenheit brauchte…

Bei Visconti arbeitete man in einer fast religiösen Stille, und der Drehort war ein Tempel, in dem man die Kunst verehrte. Fellini dagegen brauchte Tumult. Er fürchtete sich vor der Stille. Sein Lebenselixier war die Atmosphäre einer voll besetzten Trattoria zur Mittagszeit.

Visconti ließ nur das Wahre, Authentische zu. Fellini war zwischen Kulissen aus Pappmaschee glücklich. Wie ein Kind wollte er die Sorte von Schiffen, die man aus einem Meer aus Plastik dahinschippern sieht. Es sollte ja gerade künstlich aussehen! Er liebte diese bemalten Leinwände aus alten Fotoateliers, die an der Stelle, an die der Kopf gehört, ausgeschnitten sind, damit man seinen eigenen hindurchsteckt und sich plötzlich in einer vollkommen verrückten Kleidung und einer ganz schrägen Kulisse wiederfindet.

Man konnte unmöglich vorausahnen, was er entscheiden würde; er wusste es ja selbst nicht. Er jonglierte und setzte alles auf seine Fantasie, seine Poesie, und dennoch gelangen ihm technische Meisterleistungen, Kamerafahrten, die ihm erlaubten, über Kreuz von einem Schauspieler auf den nächsten zu halten, und die man unmöglich zustande bringt, ohne sie zuvor mit Präzision und geometrischer Exaktheit ausgearbeitet zu haben.

Der Leopard war Viscontis Geschichte, besser gesagt die Geschichte des Mannes, der er hundert Jahre früher gewesen wäre. *8½* ist ganz eindeutig Fellinis Geschichte. Mit Mastroianni in der Rolle seines Alter Ego. Er hatte ihn älter gemacht, damit er genau sein eigenes Alter hatte, hatte seine Haare gebleicht und ihm Hosenträger verpasst. Mastroianni war sein »Erbe«, der Schauspieler, der er gern gewesen wäre, der Verführer, als der sich Fellini, der langjährige Ehemann der Masina, gern gesehen hätte. Und ich war die Quelle seiner Inspiration, die herbeieilt, um ihm ein Glas Wasser zu reichen, in dem er die Erneuerung seiner schöpferischen Kraft findet. Diejenige, die er sich abwechselnd als Göttin und als Dämon vorstellt.

Fellini holte mich jeden Morgen auf dem Land ab und fuhr mich ins Studio. Während der ganzen Fahrt redete er ohne Unterlass. Extravagant und wortreich sprach er über seine Träume, sein Leben, seine Obsessionen, seinen Fetischismus… so viele Augenblicke reiner Poesie, deren Fluss mich wiegte. Er sprach über die Filme seiner Kindheit. Eigentlich hätte er allen, die die Wahrheit über *8½* wissen wollten, so antworten müssen wie der Betreiber des kleinen Kinos in Rimini, wo er seine ersten Filme gesehen hatte: »Ich sage nichts!«

Er brauchte nur an diesen Mann zu denken, und schon kehrten seine Erinnerungen an den abenteuerlustigen Schuljungen zurück, der wie auf glühenden Kohlen fragte: »Und am Ende, stirbt er da?« Aber der Kinobesitzer ließ sich die Antwort nicht entlocken. »Er stirbt… reingefallen!«, lautete seine Antwort.

Diese Art von Geschichten liebte Federico. Zum Beispiel die von der kollektiven Beichte im Salesianer-Internat, wo man, auf dem eiskalten Marmorboden kniend, aus vollem Hals die Liste seiner Sünden herausschreien musste, die sich ein gelangweilt wirkender Geistlicher anhörte. Oder sein Erschrecken, als er Anita Ekberg begegnete, die einen Meter einundachtzig groß war, und sein ungläubiges Staunen, als hätte er einen Elefanten oder einen Baobab-Baum vor sich. Er sagte auch, nichts sei für ihn bewegender als die Unschuld.

Er schlief wenig; er war ein Ruheloser, dessen weiße Nächte für ihn auch eine Quelle des Entzückens waren. Da der Schlaf ihn floh, träumte er im Wachen. Stundenlang konnte er über das Licht sprechen. Um die Wahrheit zu sagen, glaube ich, dass das Licht die wahre Heldin seiner Filme war. Das Licht verfolgte er, lauerte ihm auf. »Das Licht ist Ideologie, Gefühl, Farbe, Tiefe, Atmosphäre. Es löscht aus, es macht klein, es bereichert, es nuanciert, es hebt hervor…«, schrieb er eines Tages. Bei diesem Thema war er unermüdlich.

Kurz gesagt, schon wenn ich im Auto brav an seiner Seite saß, spielte ich für ihn die Rolle der Muse…

Lag es daran, dass ich soeben aus Palermo kam, wo Ordnung und Disziplin herrschten? Wenn ich am Set eintraf, hatte ich das Gefühl, mich in ein vollständiges Chaos zu stürzen. Im Übrigen gehörte diese Unbestimmtheit des Orts zur fellinischen Landschaft. Man begegnete Frauen in Kleidern aus den Zwanzigerjahren, Jazzmusikern, Vamps in langen Roben, Pferden, Kindern, die auf einem Bein hüpften, falschen Prälaten, echten Reportern, Clochards, Patriziern, etwa hundertfünfzig völlig unterschiedlichen Personen, die den Film mit einer Polonaise beenden. Fellini hatte sie zuerst als Werbung für den Film gedreht, doch dann hatte sie ihm so gut gefallen, dass er beschloss, dass sie seinen schöpferischen Taumel beschließen sollte.

Die Anarchie war für ihn ebenso unverzichtbar wie für Luchino die Ordnung. Denen, die mit Visconti drehten, wäre schon die Vorstellung, zwischen zwei Szenen zu telefonieren, ungehörig vorgekommen, fast wie ein Sakrileg. Fellini dagegen hatte, um seinem Freund Marcello einen Gefallen zu tun, am Set ein Telefon installieren lassen. Und in jeder Pause wählte Marcello die Nummer eines Freundes, einer Freundin… Federico liebte dieses Durcheinander. Sosehr Luchino das Arbeiten mit Amateuren verabscheute, so sehr brauchte Federico es, Leute von der Straße zu holen, interessante Gestalten, auffällige Gesichter, denen er Anweisungen gab. »Du zählst laut, eins, zwei, drei, vier, und du fängst an zu lachen. Fünf, sechs, sieben, du stehst auf, acht, neun, zehn, du gehst ans Fenster…« Und in diesem Sturm schwamm er wie ein kleiner Fisch, der glücklich ist, den Seegang zu spüren.

Und seine Frisur! Mein Gott, diese Wirbel, die er zu glätten vergaß, wenn er aus dem Bett sprang! Seine formlosen Hosen, seine zerknitterten Hemden… In Sizilien trennte sich Visconti nie von seinem tadellos geschnittenen weißen Leinenanzug und trug Panamahüte von den besten Herstellern. Und das alles ganz natürlich und nonchalant… Nicht umsonst war er mit Coco Chanel befreundet. Aber Fellini… das war eine ganz andere Geschichte. Hüte aus Reisstroh, halbdurchsichtige Polohemden, Hosenträger… Er war jemand, der kein Drama aus einem fehlenden Knopf machte, so etwas war ihm ganz egal. Er bekleckerte sich beim Essen und ging dann wieder an die Arbeit. Was machte das schon? Gar nichts.

Ich liebte Viscontis aristokratisches Auftreten, seine prunkvollen Feste mit ihrer verschwenderischen Fülle von Tafelsilber, Kristall, Porzellan und den Sammlungen von Kunst oder Antiquitäten, die er nur zusammentrug, um sie dann unter seinen Freunden zu verteilen. Und ich liebte Fellini, weil er so ein warmherziger Bonvivant war, liebte diese Freiheit, die er uns ließ, uns, die wir keine festen Terminpläne hatten, die wir, wenn wir mit ihm drehten, wohl oder übel auf jedes andere Leben verzichten mussten, weil wir so eng miteinander verbunden waren, so glücklich, an großen, lärmenden Tischen eine Mahlzeit zu teilen und Nudeln zu verschlingen, die auf Papptellern serviert wurden. Er selbst ernährte sich nur von den Lunchpaketen, die seine Frau, die große Schauspielerin Giulietta Masina, ihm mit dem Chauffeur schickte.

Visconti hatte mich befähigt, die Kraft, die Energie, die ich tief in meinem Innern verbarg, auszudrücken. Und Fellini gab mir meine Stimme zurück.

Die Vorstellung, dass die Stimme zur Persönlichkeit einer Schauspielerin gehören und ein Teil ihrer Rolle sein könnte, existierte damals gar nicht. In Italien wurden wir alle synchronisiert. Aber meine raue, ein wenig heisere Stimme war mir trotzdem so peinlich, dass ich einen Spezialisten konsultierte, um festzustellen, ob es möglich sei, das zu korrigieren. Der Arzt erklärte mir, da sei nichts zu machen. Seiner Meinung nach hatte ich während meiner Kindheit meine Stimmbänder nicht ausreichend betätigt, und sie hätten sich nicht richtig entwickelt. Ich musste dieses besondere Kennzeichen akzeptieren, das mich störte, meine Achillesferse als Schauspielerin. Bis ich Fellini traf, war ich wie die kleine Meerjungfrau gewesen: durch meine Liebe zum Film zum Schweigen verurteilt.

Aber für Fellini war alles, was anders war, eine Quelle der Poesie. Meine Stimme machte da keine Ausnahme. Also ließ er mich sprechen … und diese Stimme überzeugte Luigi Comencini, mich im Jahr darauf in *Zwei Tage und zwei Nächte (La Ragazza di Bube)* nicht synchronisieren zu lassen. Diese Rolle trug mir meine erste echte Anerkennung als Schauspielerin ein, den »Nastro d'Argento«, den italienischen Oscar.

Visconti hatte mir Flügel geschenkt, und Fellini versöhnte mich mit mir selbst.

»Wie sind wie Regentropfen auf einer Glasscheibe«, sagte der Regisseur Eduardo De Filippo. »Wir folgen einander, wir kommen zusammen, verschmelzen für einen kurzen Augenblick und trennen uns dann wieder, oft für immer, oft, um uns noch einmal zu begegnen, bevor wir davonrinnen und verschwinden …«

Fellini, Visconti und Delon sind in mein Leben eingetreten und haben es nie wieder verlassen.

Der Leopard kam im März 1963 in die italienischen Kinos. Wir hatten mit einem Triumph gerechnet, und er wurde als guter, als sehr guter Film gewürdigt. Vor allem die Kostüme waren ein Erfolg. Lange wurden sie bei Giosi ausgestellt, einer Gemäldegalerie in der Nähe des Spanischen Platzes in Rom.

In New York war das etwas anderes. Kein lauwarmes Echo, keine wohlwollenden Kritiken, sondern ein richtiger, spektakulärer Flop. Die Amerikaner waren entsetzt über die Metamorphose ihres Helden. Wie hatte man das Symbol eines neuen Landes in eine staubige, matte Kreatur verwandeln können? Die Produzenten der Fox hatten sich schon die Haare gerauft, als sie das Rohmaterial ansahen. Die Telegrafenleitungen zwischen Rom und Hollywood liefen heiß. *Der Leopard* musste neu gedreht werden, ohne Schnurrbärte und Koteletten! Und die Kampfszenen ebenfalls, denn die Soldaten des Königs ritten ja ganz anders als die Cowboys!

Die Titanus, die Produktionsfirma, blieb auf einer Rechnung von über drei Milliarden Lire sitzen, einer Milliarde mehr als ursprünglich vorgesehen. Sie war völlig ausgeblutet. Burt Lancaster hatte sich diskreditiert und verschwand von der Top-Ten-Liste der bestbezahlten Schauspieler Hollywoods. Alain sollte nie wieder mit Visconti drehen. Mir allerdings trug Visconti noch im selben Jahr eine der größten Rollen meines Lebens an, so wie er Alain zuvor *Rocco* angeboten hatte. Das war *Sandra*, eine Liebesgeschichte zwischen Bruder und Schwester. Ein weiteres Meisterwerk und noch ein missverstandener Film.

Visconti hatte zehn Filme gedreht, vier Opern und fünfzehn Theaterstücke inszeniert und war zum ersten Mal in Cannes dabei. Burt und ich stießen zu ihm. Wir gingen alle drei am Strand spazieren, als ein Zirkusdirektor auftauchte, der einen Leoparden an der Leine führte; eine Werbeidee, um auf seine Show aufmerksam zu machen. Ohne große Umstände – und zur größten Freude der Fotografen – setzte ich mich neben das Tier und begann es zu streicheln.

Luchino war entsetzt.

»Das ist ein Leopard, keine Katze«, sagte er ein ums andere Mal.

Ich kann nichts dafür, aber die Gefahr hat mich immer schon amüsiert, und Viscontis Schrecken belustigte mich noch mehr. Ich glaube, mein Mut, besser gesagt mein Leichtsinn, beeindruckten ihn.

In diesem Jahr verbrachte ich drei Stunden in Cannes. Und dennoch hatte ich in den beiden wichtigsten Filmen des Jahres mitgespielt.

Etwas, das aus heutiger Sicht außerordentlich erscheint: *8½* war nicht zum Wettbewerb zugelassen. Ebenso wenig übrigens wie *Die Vögel* von Hitchcock. Die Leitung des Festivals hatte nur zugestimmt, diese beiden Meisterwerke in einer weltweiten Vorpremiere zu zeigen.

Damals wäre niemand auf die Idee gekommen, dass *8½* ein Publikumserfolg werden würde. Ich glaube, die »Fachleute« konnten einfach nicht zugeben, dass man auch Freude an einem Film haben kann, ohne zu versuchen, die Absichten des Autors zu verstehen. Ihn einfach mit dem Blick eines Kindes anschauen. Die Kritiker waren zu dem Schluss gekommen, *8½* sei ein schwieriges Werk, das »ein gewisses Rüstzeug« erforderte. Und gleichzeitig waren sie vollkommen unsensibel gegenüber diesem herrlichen, poetischen Durcheinander, das Fellinis Universum war. Der Erfolg von *8½* hat zur Genüge bewiesen, dass sie als Propheten nicht besonders begabt waren.

Der Leopard wurde einmütig aufgenommen. Zum ersten Mal in der Geschichte des Festivals von Cannes verlieh die Jury ihre Goldene Palme ohne jede Debatte. »Das ist der schönste Film, den man je gesehen hat«, erklärten einige Jurymitglieder, zu denen in jenem Jahr unter anderem ein ehemaliger Finanzminister gehörte – Wilfrid Baumgartner –, ein Theaterautor – Armand Salacrou – und ein Schauspieler – Robert Hossein.

»Entweder man liebt das, was ich mache, oder man hasst es«, verkündete Visconti als Danksagung.

Erstmals war sein Name nicht mit einem Filmskandal verbunden. Er hatte immer noch nicht verdaut, dass man aus seinem *Rocco* die härtesten und für ihn authentischsten Szenen herausgeschnitten hatte, im Namen dieser wohlmeinenden Moral, die er verabscheute. Daher ließ er Suso, seinen Drehbuchautor, an seiner Stelle sprechen.

Und ich reiste ab. Cristaldi hatte beschlossen, dass ich nicht zu Veranstaltungen bleiben sollte, bei denen die Gefahr bestand, dass wichtigere Stars als ich auftauchten.

Mein Strandspaziergang mit den drei »Leoparden« – Visconti, Burt und dem echten mit dem gefleckten Fell –, ein Auftritt auf der Croisette in einem Cabrio, mit einer Rose zwischen den Zähnen, hatten den Fotografen gereicht. Ich konnte wieder an meine Arbeit gehen. Jedenfalls wollte ich meinen Beruf immer noch als ganz normale Arbeit sehen, doch das stimmte nicht mehr ganz. Jetzt war ich ein Star.

Dritter Teil

Das Leben eines Stars

Die Gefahren des Ruhms

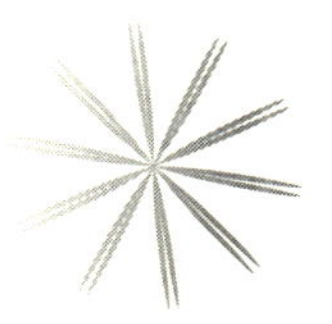

Glücklicherweise habe ich mich nie mit dem Mädchen verwechselt, dessen Fotos in den Zeitschriften abgedruckt waren. Denn sonst hätte ich den Kopf verloren.

Die Leute sind oft erstaunt darüber, dass mein Freund Alain Delon von sich selbst in der dritten Person spricht... Das liegt daran, dass sie keine Ahnung haben, wie das Leben eines Stars aussieht. Die Gerüchte, die uns umschwirren, der Schwarm von Höflingen, von Dienstboten, die uns den Eindruck vermitteln, als drehe sich die ganze Welt nur um uns. Je mehr man uns in den Himmel hebt, umso stärker müssen wir sein, um uns selbst nicht zu verlieren, um uns von diesem anderen Ich zu lösen, das angeblich mehr als ein menschliches Wesen ist.

Ich hatte das Glück, immer ziemlich genau zu wissen, wer ich bin. Wenn ich mich auf der Leinwand sehe, weiß ich, dass das nicht wirklich ich bin, sondern eine Person, die mir ähnlich sieht. Nie habe ich diese beiden vermischt, das lebende Wesen und die Illusion. Und wenn ich auf der Straße jemandem begegne, der mir zulächelt, freue ich mich einfach, als hätte er mir ein Kompliment gemacht, weil mir meine Arbeit gut gelungen ist. Ich habe nie versucht, die Zuschauer zu verführen, sie anzulügen, sondern habe mich darauf beschränkt, ihnen Träume zu schenken. Warum sollte ich also Schwierigkeiten damit haben, wenn man mich am hellen Tag erkennt?

Die Frauen betrachten mich nicht als Rivalin, und die

Männer behandeln mich mit Respekt, auch wenn sie mich häufig mit »Gina« oder »Sophia« ansprechen … Selten bin ich angegriffen worden, höchstens dass mir jemand zugerufen hat: »Du schminkst dich zu stark!« Dem habe ich dann rasch geantwortet, er solle sich um seine eigenen Angelegenheiten kümmern, und damit war die Sache erledigt. Ich habe noch nie Angst gehabt, vielleicht hat das mich beschützt. Und ich habe es auch nicht nötig, mich in der Öffentlichkeit zu inszenieren. Das hat mir das Leben beträchtlich erleichtert.

Heute habe ich nichts zu verbergen; ich bin, wie ich bin.

Aber man muss nur einmal erleben, welch unglaublichen Wirbel Delons öffentliche Auftritte in Rom auslösen. Für die Italiener wird er niemals *una persona qualunque,* ein ganz normaler Mensch sein. Daher versteckt er sich hinter einer Maske. Charmant, ernst oder würdevoll. Ich kenne den anderen Alain, einen, der schrecklich komisch ist, sensibel, zuvorkommend und verrückt nach seinen Kindern, und erkenne leicht, wann er spielt oder wann er sein wahres Ich ist. Aber nur wenige Menschen haben Zugang zu dem echten Alain. Sie kennen nur »Delon«, diesen Herrn mittleren Alters, der im Schutz seiner Rüstung in den Kampf zieht. In unserem Beruf haben sich viele dafür entschieden, mit zwei Identitäten zu leben, die durch eine exakte Grenze getrennt sind.

Meiner Meinung nach ist die Familie das Wichtigste in diesem Labyrinth, das unser Leben ausmacht. Ich hatte das Glück, eine zu haben. Sie hat mir immer als Orientierung gedient. Meine Verwandten sind Bezugspunkte, die ich brauche. Selten kommt es vor, dass der Ruhm die Beziehung zwischen Eltern und Kindern oder zwischen Geschwistern verändert. Zu Hause hat mich niemand je wie einen Star behandelt. Als alle zu mir nach Italien zogen, war ich kaum älter als zwanzig, und wir machten gleich wieder Radau, spielten Ball, lachten und zankten uns sogar wieder.

Diese »Respektlosigkeit«, die untrennbar von einer aufrichtigen Liebe ist, hat mich immer zurück ins Leben geholt. Aus demselben Grund muss ich meinen Anteil an der Hausarbeit übernehmen, so wie ich meine Stunde Gymnastik brauche. Eine Frage des seelischen Gleichgewichts.

Alain erzählt, dass es Romy immer sehr schwer fiel, ohne Übergang aus dem Kostüm von Sissi, der Kaiserin von Österreich, zu schlüpfen und sich mit den Gasrechnungen und dem leeren Kühlschrank auseinander zu setzen. Ich dagegen finde, dass unsere kleinen Probleme, unsere kleinen Sorgen, uns unseren Mitmenschen näher bringen und uns eine Menschlichkeit wiedergeben, die unser Kinoformat – dieses Gesicht, das die ganze Leinwand einnimmt, diese gestellte Silhouette, diese Großaufnahme eines Blicks, eines Lächelns – uns oft vergessen lässt.

Wenn man Schauspieler ist, streift man seine Haut häufiger ab als eine Schlange. Man weiß, dass die Tiere in dem Moment, in dem sie die Haut wechseln, verletzlich sind. Bei uns ist das ähnlich. Genau wie die Schlangen im Augenblick der Verwandlung müssen wir uns zu unserem Schutz zurückziehen, uns in Sicherheit bringen. Das ist die dunkle Seite unseres Berufs. Aber er hat auch seine helle Seite: diese Freiheit, die er uns schenkt, denn indem wir die Haut wechseln, leben wir tausend Leben.

In vielen Ländern kann man beobachten, dass die Verkleidung im Karneval den Menschen von Hemmungen befreit. Verrückt, was man alles tun kann in einem Kostüm, das nicht zu einem gehört! Der Schüchternste geht aus sich heraus, der Gehemmte gibt sich Ausschweifungen hin, der Depressive wird zum Komiker. Man entdeckt sogar körperliche Fähigkeiten, von denen man im alltäglichen Leben keine Ahnung hat. Auf der Bühne stotterte Louis Jouvet niemals. Bei einem anderen

Schauspieler verschwindet der nervöse Tick, wenn er vor der Kamera steht. Und als ich in der Haut der Mara steckte, der Heldin von *Zwei Tage und zwei Nächte* von Comencini – mit George Chakiris, dem Star aus *West Side Story* –, bin ich Fahrrad gefahren …

Als Kind in Tunesien hatte ich kein Fahrrad. Und nachdem die Jahre vorbei waren, in denen man so etwas wie von selbst lernt, habe ich nie mehr versucht, mich auf zwei Rädern fortzubewegen. Das Gleichgewicht zu halten gehört nicht zu meinen angeborenen Talenten. Aber Mara musste unbedingt mit dem Fahrrad über Land fahren. Ich hätte es lernen können … Aber meine Versuche waren vergeblich, ich bin kein geduldiger Mensch, und ich hatte nur noch wenig Zeit. Also beschloss ich, mich hineinzustürzen, wenn ich vor der Kamera stünde.

Am Startpunkt hielten mich zwei Techniker, die in der Hocke saßen, an den Beinen fest, damit ich nicht umfiel. Als die Klappe fiel, ließen sie los. Und ich bin gefahren.

Nun ja, als Comencini »Schnitt« rief … da kippte ich zur Seite. Mara konnte Fahrrad fahren. Aber Claudia kann es immer noch nicht.

Mit meinem Fahrrad riskierte ich nur ein paar Schrammen. Die »blauen Flecken auf der Seele« dagegen brauchen länger, um zu verheilen. Deswegen müssen wir Acht geben, dass wir uns nicht von den Gefühlen unserer Rollen verschlingen lassen.

Jeder weiß, dass Schauspieler sensibel sind. Das ist sogar eine Conditio sine qua non, um den Beruf auszuüben. Wer sich nicht auf das Spielen einlässt, fällt bei uns sofort auf. Filme, die nur auf einer Marketing-Idee beruhen, haben einen kurzfristigen Erfolg. Wer es nur schafft, seine Rolle mit Intelligenz, Kälte oder Zynismus zu konstruieren, wer sich damit zufrieden gibt, nachzuahmen wie ein Affe, kann kein Schauspieler sein. Er wird niemals auf die Leinwand kommen. Wir müssen die Emotionen, die wir ausdrücken, von innen heraus leben.

Und wehe denen, die nicht gefestigt genug sind!

Um wieder in den Alltag zurückzukehren, hat ganz einfach jeder seine Rituale. Ich zum Beispiel brauche Einsamkeit, Stille. Nachdem ich in der Garderobe war, nachdem ich mich abgeschminkt habe wie der Clown im Zirkus, wird aus Claudia wieder Claude. Und ich gehe nach Hause, wo alles an seinem Platz ist. Alle, die nicht stark genug sind, um in dem ständigen Erdbeben, das unser Beruf darstellt, den Weg nach Hause wiederzufinden, schweben in Gefahr, einer Tragödie zum Opfer zu fallen.

1962 brachte sich Marilyn Monroe um. Sie war sechsunddreißig Jahre alt. In diesen Jahren des Dolce Vita schlug die Nachricht wie eine Bombe ein, wie die Verkündigung eines göttlichen Fluchs oder eine Strafe, verhängt über eine Frau, die zu schön war und zu viel mit den Begierden der Männer gespielt hatte…

Journalisten haben mich zu diesem Thema befragt. Sie wollten wissen, ob ich mich vor diesem Schauspieler-Schicksal fürchte… Warum zogen sie diese Parallele? Das war absurd. Sie und ich hatten keine Gemeinsamkeiten, und das hatte nicht nur mit der Haarfarbe zu tun. Ich fühlte mich durch ihren Tod nicht stärker betroffen, als wäre sie irgendeine junge Frau aus meiner Generation gewesen. Aber ich verstand Marilyns Verwirrung, ihre Verzweiflung. Sie war ein Star, der sich selbst verloren hatte. Aber auch sie hatte nichts, an das sie sich halten konnte! Nicht nur die große Liebe fehlte ihr. Die Anwesenheit einer Sekretärin, eines Arztes, von vorübergehenden Liebhabern konnten nichts gegen die Einsamkeit und das Leiden in ihrer Kindheit ausrichten, das Fehlen einer Familie. Man hatte sie dem Publikum zum Fraß vorgeworfen ohne jemanden, der schützend die Hand über sie hielt. Natürlich war sie furchtbar verletzlich.

Ich dagegen fühlte mich sehr stark und vor allem vollkommen normal. Das verdanke ich Papa, Mama, Blanche, Bruno, Adrien und Beppo, unserem Wolfshund. Meine Familie schenkte mir Sicherheit und Normalität. Wenn wir uns zu Hause unterhielten, war das Elektronikstudium meiner Brüder genauso wichtig wie meine Dreharbeiten. Wir alle hatten unsere Träume, unsere Wünsche, unsere Berufe. Adrien ist Kameramann geworden, aber Blanche konnte mir nicht zum Film folgen; es wäre schwierig gewesen, eine zweite Cardinale durchzusetzen. Jedenfalls behauptete Cristaldi das.

Sicher, ich übte einen etwas merkwürdigen Beruf aus, nicht nur, weil er viel mehr Geld einbrachte als die meisten anderen, sondern weil er auch fernab vom Set noch weiterging, bei Bällen im langen Kleid, Fototerminen, Interviews. Aber ich blieb Claude, die große Schwester, die einen Terminplan wie ein Minister hatte und die andere wie einen Star behandelten. Alle möglichen Reporter befragten mich über dieses, über jenes, aber am Familientisch zählte meine Meinung nicht mehr als die der anderen. Man sprach nicht einmal von den Berühmtheiten, die ich kannte. Meine Mutter betrachtete sie nicht wirklich als »anständige Leute«. Dazu hatten sie zu viel Geld, sie waren zu bekannt. Daher tat sie, als existierten sie nicht. Diese etwas dubiose Welt kam bei uns nicht ins Haus.

So kam es, dass ich selbst zu Alberto Moravia ging, dem größten italienischen Schriftsteller seiner Generation, den die höchst elegante amerikanische Zeitschrift *Esquire* damit beauftragt hatte, mich zu interviewen. Ich suchte ihn in seiner prachtvollen Wohnung in der Nähe der Piazza del Popolo in Rom auf, und er empfing mich in seinem Arbeitszimmer, an seiner Schreibmaschine sitzend.

So ein Interview hatte noch nie jemand mit mir geführt.

Moravia war ungefähr Mitte fünfzig und hatte gleich mit seinem ersten Roman, den er im Alter von erst zweiundzwanzig veröffentlichte, Erfolg gehabt. Er war eine Persönlichkeit, auf die Italien stolz war. Fellini ließ sich stark von seinen Büchern inspirieren, und mehrere wurden von anderen Regisseuren verfilmt: *Und dennoch leben sie* von Vittorio De Sica, mit Sophia Loren, *Die Verachtung* von Jean Luc Godard, mit Brigitte Bardot oder *Die Gleichgültigen* (Gli Indifferenti) von Francesco Maselli, ein Film, in dem ich selbst mitspielte. Moravia veröffentlichte auch Kritiken in *L'Espresso* und stand Pasolini sehr nahe.

Er musterte mich wie ein Maler ein Stillleben oder ein Biologe einen Frosch, immer um den Realismus bemüht, der seine Bücher kennzeichnet. Er versuchte erst gar nicht, meinen Charakter zu erfassen; dafür hielt er sich lange mit der Suche nach dem richtigen Wort auf, das beschrieb, was er sah, als wolle er eine ganz bestimmte Farbnuance einfangen.

Er fragte mich überhaupt nicht danach, was ich dachte, wie ich lebte, sondern bat mich, ihm von meinem Mund, meinen Augen, meiner Haut zu erzählen. Er sezierte mein Bild.

»Sie sagen, Ihre Haare reichten über den Rücken bis zur Taille. Und welche Farbe haben sie?«

Meine Antwort – »dunkelbraun« – gefiel ihm nicht.

»Ich würde eher sagen, dass Ihre Haare kastanienbraun mit einem feurigen Rotschimmer sind. Außerdem fallen ihre Haare nicht glatt und leblos über Brust und Schultern; sie sind lebendig, und ihre Wellen folgen den Formen Ihres Körpers.«

Diese anscheinend kühlen Beschreibungen waren mit einer schwer zu erklärenden, mysteriösen, erotischen Kraft aufgeladen. Dabei war er ein kleiner, schüchtern wirkender Mann. Alles schien ihm aus der Hand zu fallen, und er suchte ständig zwischen seinen fliegenden Blättern nach etwas. Während wir sprachen, tippte er auf seiner alten Schreibmaschine und las mir laut seine Fragen und meine Antworten vor, wie ein Polizist, der ein Protokoll aufnimmt. Ich fühlte mich auf meinem Stuhl ein wenig unwohl und antwortete, so gut ich konnte. Er zeigte keine Regung, weder positiv noch negativ.

Die Zeitschrift war entzückt über das Ergebnis. Der Artikel trug den Titel »The next goddess of love«, die nächste Liebesgöttin … Man schlug Moravia sogar vor, sein Thema weiter zu verfolgen und zu einem Buch zu verarbeiten.

Metaphysische Untersuchungen über die Claudianerie erschien 1963. Zu diesem Zeitpunkt sollte ich der Königin von England vorgestellt werden, in einem Kleid von Nina Ricci, deren Modelle ich damals am liebsten trug. Ich stand auf dem Gipfel des Ruhms.

Ich habe einen Auszug aus meinem Terminkalender wieder entdeckt, den eine französische Zeitschrift veröffentlicht hatte: »Mittwoch, 21. Februar. 9 Uhr 30 bis 12 Uhr 30: Fotos am Ufer des Tiber für das Buch von Moravia. 12 Uhr 30 bis 13 Uhr 30: Mittagessen. 13 Uhr 30 bis 14 Uhr 30: Unterricht in Englisch und zeitgenössischer italienischer Literatur. 14 Uhr 30 bis 15 Uhr 30: Interview mit der Zeitung *Nous autres femmes*. 16 Uhr 30 bis 17 Uhr 30: Anproben für England. 18 Uhr bis 18 Uhr 30: Interview mit einem tunesischen Journalisten. 19 Uhr bis 19 Uhr 30: Abendessen. 20 bis 22 Uhr: Vorführung von *Hörig* (dem letzten Film von Bolognini, dessen Star sie ist, den sie aber bisher nicht gesehen hat).«

Man beobachtete mich wie ein wildes Tier im Zoo. Und man war erstaunt darüber, dass ich mich fühlte wie jedes andere Mädchen. Wie denn? Eine Schauspielerin von dreiundzwanzig Jahren, die ihre Abende nicht in der Diskothek verbrachte? Ein Star der Sechzigerjahre, der nicht selbst einen Sportwagen fuhr?

Tatsächlich tanzte ich Twist und Rock 'n' Roll, aber zu Hause, mit meinen Brüdern. Und dass ich mich nicht selbst ans Steuer setzte, lag daran, dass ich auf Sizilien beinahe meine Assistentin in den Graben gefahren hätte ... Dazu muss ich erklären, dass der Prüfer, der mir den Führerschein ausstellte, dermaßen vom Donner gerührt darüber war, neben einem Filmstar zu sitzen, dass er nicht in der Lage war, festzustellen, ob ich ein Lenkrad halten konnte oder nicht. Aber ich konnte es nicht, wie ich sehr rasch merkte.

Sogar Fellini hatte nicht glauben wollen, dass ich nicht fahren konnte. Er bestand darauf, dass ich selbst den Wagen lenken sollte, in dem Mastroianni schon Platz genommen hatte. Vergeblich erklärte ich ihnen immer wieder, das sei unmöglich; sie wollten einfach nicht hören. Fellini legte sich für die Aufnahmen auf den Boden. Beim Losfahren verwechselte ich die Pedale und hätte ihn fast überrollt!

Ich war also ein merkwürdiges modernes Mädchen, anscheinend sehr frei, aber ständig überwacht von dem Schwarm von Angestellten, mit dem die Vides mich umgab.

Eine kleine Prinzessin aus der zweiten Hälfte des zwanzigsten Jahrhunderts, die den unglaublichen Wohlstand dieser euphorischen Jahre verkörperte, die Heldin einer Zeit des ungebremsten Wachstums, in der alles möglich zu sein schien, sowohl für den Einzelnen als auch für die ganze Gesellschaft.

Noch waren wir nur eine Hand voll Menschen, die von den modernen Errungenschaften, die ihren luxuriösen Anstrich noch nicht verloren hatten, profitierten. Zum Beispiel dem Flugzeug. Alle Staatsmänner, alle Schauspieler ließen sich auf der Gangway fotografieren. Die charmanten Stewardessen umsorgten ihre Passagiere liebevoll. Wir bildeten einen kleinen, sehr exklusiven Club, den Jetset. So stieg ich in Rom in die Maschine, und eine Stunde später war ich in Paris, um auf der Avenue Montaigne oder im Faubourg Saint-Honoré meine Einkäufe zu erledigen.

Diese Art von Leben faszinierte alle. Die Presse vermeldete meine Anwesenheit, man schrieb, ich sei in einem Mantel von Oslo de Balzani, dem größten Kürschner von Rom, in Paris eingetroffen. Als wäre es das Natürlichste von der Welt, berichtete man, ich hätte drei Tage Aufenthalt vor mir und dass ich einige Abendkleider, kleine Kostüme, Accessoires, alle möglichen Taschen, Schals mit Pompons, Pumps aus Krokodilleder auswählen würde... Ich nutzte den Besuch, um bei Alexandre, meinem Friseur vorbeizuschauen, der meine Haare liebte, denn bei mir brauchte er keine Haarteile, um diese gewaltigen Knoten aufzustecken, die er in Mode gebracht hatte und die wir wie einen Hut trugen.

Wer hätte sich ein schöneres Leben erträumen können als meines? Ich war schön, gut angezogen, trug immer ein Lächeln auf den Lippen und war anscheinend reich. Ich hatte meinen Vertrag mit der Vides um fünf weitere Jahre verlängert. Man hatte mir sogar vorteilhaftere Vertragsbedingungen zugestanden, da meine Einspielergebnisse inzwischen auf ungefähr hundert Millionen Francs pro Film gestiegen waren, die weiterhin die Produktionsfirma einkassierte. Dafür bezog ich ein Gehalt, das im Vergleich zu den Summen, die meine Rollen einbrachten, immer lächerlicher wurde. Aber meine Spesen wurden bezahlt, man kümmerte sich um alles, sogar um meine Steuern... Jedenfalls glaubte ich das. Ich war frei von allen materiellen Sorgen und wollte gar nicht so genau wissen, ob ich für dieses bequeme Leben nicht doch einen etwas zu hohen Preis zahlte.

Journalisten haben ausgerechnet, dass ich etwa zwei Millionen Lire monatlich verdiente. Für eine Schauspielerin von meinem Niveau war das nichts. Aber ich hielt mich nicht mit solchen Bedenken auf. Nichts war mir verboten, reichte das nicht aus? Immerhin war das mehr Geld, als unsere Familie je besessen hatte! Wie hätte ich da bei den Abrechnungen kleinlich sein sollen? Ich wollte sie gar nicht verstehen. Wie schon gesagt, ich habe Rechenaufgaben noch nie besonders spannend gefunden.

Im Sommer 1963 konnte ich meine ganze Familie nach Rom holen. Meine Großeltern – Rose, fünfundsiebzig, und Gaspard, achtzig – waren noch nie geflogen. Ich holte sie am Flughafen ab. Als meine Großmutter den Fuß auf die Gangway setzte, bekreuzigte sie sich. Zum ersten Mal sah sie den Himmel über der italienischen Hauptstadt.

Ich besaß damals ein schönes Anwesen, das Casale Sant' Anna, das etwa zwölf Kilometer von Rom entfernt an der Via Flaminia lag, und ein Sommerhaus in der Toskana, das inmitten von Pinien gelegene Castiglione della Pascaia. Visconti hatte in mir die Leidenschaft für Inneneinrichtung und Antiquitäten erweckt. Ich gärtnerte. Es konnte sogar vorkommen, dass ich mir zwischen zwei Filmdrehs tatsächlich ein paar Tage Ferien nahm.

Abgesehen von diesen Zeiten, in denen ich mich zu Hause mit meiner Familie zurückzog, waren meine Tage vollständig von der Produktionsfirma organisiert. Nie hatte ich einen ruhigen Augenblick, man schmeichelte mir, man umschwirrte mich, man überwachte mich. Ich war vollständig mit Beschlag belegt.

Aber ich war noch jung. Die Mädchen meines Alters neigten damals nicht dazu, zu rebellieren oder Forderungen zu stellen. In meinem Leben gab es einiges, das mir nicht gefiel, doch ich schwieg still. Noch besser, ich lächelte. Immer. Wenn ich die Vor- und Nachteile abwog, wie hätte ich mich da beklagen können?

Ich wusste schon immer, was ich wollte, und stelle die Freiheit, die Unabhängigkeit über viele andere Werte wie Sicherheit und Komfort. Vielleicht schnürte sich mir ein wenig das Herz zusammen, wenn ich sah, wie meine Schwester zu einem Rendezvous mit ihrem Liebsten eilte. In solchen Momenten fühlte ich mich wie ein Tier in einem Käfig. Ständig unter Beobachtung, ständig in meinen Bewegungen behindert.

Und es gefiel mir auch nicht, dass mein Sohn mit einer Lüge aufwuchs. Ich hatte vergeblich dafür gekämpft, dass er die Wahrheit erfuhr, doch jetzt war es zu spät… oder noch zu früh. Er lebte in dem Glauben, der Sohn meiner Mutter zu sein, wie hätte ich ihm jetzt enthüllen können, dass wir ihn angelogen hatten? Ich musste warten, bis er größer war. Mich zurückhalten und seine Kindheit, die Zeit, in der eine Mutter und ihr kleiner Sohn eine ganz besondere Beziehung haben, verstreichen lassen.

Auch die Liebe war mir noch nicht begegnet… Das Gefühl, von dem die jungen Mädchen träumen, die große Liebe… Am Set war ich für alle die kleine Freundin des *produttore*. Ein damals ganz übliches Arrangement für eine Schauspielerin. Man denke an Dino De Laurentiis und Silvana Mangano, David. O. Selznick und Jennifer Jones, Carlo Ponti und Sophia Loren… Und dann waren da noch Franco Cristaldi und Claudia Cardinale.

Wahrscheinlich war ich die Einzige, die überrascht über diese Entwicklung war, diese langsame Veränderung in unserer Beziehung. War das nicht schon seit langem logisch gewesen, seit Franco meiner Mutter meine Schwangerschaft mitgeteilt hatte, so wie er unter anderen Umständen um meine Hand angehalten hätte? Wie ein richtiges Familienoberhaupt hatte er sich um alles gekümmert, um meine Reise nach London, die Klinik, sogar das Kindermädchen für Pit. Dadurch, dass er praktisch die Rolle eines Ehemanns spielte, wurde er es schließlich. Beinahe jedenfalls, denn er war bereits verheiratet. Doch als ich ihn kennen lernte, lebte er schon von seiner Frau getrennt. Ich habe noch nie einer anderen den Mann weggenommen.

Aber war das wirklich die Freiheit, von der ich geträumt hatte, als ich mit achtzehn beschloss, dass ich es schaffen würde, mein Kind allein großzuziehen?

Cristaldi hatte viele Eigenschaften, die für ihn sprachen. Er sah gut aus, und ich war ihm unendlich zu Dank verpflichtet, weil er mir in einer Zeit geholfen hatte, als ich nicht mehr weiter wusste... Aber im Zentrum seines Lebens stand ein kleines Gebäude mit drei Etagen: seine Firma. Er schenkte mir Schmuck, Pelze... doch ich hatte den Eindruck, dass er sich damit eher den Konventionen beugte und weniger einem Drang des Herzens folgte. Immer noch kaufte er mich. Besonders das sorgte dafür, dass ich mich unwohl fühlte. Also gab ich mir Mühe, ihm zu zeigen, dass ich nichts brauchte, verlangte niemals etwas von ihm und drängte ihn zu nichts.

Außerdem waren wir beide kaum jemals allein miteinander.

Unsere Beziehung dauerte nun schon längere Zeit. Aber trotzdem lebten wir nicht zusammen wie ein richtiges Ehepaar. Abgesehen von kurzen gemeinsamen Reisen, die mehr oder weniger berufliche Motive hatten, verlief unser Leben vollständig getrennt. Und was noch erstaunlicher war, ich schaffte es immer noch nicht, ihn »Franco« zu nennen... Er blieb »Cristaldi«. Im Grunde glaube ich, dass ich ihn bewunderte. Das war alles.

Im September 1963 trat Pit mit fünf Jahren in ein französisches Internat ein, das Collège Notre-Dame-de-la-Compassion in Neapel. Meine Eltern ließen sich in der Nähe nieder, um ihn am Wochenende zu sich holen zu können. Das war direkt nach der Goldenen Palme für *Der Leopard* und dem unglaublichen

Erfolg von *8½*. Außerdem hatte ich noch in Siena *Zwei Tage und zwei Nächte* von Comencini gedreht.

Cristaldi hatte nie zugeben wollen, dass Lombardo die Oberhand über ihn gewonnen hatte, dabei hatte er entschieden großes Glück gehabt, denn der andere Produzent war mit *Der Leopard* finanziell k.o. gegangen. Jetzt wollte er unbedingt zeigen, dass er Manns genug war, es besser zu machen. Und dann kam Visconti höchstselbst und bot ihm die Gelegenheit, auf die er wartete.

Seit *Der Leopard* nannten die Filmleute ihn nur noch *il conte Rovinapopolo*, den Grafen, der das Volk ruiniert … Sogar Dino De Laurentiis hatte *Die Bibel*, den Film, in dem er eine Episode inszenieren sollte, nicht finanzieren wollen. Aber das Kino war Viscontis Droge. Für einen Film fürchtete der Grandseigneur sich vor keiner Demütigung. Eines Abends sprach er Cristaldi, den er 1960 noch mit Beleidigungen überschüttet hatte, einfach an.

»Wann drehen wir zusammen einen Film?«

Sein Hauptargument: meine Person.

Der Drehbuchautor Suso Cecchi d'Amico erzählte später, wie die beiden tagelang nach einer passenden Rolle für mich suchten. Irgendjemand brachte anscheinend den Namen von Elektra auf, der Tochter von Agamemnon und Klytämnestra aus der griechischen Mythologie. Ein junges Mädchen, das berühmt wurde, weil sie ihren Bruder vor dem Liebhaber ihrer Mutter, der zugleich der Mörder ihres Vaters ist, schützt. Und dann die Rache in die Tat umsetzt.

In Viscontis Version spielt die Geschichte in der Nachkriegszeit. Sandra / Elektra ist Jüdin, und ihr Vater ist in einem Konzentrationslager umgekommen. Viscontis Film beruht ausschließlich auf der Idee einer diffusen, kollektiven Schuld. Und der des Inzests, der sie besiegelt.

Visconti wusste, dass er mit *Der Leopard* einen Höhepunkt seines Schaffens erreicht hatte. Jetzt wollte er beweisen, dass er auch in der Lage war, das genaue Gegenteil einer Großproduktion zu drehen.

Sandra entstand in weniger als zwei Monaten, zwischen dem 26. August und dem 18. Oktober 1964. Es ist ein persönlicher Film in Schwarzweiß, in einem Zug und ohne Zögern gedreht, der in Venedig den Goldenen Löwen erhalten sollte. Aber ein weiterer kommerzieller Misserfolg... Visconti war achtundfünfzig Jahre alt und hatte einen neuen Liebhaber, Helmut Berger, den Gala, die Frau von Dalí, ihm bei den Dreharbeiten vorgestellt hatte. Er hatte noch zehn Jahre zu leben, in denen er Erfolge am Theater und Triumphe an der Oper feiern sollte, seine Filme aber zu Misserfolgen gerieten.

Die glühende Sonne, die er an unseren Himmel gesetzt hatte, dieses Licht, das unser Leben erhellt hatte, war bereits im Untergehen begriffen.

1972 sollte Visconti einen Schlaganfall erleiden, in dessen Folge er halbseitig gelähmt war. Drei Jahre später würde er im Rollstuhl seinen letzten Film drehen. Bis zu seinem Tod 1976, während der Synchronisation von *Die Unschuld*, war der Film für ihn wie eine Geliebte: schicksalhaft, grausam, unersättlich und umso unentbehrlicher, je mehr sie ihn quälte.

Lieber Luchino... Damals hatte mein Leben sich sehr verändert. Ich war tausende Kilometer fort von dir, im Körper wie im Geist. Genau wie die größten italienischen Schauspielerinnen vor mir, wie Alain, der sich ungefähr in denselben Jahren ins Abenteuer stürzte, war ich den Verlockungen Hollywoods erlegen.

Oben links:
Wie ein Engel sehe ich auf dem Foto von meiner Ersten Kommunion aus. Ansonsten war ich ein Mädchen, an dem ein Junge verloren gegangen war, und träumte davon, Grundschullehrerin zu werden ... aber in der Wüste!

Unten:
Ich hatte ja keine Ahnung, dass meine zufällige Anwesenheit bei der Wahl der »Schönsten Italienerin von Tunis« mir ganz neue Horizonte eröffnen würde ...

Oben rechts:
Meine erste Szene: In *Diebe haben's schwer* von Mario Monicelli (1958) spiele ich Carmela, die einem Freund ihres Bruders die Tür vor der Nase zuschlägt. Und das habe ich auch mit ganzer Kraft getan! Anschließend erklärte man mir, dass man im Film immer nur so tut, als ob ...

Oben links:
Ich stand bei der Produktionsfirma Vides unter Vertrag, die große Filmprojekte mit mir plante, und lebte wie eine Prinzessin. Und dabei war ich noch keine zwanzig ...

Oben: Einundzwanzigster Geburtstag mit meinen Geschwistern. Von links nach rechts: Bruno, Adrien und Blanche.

Unten: Franco Cristaldi, Direktor der Vides und der Erste, der an mich glaubte. Rechts sein Sohn Massimo.

Oben: Unter glatter Haut (1959). Bis dahin hatte das Kino mich noch nicht in seinen Bann geschlagen. Doch dieser Film von Pietro Germi war eine Offenbarung.

Unten: Vor Salonlöwen wird gewarnt (1961) von Henri Verneuil. Mein erster Film in Frankreich, und das mit einer Starbesetzung! (Hier mit Michèle Morgan)

Oben: In *Das Haus in der Via Roma* (1961) von Mauro Bolognini spielte ich neben Jean-Paul Belmondo die Bianca: eine der schönsten Rollen meiner Karriere.

Unten: Im selben Jahr drehte ich mit Jean-Paul *Cartouche, der Bandit* von Philippe de Broca. Unsere Albereien sorgten am Set für Humor und gute Laune.

Oben:
Der Leopard (1963)
Alain Delon,
Burt Lancaster
und ich ...
Luchino Visconti
führte uns zu
einem vollkommen
neuen Verständnis des
Schauspielberufs.

Unten links:
In Angelicas Robe aus
Spitzen und Seide
lehrte Visconti mich,
schön zu sein.

Unten rechts:
Lancaster und
Visconti: Eine Freund-
schaft, die diesen
Film überdauerte ...

Oben: Lieber Luchino ... Mein Meister. Ich war »Ihre« Claudine, mit der Sie nur Französisch sprachen und die Sie mit Geschenken überhäuften.

Unten: Sandra (1965) Diese Rolle bot mir Visconti an, weil er gern wieder mit mir zusammenarbeiten wollte.

Unten links:
Federico Fellini, der »große Zauberer« der Filmgeschichte.

Unten rechts:
In *8½* (1962) bin ich die Muse, die Traumgestalt, die einem depressiven Regisseur - gespielt von Marcello Mastroianni - neue Inspiration schenkt.

Oben:
Der rosarote Panther von Blake Edwards (1963), hier mit David Niven. Damit ich meine Rolle als indische Prinzessin perfekt verkörperte, schreckte Blake nicht davor zurück, mich ohne mein Wissen unter Haschischdämpfe zu setzen!

Unten:
1963
In einem Kleid von Nina Ricci werde ich Königin Elisabeth vorgestellt.

Oben links und rechts:
Bei den Dreharbeiten
zu *Zirkuswelt*
von Henry Hathaway
(1964) hielten zwei
Hollywood-Größen
die Hand über mich:
John Wayne
und Rita Hayworth.

Unten:
Rock Hudson, mein
bester Freund
in Amerika. Noch
heute spüre ich
manchmal seine
gewaltige und warm-
herzige Gegenwart.

Oben:
Die gefürchteten Vier von Richard Brooks (1966), unbestreitbar mein bester amerikanischer Film.

Unten:
Bardot - Cardinale oder: B.B. gegen C.C., die Französin und die Italienerin. Die Presse spielte uns gegeneinander aus, und Christian Jaque machte einen Film daraus: *Petroleum-Miezen* (1971). Hier die berühmte Kampfszene: ein paar Kratzer, aber eine schöne Erinnerung ...

Oben:
Meine Schwester Blanche besucht mich am Set. Der bezaubernde kleine Junge an ihrer Seite ist niemand anderes als Patrick, mein größter Schatz, den ich so lange hatte verstecken müssen.

Unten:
Spiel mir das Lied vom Tod von Sergio Leone (1969).

Oben:
Effektvoll drapierte Tücher, diskret gefilmte Küsse ... eine Liebesszene mit Henry Fonda, züchtig und doch zutiefst erotisch.

Unten:
Entspannte Plauderei zwischen zwei Aufnahmen mit Charles Bronson und Jason Robards.

Oben und Mitte:
Fitzcarraldo (1982). Heftige Zusammenstöße zwischen Werner Herzog und Klaus Kinski, ein unerträgliches Klima, rebellierende Indianer und ein Dampfschiff, das durch den Dschungel geschleppt wurde: Diese Dreharbeiten hatten wirklich apokalyptische Züge!

Unten:
Pasquale Squitieri und ich feiern den ersten Geburtstag unserer geliebten Tochter Claudia.

Oben links: Ich hatte nie Angst, für einen Film mein Äußeres vollkommen zu verändern. In *La Storia* von Luigi Comencini (1986) spiele ich eine Lehrerin, die durch das Unglück früh gealtert ist …

Oben rechts: Und in *Mayrig – Die Straße zum Paradies* von Verneuil (1991) bin ich fünfundachtzig Jahre alt!

Unten: Am Set von *Mayrig – Heimat in der Fremde* sehe ich den Regisseur Henri Verneuil (rechts) und Omar Sharif wieder. Fünfunddreißig Jahre zuvor hatte Sharif in Tunis am Tor meiner Schule auf mich gewartet, um mir eine Filmrolle anzutragen.

Oben links: Ich habe viele Sterne gesehen ... Manche haben mich geblendet, andere sind erloschen. Aber meine liebsten Sterne erhellen die Zukunft ...

Oben rechts: Mein Sohn Patrick (mit sechzehn Jahren).

Mitte links: Meine schöne Claudia heute.

Mitte rechts: Pasquale ...

Unten links: Diese Rose trägt meinen Namen. Rosen ... wie man sie im Theater überreicht bekommt, meiner neuen Leidenschaft. Blütenblätter ... von mir sollen Blütenblätter bleiben.

Meine amerikanischen Freunde

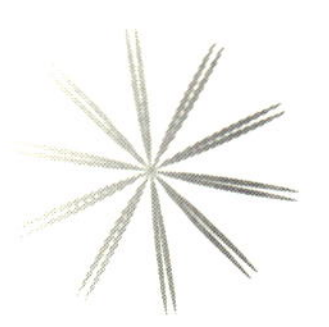

Meine italienischen Lehrer hatten mich auf einen Weg gebracht, der mir alle Türen öffnete. Es gab nicht den geringsten Grund, ausgerechnet jetzt anzuhalten. Damals träumten alle von Amerika. Die USA waren das Symbol für die moderne Welt. Die Amerikaner, die meine Eltern in Tunis hatten landen sehen, waren Sieger geblieben. Niemals waren die Vereinigten Staaten so mächtig, so wohlhabend, so beherrschend erschienen wie in der zweiten Hälfte des zwanzigsten Jahrhunderts.

Sicher, Visconti oder Fellini hegten keine Bewunderung für den »American Way of Life«, den man uns überstülpen wollte. Sie träumten von einer »zivilisierteren«, menschlicheren Gesellschaft. Ich glaube, dass kein Poet sich vollständig auf eine materialistische Sicht der menschlichen Beziehungen einlassen kann. Die größte Demokratie der Welt wurde von Gewalt zerfressen. Der Mord an Kennedy 1963, diesem Präsidenten, der gut aussehend wie ein Filmstar und mit einer Frau verheiratet war, die berühmter war als die größte Diva, hatte ein spektakuläres Schlaglicht darauf geworfen.

Doch wer Karriere beim Film machen wollte, konnte sich dem Sog Hollywoods nicht entziehen, das damals seine Dreharbeiten exportierte und so überall auf der Welt seine Überlegenheit verkündete. Cinecittà war nur noch ein Anhängsel. Die italienische Filmindustrie verlegte sich auf die kostspielige Produktion von Monumentalfilmen und anderen Großprojekten, um sich gegen das Fernsehen zu behaupten, das auf der anderen Seite des Atlantik schon seit zehn Jahren das Kino Stück für Stück verdrängte. Diesem heimtückischen Ungeheuer hatte der Hollywood-Film den Krieg erklärt. Und er rief alle Soldaten der Welt zum Kampf, auch uns Europäer, sofern wir bereit waren, uns in das Schema eines internationalen Stars pressen zu lassen.

Meinen ersten amerikanischen Film drehte ich in Rom: *Der rosarote Panther* (Pink Panther), den Beginn einer Serie von Blake Edwards.

Der mit Julie Andrews verheiratete Regisseur war kein Unbekannter. Er hatte bei einigen Dramen und Komödien Regie geführt, aber erst mit der Burleske wurde er einem breiten Publikum bekannt. Und der erste seiner großen Erfolge war dieser Film, für den er mich engagiert hatte.

Die Geschichte war einfach: Eine indische Prinzessin besitzt den größten Diamanten der Welt. Das Schmuckstück erweckt die Begehrlichkeit des Gentleman-Einbrechers – David Niven –, der darauf spezialisiert ist, die Tresore der oberen Zehntausend zu knacken. Und Inspektor Clouseau – Peter Sellers –, ein französischer Polizist, versucht ihn aufzuhalten.

Ich spielte die Rolle der indischen Prinzessin. Damit ich asiatischer aussah, frisierte man mir die Haare so straff, dass meine Augen nach hinten gezogen wurden. Eine echte Freude für meine Kopfhaut, nachdem sie sich kaum von der mit Spangen festgesteckten Haube erholt hatte, die ich bei Comencini hatte tragen müssen, damit man meine Mähne unter eine kurze blonde Perücke pressen konnte.

Blake Edwards war als Mensch ebenso bizarr wie seine Drehbücher. Er war Yoga-Fan und verbrachte lange Zeit im Kopfstand. Er meinte, wenn er uns seine Anweisungen aus dieser

Stellung erteile, müssten wir uns konzentrieren… Ich musste Englisch sprechen, was nicht so einfach war, vor allem, da Blake mich mit meiner längsten Szene beginnen lassen wollte; die, in der Prinzessin Dala, auf einem Tigerfell liegend und sturzbetrunken, versucht, den Klauen des gut aussehenden Gentleman zu entrinnen, in dem sie einen skrupellosen Verführer vermutet.

Ich war ein wenig nervös. »Nicht so schlimm«, sagte Blake zu mir, »entspann dich. Geh dich etwas ausruhen, nachher fällt es dir leichter.«

Und er nutzte eine kleine Unterbrechung, während der man die Szene einleuchtete, um mich beiseite zu führen, in ein kleines Zimmer.

Ich setzte mich ganz still hin und atmete tief, wie er es mir empfohlen hatte. Mir gegenüber saß ein Mann, den ich nicht kannte und der kein Wort sprach. Er rauchte, und neben ihm saß sein Hund.

Eine komische Idee, mich in ein abgeschlossenes, von Qualm erfülltes Zimmer zu schicken, damit ich Atemübungen machte. Aber ich war gerade erst am Set eingetroffen und verstand nicht allzu viel von dem, was vor sich ging, daher tat ich, was der Regisseur von mir verlangte. Ein- oder zweimal öffnete Blake die Tür einen Spaltbreit.

»Alles klar?«

Ja, alles war in Ordnung. Aber ich langweilte mich, so eingesperrt da drinnen. Der Mann sagte immer noch kein Wort, und sogar sein Hund war eingeschlafen. Am liebsten hätte ich es ihm nachgetan.

Dann stieß Blake ein weiteres Mal die Tür auf.

»So, jetzt ist es Zeit«, sagte er.

Viele, viele Jahre später, als Blake und ich uns 1992 zu seinem letzten Film, *Der Sohn des rosaroten Panthers* (Son of the Pink

Panther) trafen, bekam ich die Erklärung, nach der ich ehrlich gesagt nie gesucht hatte, weil ich keine Ahnung hatte: Der Mann, der bei mir saß, hatte Haschisch geraucht… Das war zur Zeit der Beatles, der Indienreisen und anderer psychedelischer Erfahrungen.

Blake hatte sich diese List einfallen lassen, um mich zu entspannen, damit ich so natürlich wie möglich die Rolle einer indischen Prinzessin spielte, die unter dem Einfluss einer westlicheren Droge stand, nämlich Champagner. Er hatte auf den richtigen Zeitpunkt gewartet – bis der Hund eingeschlafen war –, um mit der Aufnahme zu beginnen…

Ich war vollkommen erschlagen. Von seiner Dreistigkeit ebenso wie von meiner eigenen Naivität. Mir war nicht einmal aufgefallen, dass in diesem Zimmer ein merkwürdiger Geruch herrschte! Aber ich hatte die berühmte Szene mit David Niven ohne Unterbrechung gespielt, wie Blake es von mir verlangte.

Blake gehört zu den komischsten Männern, denen ich je begegnet bin. Neben ihm bildete der wohlerzogene, reservierte David Niven einen witzigen Kontrast. Doch auch David besaß viel Humor. Er war es, der sich das Kompliment ausdachte, das keinem von den Hunderten von Männern, die mir schrieben und um meine Hand anhielten, eingefallen war.

»Claudia ist die schönste Erfindung Italiens… gleich nach den Spaghetti!«

Peter Sellers dagegen, bei dem im Film jede Bewegung, jeder Auftritt eine Ungeschicklichkeit einleitet oder eine Katastrophe auslöst, Peter Sellers, der uns beim Drehen derart zum Lachen brachte, dass es manchmal schwierig war, mit ihm zu arbeiten, war ein außerordentlich finsterer Mensch, sobald die Kameras ausgingen. Der König des Gags, gegen den sich alle Gegenstände zu verschwören schienen, der mit seinem zugleich strengen und verdutzten Blick so unwiderstehlich komisch wirkte, war ein wandelndes Paradox. In meinem ganzen Leben bin ich keinem traurigeren Schauspieler begegnet. Bei ihm war leicht zu erraten, warum er das Bedürfnis hatte zu spielen! Er konnte sich nicht leiden und machte sich über sich selbst lustig. Und außerdem war er bis über beide Ohren in Sophia Loren verliebt, die auf seine Annäherungsversuche nicht reagierte. Aber auch wenn sie es getan hätte, bin ich nicht sicher, ob das etwas geändert hätte. Der großartige Peter Sellers filmte, weil er das Gefühl hatte, ohne die Kameras nicht zu existieren.

Für *Der Sohn des rosaroten Panthers* hatte Blake ein weiteres Phänomen entdeckt, Roberto Benigni, der den Sohn von Peter Sellers spielte. Er kam auf die Idee, mich anzurufen und »Mama! Mama!« zu brüllen, als ich abnahm. Ich muss zugeben, dass ich mich zuerst fragte, wer dieser Verrückte sein mochte, bis ich dann darauf kam, dass es sich um meinen Partner handelte…

Auch Roberto ist unwiderstehlich komisch. So komisch, dass Blake Edwards während der Dreharbeiten, die in Jordanien und London stattfanden, gezwungen war, sich während der Aufnahmen zurückzuziehen und die Regie seinem Kameramann zu überlassen, weil er sich sonst vor Lachen ausgeschüttet hätte. Wer hätte damals – sechs Jahre bevor er in Cannes für *Das Leben ist schön*, dieses poetische Meisterwerk, die Goldene Palme erhielt – geahnt, dass er auch ein unglaublich gebildeter Mensch war, der für mich beim Abendessen stundenlang Dante rezitierte?

Für Comencini hatte ich mich auf einem Fahrradsattel gehalten; und Blake stellte mich für eine Verfolgungsjagd im Schnee auf Skier! Die Loipe fiel mir leicht, aber ich war noch nie in meinem Leben einen Abhang hinuntergefahren. Doch ich wollte mich partout nicht doubeln lassen. Dazu hatte ich viel zu viel Spaß an solchen unmöglichen Unterfangen... Und außerdem dachte ich immer: »Wenn ich will, dann kann ich auch.« Wie damals auf dem Rad hielten zwei Techniker mich am Start an den Beinen fest, und zwei andere fingen mich am Fuß des Abhangs auf... Und ich tat zwischen den beiden Punkten mein Bestes. Ich bin nicht einmal gestürzt. Ich glaube, wir Schauspieler haben einen ganz speziellen Schutzengel.

Mit dieser Einstellung bereitete es mir keine Schwierigkeiten, *Zirkuswelt* (Circus World) zu drehen. Warum sollte ich mit etwas gutem Willen keine Trapezartistin spielen können?

Jetzt war ich Toni, die Akrobatin, die in den Rodeo-Star verliebt ist. Die Dreharbeiten fanden in Spanien statt. Aber wir wurden umsorgt, gehegt und beschützt wie in Hollywood und logierten in den berühmten Wohnwagen – mit Schminkraum, Küche und Schlafzimmer –, die mehr von einem Rolls Royce als von einem Caravan haben und deren Länge und Ausstattung in den USA in den Verträgen der Stars festgelegt werden.

Henry Hathaway, unser Regisseur, war 1935 mit *Bengali* bekannt geworden und geradezu ein Symbol für die Glanzzeit Hollywoods. Sein Film *Zirkuswelt* brachte zwei amerikanische Ikonen zusammen: John Wayne, der damals sechsundfünfzig war, mit seinen zwei Metern ein Baum von einem Mann, der für uns alle immer »der letzte Riese« bleiben sollte, wie sein letzter Film in Frankreich heißt (In Deutschland: *Der letzte Scharfschütze*); und den Star der Kriegsjahre, Gilda, oder besser gesagt Rita Hayworth, die mir damals mit ihren fünfundvierzig Jahren uralt vorkam.

In dem Film sollten die beiden meine Eltern spielen!

Ich war Rita schon einmal begegnet, bei einem ersten Besuch in Hollywood, als die Universal Studios mich unter Vertrag nehmen wollten. Ich fühlte mich geschmeichelt und war zu neuen Abenteuern bereit. Aber schon meine erste Sitzung im Schminkraum hatte mir rasch klar gemacht, dass ich mich getäuscht hatte. Man wollte mir einen »neuen Look« verpassen, anscheinend, um mich an die Anforderungen des amerikanischen Marktes anzupassen… Ein Verantwortlicher für ich-weiß-nicht-was kam und erklärte mir, wie ich meine Haare schneiden sollte, warum mein Make-up unmöglich war und wie ich mich anziehen sollte, um auszusehen wie eine Amerikanerin.

Ich war verblüfft und hatte nicht die geringste Lust, mir das gefallen zu lassen.

»Ich trage Nina Ricci«, antwortete ich, »und es kommt gar nicht in Frage, dass ich Ihre merkwürdigen Einfälle mitmache. Warum haben Sie ausgerechnet mich geholt, wenn sie eine andere aus mir machen wollen?«

Damit löste ich einen richtigen Skandal aus, und wir unterzeichneten keinen Vertrag. Aber bei dieser Gelegenheit machte ich zwei sehr bewegende Erfahrungen: Ich setzte mich an Marilyns alten Schminktisch, und ich begegnete Rita.

Man muss verstehen, was das für ein Mädchen meiner Generation bedeutete, das noch einige Erinnerungen an die Nachkriegszeit hatte. Gilda, die überwältigende Heldin des Films von Charles Vidor, *Lady von Shanghai*, bei dem ihr Mann, Orson Welles, Regie geführt hatte. Sie war der Star, deren Kurven man bei den Atomversuchen auf eine Bombe gezeichnet hatte! Da war es doch wohl erlaubt, weiche Knie zu bekommen, oder?

Als ich dann vor ihr stand, musste ich mich tatsächlich setzen. Wie aufregend! Aber auch sehr traurig… An ihr unsterbliches Gesicht erinnerte sich jeder, aber im wahren Leben konnte man auf ihrem Gesicht die Verheerungen ablesen, welche die Zeit, die Trauer und der Alkohol angerichtet hatten.

Rita Hayworth zu sehen war erschütternd. Sie durchlebte die schlimmste Tragödie, die einem Star zustoßen kann, einen langsamen Niedergang. Litt sie schon unter der Alzheimer-Krankheit, als ich sie kennen lernte? Ich weiß es nicht; ich weiß nur, dass sie zutiefst unglücklich war.

Bei den Dreharbeiten zu *Zirkuswelt* erschien sie eines Tages mit blauen Flecken im Gesicht. Ich habe keine Ahnung, wer sie ihr zugefügt hat. Aber ich glaube, sie hatte große Probleme mit ihren Kindern, die es nicht ertrugen, sie trinken zu sehen. Es war herzzerreißend, eine Göttin in diesem Zustand zu sehen.

Mit meinen vierundzwanzig Jahren, meinem Lächeln, meinen Erfolgen kam ich mir beinahe deplatziert vor. Am liebsten hätte ich sie in die Arme genommen, sie getröstet. Eines Tages saßen wir beide vor den Glühbirnen der Spiegel, um zwischen zwei Szenen unser Make-up zu erneuern.

»Auch ich war einmal schön«, sagte sie und sah mich an.

Was für ein Kompliment aus ihrem Mund, aber wie entsetzlich trostlos auch … Ich konnte nicht anders, ich brach in Tränen aus. Mein Gefühlsausbruch hat sie sehr berührt. In diesem blendenden Licht, das nichts vergibt, ließen wir unsere Masken fallen. Aber ich war machtlos. Es blieb mir nichts anderes übrig, als mich dem Schicksal zu beugen und sie vielleicht einen Augenblick lang auf ihrem Weg zu begleiten.

Manch einer hört vielleicht mit Erstaunen, dass man bei Dreharbeiten enge Beziehungen eingeht, die aber trotzdem oft beendet sind, wenn die letzte Klappe fällt. Aber so ist es. Am Set haben wir Schauspieler nun einmal keine andere Familie als die, die uns durch die Besetzung zuteil wird.

In diesem Film war Rita, wie schon gesagt, meine Mutter. Und das blieb sie auch am Abend, wenn die Lichter ausgingen.

Fellini behauptete stets, ich sei ein Medium, ich hätte ein Talent dazu, die Menschen zu verstehen… Ich glaube das ebenfalls, aber bei Rita brauchte man nicht besonders sensibel zu sein, um sich ihre Tragödie vorzustellen.

Was John Wayne anging, hatten einige Leute mir das Schlimmste prophezeit. Aber sosehr ich unter Rod Steiger gelitten hatte, der in *Die Faust im Nacken* den Bruder von Marlon Brando spielt, der in *Die Gleichgültigen* mein Partner war und dessen Blick – ganz Actor's Studio – nicht die geringste Emotion vermittelte, so wohl und vertrauensvoll fühlte ich mich in Gesellschaft von John Wayne, diesem beeindruckenden Kleiderschrank von einem Mann.

Während der gesamten Dreharbeiten nahm er mich, wenn er umherging, bei der Hand – seine Pranke war bestimmt dreimal so groß wie mein Händchen –, als wäre ich auch nach Drehschluss immer noch sein kleines Mädchen. Er mochte mich gern, und ich glaube, ich kenne den Grund. Ich hatte ihn verblüfft, als ich mich wieder einmal weigerte, mich doubeln zu lassen. Es kam gar nicht in Frage, dass jemand anderes als ich sich zehn Meter über dem Boden an dieses verflixte Trapez klammerte! Unmöglich, dass eine andere als ich auf einem galoppierenden Pferd akrobatische Kunststücke vollführte! Und dabei sah er ganz genau, dass ich vor Angst bibberte, dass ich unter Höhenangst litt und mich manchmal krampfhaft an der Mähne meines Pferds festkrallte.

»Du bist keine Frau, du bist ein Kerl!«, sagte er einmal zu mir, ohne zu ahnen, wie sehr dieses Kompliment mich berührte.

Noch jemand, der begriffen hatte, dass sich hinter meinem verführerischen Äußeren ein Mädchen verbarg, das ein halber Junge war.

Je mehr man mich bat, komplizierte, riskante Dinge zu tun,

umso besser amüsierte ich mich. Wenn ich nicht bis an meine Grenzen gehen musste, bekam ich sehr rasch Langeweile.

Schauspieler haben die Gewohnheit, einander am letzten Drehtag Geschenke zu machen. Bevor das Leben sie trennt, empfinden sie das Bedürfnis, einander mitzuteilen, dass sie diese kurze Zeit, in der sie zum selben Clan gehört haben, nicht vergessen werden.

John Wayne hatte für mich den gleichen Stuhl anfertigen lassen, wie er ihn besaß; so einer, wie man ihn in Western sieht, sehr hoch, mit einem Steg, auf dem man die Stiefel absetzen kann, und in das Leder der Rückenlehne war mein Name eingraviert. Ein herrliches Geschenk, von dem ich mich nie wieder getrennt habe.

Einige Monate später kam ich nach Hollywood, um mich dort niederzulassen. Und John rief mich an, nur um mir zu sagen: »Wenn du etwas brauchst, egal was, dann weißt du, dass ich für dich da bin.« Und aus dem Munde dieses Cowboys waren das keine leeren Worte.

Mein bester amerikanischer Film ist zweifellos *Die gefürchteten Vier* (The Professionals) von Richard Brooks aus dem Jahr 1966. Es ist die Geschichte einer Gruppe von Söldnern, die die Aufgabe haben, die Frau eines reichen Geschäftsmannes zu retten, die angeblich von Revolutionären entführt worden ist.

Wir drehten an der Grenze zwischen Arizona und Utah, im Monument Valley, einer grandiosen und überirdischen Kulisse. Jetzt begegnete ich meinem Freund Burt Lancaster, dem Fürsten Salina, den ich seit den Dreharbeiten zu *Der Leopard* nicht wiedergesehen hatte, in einer Rolle, die eher den Erwartungen seines Publikums entsprach. Der Misserfolg von *Der Leopard* in den Vereinigten Staaten hatte ihn überhaupt nicht verbittert. Die sechs Monate, die er auf Sizilien verbracht hatte, in dieser Welt, die seiner eigenen so fremd war, hatten, glaube ich, seine Sicht der Welt verändert. Und er war weiterhin mit Visconti befreundet, den er regelmäßig in Rom besuchte.

Morgens machte er stets am Fenster seine akrobatischen Übungen. Damals war er fast fünfzig, aber er hatte immer noch einen fantastischen Körper.

Alle meine »Söldner« waren richtige Originale, zum Beispiel Lee Marvin, von dem ich mich abends in der Bar verabschiedete und der am nächsten Morgen immer noch auf demselben Platz saß. Auch er war ein Naturereignis. Selbst nach den schlimmsten nächtlichen Zechgelagen verpasste er nie einen Drehtag, nicht einmal die Vorführung der Muster. Er nahm eine Dusche und war schon wieder unterwegs.

Bei *Die gefürchteten Vier* saß ich wieder auf einem Pferd; dieses Mal musste ich das Double ersetzen… die Frau hatte einen Unfall gehabt. Eine Katastrophe, weil noch eine sehr wichtige Szene zu drehen war, in der das Mädchen zwischen zwei Explosionen im Galopp den Canyon durchquert. Ich nahm diese neue Herausforderung an, obwohl meine Reitkünste keine merklichen Fortschritte gemacht hatten. Wieder einmal klammerte ich mich an der Mähne fest und stürzte mich ins kalte Wasser.

Das Problem war nicht allein, dass ich nicht besonders gut ritt. Bei dem Höllenlärm brach mein Pferd aus und ging durch. Wir konnten aber die Aufnahme nicht beliebig oft wiederholen, denn der Sprengstoff war teuer. Da musste ich durch. Ich ließ mich nicht ins Bockshorn jagen und schaffte es.

Burt war stolz auf mich. Da Visconti nicht anwesend war, hatte er das Gefühl, eine besondere Verantwortung für mich zu haben. Er blieb Onkel Salina, mit dem ich ein Abenteuer erlebt hatte, das uns für immer verband. Er wollte mit mir Eindruck bei seinen amerikanischen Freunden schinden. In Hollywood verstand niemand, was er in Palermo erlebt hatte.

Und ich verstand die Amerikaner immer noch nicht. Während der Dreharbeiten war ich in Las Vegas untergebracht, in einer Suite im Caesar's Palace. Eine schauderhafte Ausstattung, falsche Antiquitäten, schreiende Farben, übertriebener Luxus, ein Palast aus Tausendundeiner Nacht … für Spieler, denen das Geld Löcher in die Taschen brannte.

Die Casinobetreiber waren erpicht auf Publicity. Sie wollten unbedingt, dass ich mich an ihre Spieltische setzte. Ausgerechnet ich, wo ich doch die Karten hasse! Um mich zu überreden, deuteten sie sogar an, sie würden mich gewinnen lassen … Aber ich gab nicht nach.

Standhaft blieb ich auch Richard Brooks gegenüber. Im Drehbuch war eine Szene vorgesehen, in der mir jemand die Bluse herunterriss. Aber ich habe noch nie für einen Film meine Brüste entblößt. In fast zweihundert Filmen eine reife Leistung. Ich bin überzeugt davon, dass im Kino die Nacktheit die Erotik tötet. Visconti sagte, dass eine Frau immer ihr Geheimnis bewahren muss.

Richard war so umsichtig gewesen, sich diesen teuflischen Plan für das Ende der Dreharbeiten aufzusparen, denn er war sich sicher, mich bis dahin so weit erweicht zu haben, dass ich nicht wagen würde, mich zu verweigern. Ich aber nutzte die Zeit, um Kontakt zu der Kostümschneiderin von Marlene Dietrich aufzunehmen.

In London hatte ich in Begleitung von Visconti und Nurejew Marlene auf der Bühne gesehen. Sie schien nur in Licht gehüllt zu sein, in eine bloße Aureole aus Pailletten und Federn … Man hätte meinen mögen, darunter sei sie nackt, aber sie trug ein hautfarbenes Unterkleid. So etwas brauchte ich. Ohne jemandem etwas zu verraten, ließ ich mir einen Body schneidern. An dem Tag, an dem die Szene gedreht wurde und Burt mir meine Bluse herunterriss … da waren es die Männer, die dumm dastanden. Ich habe sehr gelacht, und Brooks blieb nichts anderes übrig, als die Idee fallen zu lassen.

Im selben Jahr, bei den Dreharbeiten für *Eine Rose für alle* (Una rosa per tutti) von Franco Rossi, überflog in Brasilien der Hubschrauber des Präsidenten die Dachterrasse des Hotels, wo ich ein Sonnenbad nahm … Was für eine absurde Idee, denn die Maschine verursachte einen solchen Lärm, dass sie nicht unbemerkt bleiben konnte. Aber die Leute können stolz darauf sein, dass sie mir einen ordentlichen Schrecken eingejagt haben. Als der Hubschrauber zur Landung ansetzte, musste ich mich an einem Schornstein festhalten, um nicht zu riskieren, von der Luftströmung davongetragen zu werden!

Einige Monate später erlebte ich fast die gleiche Hubschrauberszene noch einmal. Nur, dass wir zu mehreren tausenden waren, die zum ersten Konzert der Beatles in Hollywood gekommen waren. Die berühmteste Rockband der Welt schwebte aus den Lüften herab wie ein himmlisches Quartett.

Wenn Luchino Visconti drehte, mietete er sich stets ein Haus, wo er uns zu seinen prachtvollen Abendessen einlud. Während meiner Zeit in Hollywood tat ich es ihm nach. Ich habe mich immer niedergelassen, als bliebe ich für lange Zeit, und meine Köchin mitgenommen. Meine amerikanischen Freunde liebten es, zum Essen zu mir zu kommen.

Die erste dieser Villen lag in Beverly Hills, dann mietete ich eine andere in Bel Air. Und schließlich bezog ich das Anwesen von Paul Newman, der nach New York gegangen war.

Mit jedem dieser Häuser verbindet sich für mich eine besondere Begegnung. Eines davon erinnert mich an die Sonntage mit Cary Grant, der mir unbedingt alles über Baseball beibringen wollte und mir mit unendlicher Geduld die Regeln erklärte.

Ein anderes Haus steht für Steve McQueen. Er war Geschwindigkeitsfanatiker und kam mit seinem gewaltigen Motorrad in meinen Garten gebraust. Er brachte immer merkwürdige Geschenke mit. Strümpfe, ganze Schachteln voller Strümpfe.

Steve hatte eine Leidenschaft für Sportwagen und kam häufig nach Rom, um Ferraris probezufahren. Dann besuchte er mich immer, zusammen mit seiner Frau, der bezaubernden Ali MacGraw, die mit ihrem Krebstod in *Love Story* die ganze Welt zu Tränen gerührt hatte. Und jedes Mal brachte er mir eine Schachtel Strümpfe mit... Ich habe das nie verstanden. Natürlich habe ich ihm immer herzlich gedankt, aber irgendetwas entging mir. Wir hatten doch keinen Krieg mehr. Strümpfe... davon hatte ich wirklich genug im Kleiderschrank.

Steve war ein seltsamer Bursche, auch er sehr sensibel, schweigsam, undurchschaubar. Aber am nächsten stand ich zweifellos Rock Hudson, einem der Stars der Universal-Studios und mein erster Nachbar in Beverly Hills. Mein bester Freund in Amerika.

Wir schrieben 1965 und drehten *New York Express* (Blindfold) mit Philip Dunne. Rock, der damals vierzig war, war ein ständiger Gast bei mir. Er aß für sein Leben gern und wurde der Einfälle meiner Köchin niemals überdrüssig. Oft wollte er mir auch seine eigenen Kochkünste beweisen und stellte sich an den Herd. Er war ein sehr schöner Bursche, riesig mit seinen zwei Metern und mehr als hundert Kilo. Wir sollten zwei Filme zusammen drehen, den ersten in Amerika und den zweiten 1968 in Österreich, *Ein feines Pärchen (Ruba al prossimo tuo)* von Maselli. Und jedes Mal waren wir unzertrennlich.

»Du bist ein Kerl«, diese Worte hätten auch von Rock stammen können. Er war sehr erstaunt, mich in einer Gegend herumlaufen zu sehen, wo es von Alligatoren nur so wimmelte.

»Hast du denn keine Angst?«, fragte er erstaunt.

Ich erklärte ihm, dass gerade die Angst dazu führt, dass man Probleme mit Tieren bekommt. Er war nicht darauf gefasst, vor der Kamera einer Frau wie mir zu begegnen. Zwischen uns gab es keine Hintergedanken, denn ich kannte seine sexuelle Neigung. Ich wusste, dass man ihn gezwungen hatte, sich zu verloben und zu heiraten, damit niemand die Wahrheit über sein Leben enthüllte. Der Skandal hätte seiner Karriere ein Ende setzen können. Daher kam unsere Freundschaft allen gelegen, denn ich war ein weibliches Wesen in seiner Umgebung, ein freundliches Alibi. Und er wich nie von meiner Seite. Aber wusste ich nicht auch besser als alle anderen, was man Stars oft abverlangt? Über dieses heikle Thema haben wir jedoch nie miteinander gesprochen. Wir hatten uns entschieden, so zu tun, als wäre das alles ganz natürlich und normal. Und ich glaube, er war froh, einer Frau begegnet zu sein, die von ihm nicht verlangte, sich zu verstellen, mit der er eine aufrichtige Freundschaft teilen konnte.

Rock wusste ganz genau, dass ich alles verstanden hatte. 1983, zwei Jahre, nachdem die Krankheit offiziell entdeckt worden war, erfuhr er, dass er Aids hatte. Er verfolgte seine Karriere weiter, doch nun musste er nicht nur die Wahrheit verbergen, sondern er trug ein neues Kreuz: nichts über das Leiden zu sagen, das ihm die Kraft raubte. Ich kann mir vorstellen, wie er gelitten, wie einsam er sich gefühlt haben muss.

Zum letzten Mal sah ich ihn einige Monate vor seinem Tod, der ihn im Oktober 1985 im Alter von knapp sechzig Jahren ereilte, ein Jahr nachdem sein letzter Film herausgekommen war. Wir sahen uns beim Ball der Academy Awards in New York wieder. Er hatte vor kurzem sein Geheimnis enthüllt. Bestimmt fühlte er sich seitdem erleichtert, aber er war nur noch der Schatten des Mannes, den ich gekannt hatte, ein zum Tode Verurteilter mit einem überwältigenden Blick, rührend umsorgt von Liz Taylor. Um die Forschung zu finanzieren, organisierte sie Galas, so wie andere Menschen Wahlkampfspenden sammeln.

Rock war der erste große Hollywoodstar, den das Aids-Virus dahinraffte, und auch der erste, der seine Homosexualität öffentlich machte. Und er wurde einer der Helden Amerikas.

Ich besitze noch einen grauen Pullover von ihm, den er mir zusammen mit einer Menge anderer Dinge geschenkt hat, Gegenstände, Socken, persönliche Dinge, die nur einen sentimentalen Wert haben. Er hatte mir erklärt, durch diesen Pullover könnten wir immer das Gefühl haben, einander nahe zu sein. Noch heute, zwanzig Jahre nach seinem Tod, kommt es vor, dass ich diesen Pulli anziehe, der für mich wie ein Kleid ist, und die gewaltige, herzliche Gegenwart von Rock Hudson spüre.

Noch ein Name fehlt auf der Liste meiner amerikanischen Freunde: Marlon Brando. Wie hat dieser Name mich früher zum Träumen gebracht! Er war einer der wenigen Schauspieler, von denen ich mir nie einen Film entgehen ließ und dessen ganze Geschichte ich kannte. Ich schwärmte richtig für ihn.

Bei meiner Ankunft in Hollywood hatten mich die Journalisten nach meinen Lieblingsschauspielern gefragt, und ich hatte seinen Namen genannt. Ich schämte mich meiner Bewunderung nicht. Ohne Umschweife erklärte ich, seit *Die Faust im Nacken* von Kazan sei er mein Idol. Damit stand ich nicht allein. Brando war der Gott aller Schauspieler und der Zuschauer, die in seine Filme strömten.

Und siehe da: Eines Tages befand ich mich im Synchronstudio, wo die Außenaufnahmen von *Sie fürchten weder Tod noch Teufel* (Lost Command), des Films von Mark Robson mit Alain Delon, Anthony Quinn und Maurice Ronet, vertont wurden, als jemand mich rief.

»Komm schnell ans Telefon. Brando will dich sprechen.«

Bestimmt ein dummer Streich meines Bruders... Ich nahm den Hörer und begann zu schimpfen. Aber es war tatsächlich Brando, die Stimme ließ keinen Zweifel.

Ich spürte, wie mir schwindlig wurde, und ich verstummte.

Wenn Marlon Brando, der Gigant unter den Schauspielern, von dem sogar Visconti träumte, fragt: »Können wir uns sehen... sofort?«, dann sagt man nicht nein, sondern fragt nur »wo?«. In meinem Hotel also.

Ich verließ das Studio, um nach Hause zu fahren. Ich hatte es eilig. In meinem Salon saß der Pressesprecher eines amerikanischen Produzenten mit ich-weiß-nicht-wem. Ich warf alle hinaus und schickte sie in die Bar. Und dann kam Brando.

Seit seinen Anfängen waren kaum zehn Jahre vergangen, aber in dieser Zeit war er zum Mythos geworden, zu jemandem, dessen Name in der Filmgeschichte genauso bedeutsam war wie Roosevelts oder Kennedys in der Weltgeschichte. Er trat ein, und ich sah nur noch ihn, seinen Blick, seine Präsenz, seine Statur. Am liebsten wäre ich in Ohnmacht gefallen.

Und dann kam sein Auftritt, er legte alles in den Blick und die Konzentration... Es fehlten nur die Kameras und die Musik. Das Drehbuch sah zweifellos vor, dass ich ihm in die Arme sinken würde.

»Kannst du aufstehen? Komm zu mir...«, sagte er.

Männer, die glauben, dass sie alles dürfen, kenne ich zur Genüge. Ich kann mich gut erinnern, wie Hitchcock, den alle Schauspieler fürchteten, mich zu sich bat. Als ich sein Büro betrat, musterte er mich von Kopf bis Fuß, wie ein Pferd auf dem Markt. Solche Demütigungen kann ich wirklich nicht leiden. Zum Glück war es einfach, Alfred Hitchcock abblitzen zu lassen. Ich will seine Bedeutung als Regisseur nicht in Frage stellen, aber körperlich war er nicht besonders anziehend.

Während Marlon…

Keine Frau konnte ihm widerstehen, es hieß, einige seien ihm so ergeben, dass sie schon glücklich waren, ihm die Füße zu waschen… Man sagte sogar, dass auch die Männer ihn nicht abweisen konnten. Von Marilyn bis James Dean hatte er alle erobert. Er brauchte nur den kleinen Finger zu heben, und das war es. Ein Gott, der sich seiner Macht bewusst war. Ein Gott, für den wir einfachen Sterblichen bloß Opfer waren, die ihm in Hülle und Fülle zur Verfügung standen. Hatte er nicht den Film neu erfunden? Diese Art, mit dem ganzen Körper zu spielen. Sogar Brandos Haar war ein Teil seiner Rolle! Selbst wenn er einem den Rücken zudrehte, sah man nur ihn.

Der größte meiner Fehler ist auch eine Stärke: mein Stolz.

»Sieh dir diesen Kerl an«, dachte ich, »wie sicher er seiner selbst – und deiner – ist. Bist du nicht mehr wert als die anderen? Willst du dich auch aufführen wie eine kleine dumme Gans und darauf hereinfallen?«

Wie ich schon sagte, kann ich allzu einfache Situationen nicht ausstehen, zu offensichtliche Geschichten. Vielleicht eine Berufskrankheit. Aber ich brauche es, meine Grenzen zu überschreiten. So zu tun, als hätte man keine Angst vor Alligatoren oder Leoparden, so zu tun, als könnte man auf ein Trapez steigen oder sich im Sattel halten, das alles ist eine gewaltige Herausforderung.

Aber Marlon Brando zu widerstehen, obwohl er einen fasziniert, ist ebenfalls eine große Leistung.

Vielleicht dachte ich in diesem Moment auch an Visconti und daran, wie er mich beobachtete, wenn ich Delon gegenüberstand. Und dass ich in seiner Achtung gestiegen war, weil ich die Kontrolle behalten hatte.

Ich sah Brando an, und er sah mich an. Und er erkannte, dass ich alles begriffen hatte. Er war ein Widder, genau wie ich. Wir waren aus einem ganz ähnlichen Holz geschnitzt. Schließlich fingen wir beide an zu lachen wie zwei Gören, die einander einen Streich hatten spielen wollen, zwei Gegner, die nach fairen Regeln spielten. In dieser Partie würde es weder einen Sieger noch einen Verlierer geben.

Und so endete mein Abenteuer mit dem unwiderstehlichsten Mann der Filmgeschichte. Doch als er gegangen war, sah ich mich trotzdem im Spiegel an und dachte »was für eine Idiotin«. Brando und ich… wir hätten sicher viel Spaß miteinander gehabt.

Ob es mir leid tut?

Mektoub… Ich bereue niemals etwas.

Nomadenleben

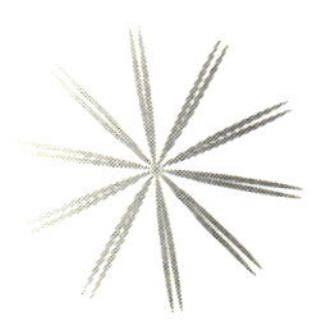

1967 kehrte ich ins Monument Valley zurück, um für *Spiel mir das Lied vom Tod* (C'era una volta, il West) zu drehen, Sergio Leones Meisterwerk. Den größten Teil des Films hatten wir in Südspanien gedreht, in Almería in der Nähe von Cádiz, aber Sergio konnte dieses Werk, von dem er geträumt hatte, seit er Filme machte, nicht beenden, ohne sich mit der Kamera auf die Spuren des Iren John Ford zu begeben. Wir hatten schon die spanische Wüste mit roter Erde aus Arizona überstreut, wegen der Farbe, damit wir ohne Unstimmigkeiten von einer Kulisse in die andere wechseln konnten. Nur Paolo Stoppa, mein Kutscher – der in *Der Leopard* meinen Vater gespielt hatte –, und ich wurden nach Kalifornien geflogen, um die letzten Einstellungen zu drehen.

Zunächst hatte ich mich gesträubt. In der reinen Tradition des Western existieren Frauen entweder nicht, oder sie spielen eine ganz und gar zweitrangige Rolle. Als Mütter oder Ehefrauen warten sie zu Hause auf den Helden. Allerhöchstens sind sie der Gegenstand eines Streits zwischen Männern. Aber dieses Mal war es ganz anders.

Jill, die ich darstelle, eine ehemalige Prostituierte aus New Orleans, ist neben dem »Mann mit der Mundharmonika« – Charles Bronson – die eigentliche Heldin des Films. Und zum ersten Mal wurde die mythische Landschaft des Wilden Westens im Film von einer beinahe femininen, sentimentalen und hoffnungsvollen Musik untermalt. Jill glaubt sich gerettet, als sie diese Landschaft entdeckt. Sie hat einen reichen Witwer geheiratet und schickt sich an, ihn wiederzusehen, aber sie ahnt nicht, dass ihre Auswanderung in den Westen sie stattdessen ins Abenteuer und in die Tragödie stürzen wird. Durch die Musik versteht man alle ihre Träume. Diese Melodie hat mir sehr geholfen, meine Rolle aufzubauen.

Von allen Regisseuren, die ich kannte, war Sergio Leone der einzige, der die Tonspur seiner Filme vor dem Dreh zusammenstellen ließ, als wäre die Musik nicht eine bloße Untermalung, sondern ein wesentliches Element der Geschichte. Er benahm sich, als hätte er vor, eine Oper zu filmen. Leone liebte den amerikanischen Film, aber er hatte seine italienische Kultur nicht vergessen.

Vor jeder Aufnahme mussten Henry Fonda, Charles Bronson und ich uns diese harmonische Melodie anhören, die die Grundlage für unsere Rollen war und die Personen besser erklärte als Worte. Für uns war das eine ganz ungewohnte Art zu arbeiten, ein Weg, das richtige Tempo zu finden.

Jeder erinnert sich an die Musik aus *Spiel mir das Lied vom Tod*. Und der Name des Komponisten, Ennio Morricone, ist ebenso berühmt wie der von Sergio Leone, mit dem er stets in einem Atemzug genannt wird. Monatelang hörte man in den Geschäften von Paris nichts anderes. Wenn mich heute jemand auf einen meiner Filme anspricht, dann ist es fast immer dieser, das heißt vor allem die Mundharmonika-Melodie, die weiterhin das Glück der Werbeleute ist.

Der Film von Leone bleibt einer der berühmtesten in meiner Karriere und auch einer der überraschendsten. Man mag sich fragen, warum ein Italiener einerseits den größten Filmklassikern seiner Kindheit Ehre erweisen wollte und sich gleichzeitig darauf versteifte, einmal mehr die Figur des amerikanischen Helden zunichte zu machen.

Eine weitere Verwandlung: Nachdem Luchino aus Burt Lancaster einen sizilianischen Grandseigneur gemacht hatte, spielte jetzt der wunderbare Henry Fonda, John Fords Erzengel mit dem reinen Blick aus *Früchte des Zorns* oder *Faustrecht der Prärie*, die Rolle des Ungeheuers.

In diesem Film gibt es eine schreckliche Szene, in der der Bandit einem kleinen Jungen ins Gesicht schießt, nachdem die Kamera zuvor lange darauf verweilt hat. Noch heute wird diese Szene bei den amerikanischen Fernsehsendern herausgeschnitten und durch einen Werbespot ersetzt. Nicht nur, weil darin der Mord an einem Kind gezeigt wird, was für jeden von uns schwer anzusehen ist, sondern weil auf der anderen Seite des Atlantik niemand ertragen kann, Henry Fonda in der Rolle des Mörders zu sehen. Noch nie hatte er das Böse verkörpert. Und Leone gestaltete ihn als puren Dämon, den gefallenen Engel par excellence. Die Amerikaner fanden, er habe dem Schauspieler Unrecht getan.

Für uns beide begannen die Dreharbeiten mit einer Liebesszene. Henry war zweiundsechzig Jahre alt und ich siebenundzwanzig. Und er fühlte sich noch verlegener als ich. Ich zog mich grundsätzlich nicht vor der Kamera aus, und er drehte niemals Liebesszenen, das war bekannt. Aber genau darum ging es. Noch schlimmer, zu Werbezwecken bevölkerte an diesem Tag neben den Technikern noch ein ganzer Schwarm italienischer, französischer und amerikanischer Journalisten und Fotografen den Set.

Aber das war noch nicht alles.

Neben der Kamera saß Henry Fondas Frau, die extra aus Los Angeles angereist war. Sie sah uns an, beobachtete uns, überwachte uns… Einen besseren Schutz für meine Intimsphäre hätte ich mir gar nicht vorstellen können.

Wie üblich musste ich erklären, dass ich nicht nackt drehen würde, so stand es auch in meinem Vertrag. Ein schwacher

Trost … und dann liefen die Kameras. Die Spannung erreichte ihren Höhepunkt.

Wenn ich mir diese Szene heute noch einmal ansehe, bin ich verblüfft über ihre Wirkung. Man sieht nur meinen bloßen Rücken und die unter einem weißen Hemd verborgene Hand Fondas auf meinem Bauch, Küsse, die im verlorenen Profil gefilmt sind … und dennoch, welch betörendes Bild! Die Filmemacher sollten einmal darüber nachdenken, warum diese keusche Erotik so wirkungsvoll ist.

Spiel mir das Lied vom Tod hatte einen phänomenalen Erfolg. Der Film lief auf der ganzen Welt, und zwar zu einer Zeit, die zu den glücklichsten meines Lebens zählt.

Denn damals, 1967, konnte ich endlich ein kleines Kerlchen in die Arme schließen, einen dunkelhaarigen Achteinhalbjährigen mit einem Pony bis kurz über die Augen, die dunkel wie meine waren, ohne mich wie eine Lügnerin zu fühlen. Pit kannte die Wahrheit.

Mein Leben als Star hatte mich daran gehindert, Mutter zu sein. Aber jetzt schenkte es mir mein Kind zurück. Unser Geheimnis stand kurz vor der Entdeckung. Die Gerüchte wurden immer lauter, und ich beschloss, die Wahrheit zu sagen, bevor Pit sie am Ende noch aus der Presse erfuhr, aus einem Sensationsblatt. Ich erzählte ihm, dass ich nicht seine Schwester war, und auch sein Nachname sollte sich ändern. Er würde den von Cristaldi annehmen, der mich vor einigen Monaten in Georgia geheiratet hatte.

Eine Ehe allerdings, die in Italien niemals anerkannt wurde.

Das war nicht die romantische Verbindung, von der die kleinen Mädchen träumen. Ich hielt mich zu Silvester 1966 mit meiner Schwester in New York auf, als mein Produzent in mein Zimmer trat und mir erklärte: »Wir heiraten.« Wieder einmal hielt er es nicht für notwendig, mich nach meiner Meinung zu fragen. Noch heute habe ich das Gefühl, dass ich mich überrumpeln ließ.

In Atlanta, der Stadt aus *Vom Winde verweht*, erfuhr ich bald, dass man noch am gleichen Tag vor einem Friedensrichter heiraten konnte, ohne dass man zuvor das Aufgebot auszuhängen brauchte. Blanche und ihr Mann würden unsere Trauzeugen sein.

Ich trug ein blassrosa Ensemble. Auch Franco hatte einen hellen Anzug gewählt, und dabei goss es an diesem Tag in Strömen. Aber es heißt ja, auf eine verregnete Hochzeit folge eine glückliche Ehe. Man fragte uns nicht einmal nach unseren Papieren. Das Schwierigste daran war, den langen englischen Text nachzusprechen, der die Gelübde begleitete. Eine merkwürdige Hochzeit, die weder mich noch Cristaldi zu allzu viel verpflichtete. Vor allem habe ich nicht vergessen, dass bei der kurzen Zeremonie an keiner Stelle davon die Rede war, dass die Frau dem Manne zum Gehorsam verpflichtet sei. Das war mir nur recht. Ein gegebenes Wort bricht man schließlich nicht, und vielleicht hätte mich dieses Detail gestört… Anschließend gingen wir auf Hochzeitsreise, zwölf Tage nach Jamaika.

Natürlich war das nicht das große Glück. Aber wenigstens hatte ich paradoxerweise eine gewisse Freiheit zurückgewonnen. Wir hatten beschlossen, in zwei benachbarte Häuser zu ziehen. Sicher, wir waren verheiratet, aber das hieß noch lange nicht, dass wir zusammenleben mussten.

Als der Winter zu Ende ging, zeigte ich meinem Sohn das weitläufige, noch verlassene Haus, das von jetzt an auch ihm gehören würde und wo er jede Menge Platz zum Fußballspielen hätte. Jetzt kam es nicht mehr in Frage, ihn zurück ins Internat zu schicken; ich hatte beschlossen, dass er wieder zu Hause leben sollte. Wir hatten viel nachzuholen.

War das alles so einfach, wie ich es damals glauben wollte? Bestimmt nicht. Pit fühlte sich ein wenig durcheinander, und Cristaldi war immer noch mein Produzent. Und um mich herum flammten die Blitzlichtgewitter, als Papst Paul VI. mich im Vatikan empfing, ganz in Schwarz, wie es die Tradition verlangt, und mit einem Schleier über dem Haar, aber im Minirock.

Doch ich war nicht die Einzige, die an diesem Tag in die Hallen des Vatikans vorgelassen wurde. Wir waren zu mehreren hundert Schauspielern, Schauspielerinnen und anderen Vertretern des Showgeschäfts eingeladen »ohne Ansehen der persönlichen Verhältnisse der Betreffenden«, wie die Kirche demonstrativ betonte. Nach den Angriffen, denen ich in der *L'Osservatore Romano*, der Zeitung des Vatikans, wegen meines Privatlebens ausgesetzt war, würde diese Zeremonie die Vergebung bedeuten. Auch Gina Lollobrigida war dabei, deren Liebesaffären das Land oft erschüttert hatten und der man wegen ihrer letzten Rolle in *Die Puppen* Obszönität vorgeworfen hatte. Wir beide stellten eine Art neuzeitliches Symbol der reuigen Maria Magdalena dar. »Der Papst streckte ihnen die Hand zur Versöhnung entgegen«, hieß es in den Zeitungen.

Mir war diese neue Rolle recht.

Das Leben hatte mich oft hin und her geworfen, und ich fühlte mich häufig wie eine Schiffbrüchige, die an ein unbekanntes Ufer gespült worden ist. Aber ich habe noch nie Angst gehabt, mir auf dem heißen Sand die Füße zu verbrennen.

Mein Leben war ein Wechselbad, und nicht nur mein Familienleben. Ich hatte den mythischen Staub des Wilden Westens kennen gelernt, und jetzt sollte ich, die Afrikanerin, die sibirische Kälte entdecken. Der Regisseur Michail Kalatosow, der für *Wenn die Kraniche ziehen* 1958 in Cannes die Goldene Palme erhalten hatte, erwartete mich in Estland. *Das rote Zelt* (Krasnaja palatka) war eine italienisch-sowjetische Koproduktion und thematisierte die Expedition von Umberto Nobile, des italienischen Militärs, der 1928 an Bord eines Luftschiffs zur Entdeckung des Nordpols aufgebrochen war.

Man hatte nur vergessen, uns vorzuwarnen, dass die Temperatur auf vierzig Grad unter null fallen konnte. Es stimmt schon, wenn man recht überlegte, hätte man darauf kommen können, dass ein Schiff unter den klimatischen Bedingungen, an die wir gewöhnt waren, nicht vom Eis eingeschlossen werden kann.

Ich reiste mit Kleidungsstücken an, die für die milden Winter in einem gemäßigten Klima geeignet waren, und überlebte nur dank Filmkostümen, die mir die Produktion auslieh, und der Wodkaflaschen, die überall reichlich vorhanden waren.

Kalatosow, der zur Stalinzeit politisch Verantwortlicher für die Filmindustrie gewesen war und das Glück gehabt hatte, die gesamte Kriegszeit als Kulturattaché in Los Angeles zu verbringen, wünschte eine Liebesszene im Schnee. So mussten mein »Verlobter« und ich eng umschlungen einen eisbedeckten Abhang hinunterrollen, als mache die Leidenschaft uns unempfindlich gegen die Kälte. Als der Russe unten ankam, litt er an Unterkühlung und musste ins Krankenhaus gebracht werden. Ich jedoch war in Hochform. Das trug meinem Partner während des Rests der Dreharbeiten den Spott seiner Kameraden ein. »Wie denn! Die Afrikanerin kann den Frost vertragen, und du bist zu zimperlich!« Eine echte Schande.

Sean Connery, der berühmte James Bond, der für uns alle den unbesiegbaren Feind des sowjetischen Imperiums verkörperte, trug eine unerschütterliche Gelassenheit zur Schau. Wegen der Kälte fielen die Schauspieler um wie die Fliegen, und wir waren so durchgefroren, dass wir kaum sprechen konnten; aber er zeigte mir, wie ich meine Artikulation üben konnte, indem ich einen Bleistift zwischen die Zähne klemmte und nur die Lippen bewegte. Auch Peter Finch und Hardy Krüger waren bei diesem Film mit von der Partie.

Ich hatte das große Glück, eine blonde Perücke zu tragen, die zumindest meinen Kopf wärmte wie eine Mütze. Niemand hatte daran gedacht, eine Garderobe für uns einzurichten. Wir saßen auf Kisten im Schnee. Glücklicherweise sorgten die Russen für eine warme Atmosphäre. Genau wie ich hatten sie vor nichts Angst.

Als wir auf dem Rückweg nach Moskau kamen, trug ich einen Minirock von Mary Quant, der englischen Modeschöpferin, nach deren Kreationen wir Frauen in den Sechzigerjahren alle verrückt waren. Mit kniehohen Stiefeln. Aber dort trugen die Mädchen noch sehr lange Kleider, was auch vernünftiger war. Niemand hätte ahnen können, welchen Sturm ich im ganzen Land auslösen würde: Auch hier hatten die jungen Frauen nichts Eiligeres zu tun, als sich die Röcke mit der Schere abzuschneiden und neu zu säumen. Ich kann mir vorstellen, zu welchen Diskussionen das in den Familien geführt hat, denn damals war es in der Sowjetunion sehr schwierig, an Konsumgüter zu kommen.

Angesichts der Einschränkungen legten die Menschen eine überschäumende Fantasie an den Tag. Besonders die jungen Frauen, deren Schönheit überwältigend war. Gerade weil ihnen die Mode und die kleinen Dinge des Lebens versagt blieben, waren sie zu allen Opfern bereit, um zu bezaubern.

Während dieser Jahre führte ich ein Nomadenleben. Mein Basislager war Rom, aber eigentlich war Paris meine Stadt. Die Taxis, die Boutiquen, mein Friseur Jacques Moisant… dort war ich überall zu Hause. Zu einer Zeit, als ich nicht einmal verstand, was die Techniker am Set von mir wollten, war ich die Verlobte Italiens gewesen; jetzt sprach ich akzentfrei Italienisch, ich konnte mich auf Englisch gut verständigen, aber ich musste Französisch um mich hören, um das Gefühl zu haben, wirklich zu Hause zu sein. Wenn wir daheim, in Rom, unter uns waren, gebrauchten wir weiter die Sprache unserer Kindheit. Meine Eltern weigerten sich, Tunesien wiederzusehen, das sie unter Schmerzen verlassen hatten. Trotz des grauen Himmels und des ewigen Regens war Paris die Stadt, die uns das Gefühl gab, nach Hause zu kommen.

Seit *Cartouche der Bandit* (Cartouche, 1961) von Philippe de Broca hatten die Franzosen mich adoptiert und Belmondo und mich einstimmig zum Traumpaar erklärt. Damals waren sie daran gewöhnt, dass ihre Schauspieler in Italien drehten. Nirgendwo anders in Europa blühte und gedieh der Film so wie hier. Seit dem Neorealismus waren die größten Namen unter den Regisseuren auf der anderen Seite der Alpen beheimatet. Die französischen Schauspieler gingen für Monate ins Ausland, um dort die bedeutendsten Filme ihrer Laufbahn zu drehen. Dafür hatten die italienischen Filme in Frankreich Erfolg. Wir lebten in einer engen Wechselbeziehung, und man betrachtete die italienischen Schauspielerinnen ein wenig wie enge Cousinen, die nur dunkler und oft temperamentvoller waren als die Französinnen.

In jenen Jahren wuchs Europa über den Film zusammen. Er war ein offenes Fenster, durch das man die Träume der einen und der anderen betrachten konnte, ihre Vorstellung von Schönheit oder vom Glück, ihre Art, unglücklich zu sein. Italiener und Franzosen lachten über dieselben Witze und liebten dieselben Frauen. Aber sie kannten die Stimmen ihrer Stars immer noch nicht, den die Filme wurden grundsätzlich synchronisiert, und man konnte die Nationalität der Schauspieler nur am Klang ihrer Namen erraten. Noch kannte niemand das spezielle Timbre meiner Stimmbänder. Nur wer Zeitung las, wusste, dass ich Französisch sprach.

Meinen ersten Film in Frankreich – abgesehen von einem

Kurzauftritt in *Austerlitz – Glanz einer Kaiserkrone* (Austerlitz) von Abel Gance ein Jahr zuvor – drehte ich 1960. Das war *Vor Salonlöwen wird gewarnt* (Les lions sont lâchés) von Henri Verneuil, bei dem ich Gelegenheit hatte, mit Michèle Morgan, Danielle Darrieux, Lino Ventura und dem jungen Jean-Claude Brialy zu arbeiten. Obwohl sie seit *Hafen im Nebel* den Status eines großen Stars genoss, lud Michèle mich ganz einfach zu sich ein, in ihr wunderbares Stadthaus auf der Île Saint-Louis, gegenüber der Henri-IV-Brücke. Ich weiß noch, dass ich vom Balkon ihres Salons aus das Haus sah, in das ich ungefähr dreißig Jahre später einziehen sollte …

Und Jean-Claude war genau der Mensch, der er immer noch ist: der unbeschwerte, fröhliche Freund, den ich brauchte, um die bedrückende Bevormundung durch den Chauffeur, die Sekretärin, die Garderobiere zu vergessen, die mir ständig auf dem Fuß folgten wie Schatten, die sich einfach nicht vertreiben ließen, oder wie Koffer, die ich nur zu gern in einem Schrank eingeschlossen hätte.

Unsere erste Liebesszene ging in einem Chaos unter. Jean-Claude schaffte es einfach nicht, den Reißverschluss meines Kleids zu öffnen. Je mehr er festklemmte, umso ungeschickter stellte er sich an. Bald lachte die ganze Filmcrew über seine Verwirrung und sein rot angelaufenes Gesicht. Wenn wir uns wiedersehen, erzählt er diese Geschichte oft. Mit seinem Humor meistert er auch Situationen, in denen er nicht gut wegkommt. Und dank seiner großen Feinfühligkeit versteht er sofort, mit wem er es zu tun hat.

Und was uns beide anging, wusste er außerdem, woher ich kam … Und nicht nur, weil er ebenfalls jenseits des Mittelmeers geboren war, nämlich in Algerien, wohin sein Vater als Berufssoldat abkommandiert war. Jean-Claude liebte den italienischen Film und stand Visconti sehr nahe. Genau wie ich hatte er an den oft bitter endenden »Wahrheitsspielen« in seinem riesigen Salon in der Via Salaria teilgenommen. Wir erkannten einander sofort wieder und verstanden uns augenblicklich ohne viele Worte. Jean-Claude hatte Spaß daran, sich zu amüsieren, auszugehen, und ich wartete nur auf jemanden, der mir half, gelegentlich zu flüchten. Seit vierzig Jahren ist er jetzt mein Freund und mein Bruder.

Dieses Gefühl von Freiheit, Jugend und Unbeschwertheit habe ich nie stärker empfunden als an der Seite von Jean-Paul Belmondo.

In seiner Gegenwart war ich zehn Jahre alt und immer bereit, seine verrücktesten Spiele mitzuspielen. Kennen gelernt hatten wir uns 1960 bei den Dreharbeiten zu *Das Haus in der Via Roma* von Bolognini. Laut Drehbuch waren wir in einem Bordell eingesperrt und häufig allein miteinander. Aber zwischen uns gab es keine Zweideutigkeiten. Jean-Paul war bereits mit Élodie verheiratet, die beiden hatten ein Kind, und er hatte ihr versprochen ... ihre Hochzeitsreise nachzuholen. Ein Versprechen, das er sieben Jahre zuvor gegeben hatte, dessen Erfüllung er jedoch wegen seiner steilen Karriere immer wieder aufschieben musste.

Belmondo erzählte mir, als man ihm den Film von Bolognini antrug, hätte er gerade sechs Monate in Italien verbracht und wäre am liebsten nach Hause gefahren. Also hatte er ablehnen wollen – bis zu dem Moment, in dem er das Büro der Produktionsfirma betrat und sich einem großen Koffer voller Geldscheine gegenübersah. So ging das in den Jahren des Überflusses. Jean-Paul nahm an und hat es nie bereut. Wie ich ist er der Meinung, dass er in *Das Haus in der Via Roma* eine seiner schönsten Rollen spielt. Und er findet ebenfalls, dass Bolognini ganz zu Unrecht in Vergessenheit geraten ist.

Nach dem Ende der Dreharbeiten sollte es nicht lange dauern, bis wir uns wiedersahen. Einige Wochen später trugen wir beide für *Cartouche* Kostüme aus dem achtzehnten Jahrhundert. Jean-Paul spielte den Banditen mit dem großen Herzen und ich Venus, seine Verlobte. Wir drehten in Pézenas in Südfrankreich.

Das waren herrliche Ferien!

Von Jean-Paul, der in diesem Jahr meinen eigenen Rekord schlug, liefen zu diesem Zeitpunkt sieben Filme. Er fuhr einen Sportwagen, und zwar so, wie man damals fuhr, leichtsinnig, euphorisch. Man hätte glauben können, das Leben sei für uns junge Leute wie eine Rallye, auf der man jede Etappe so rasch wie möglich zurücklegen musste. Man musste sich beeilen, es auszukosten … Belmondo fand, das alles sei zu schön, um lange anzudauern. Seine ganze Philosophie beruhte auf diesem grundlegenden Pessimismus. »Nächstes Jahr werde ich wahrscheinlich in Rio Bananen verkaufen«, pflegte er zu sagen. Tatsächlich sollte diese Stadt in seiner Karriere eine Rolle spielen, denn drei Jahre später drehte er dort mit seinem Freund de Broca.

Unterdessen erfreute er sich an seinem Ferrari 250 GT und raste mit zweihundert Stundenkilometern über die schmalen Straßen, ein Rekord, der auf dem Titelblatt von *Paris Match* vermerkt wurde … Damals gab es keine Radarfallen, und niemand wäre auf die Idee gekommen, ihm seinen Geschwindigkeitswahn vorzuwerfen. Jean-Paul war glücklich. Dieser sportbegeisterte, quecksilbrige junge Mann drehte die Rollen, von denen er träumte, eine Mischung aus Abenteuer und Akrobatik. Er war der Sohn eines sehr ernsten und sehr großen Künstlers, des Bildhauers Paul Belmondo, und als Schauspieler fühlte er sich wie ein Schuljunge in der großen Pause.

Wenn irgendwann die Schulglocke läutete, prophezeite er immer, würde er ans Theater zurückkehren, von dem er gekommen war.

Unterdessen wollte er sich keine Gelegenheit zum Lachen

entgehen lassen. Wir waren wie freche Kinder, die sich alles Mögliche einfallen lassen, um die großen Leute zu ärgern. Unsere liebsten Opfer waren die Hoteldirektoren. Jedes Mal, wenn die Dreharbeiten zu Ende waren, räumte Jean-Paul alles gründlich um, was sie in den Wahnsinn trieb. Umgestellte Möbel, Talkumpuder in der Belüftungsanlage, die Schuhe der Gäste auf den Fluren vertauscht, ihm mangelte es wirklich nicht an Fantasie! Und ich machte mit nie versagender Begeisterung alles mit, wie eine kleine Schwester, die zu ihrem Bruder aufschaut.

Bei *Cartouche* fiel dem Produzenten, Alexandre Mnouchkine, die Rolle des Aufpassers zu. Er verfolgte uns, als wolle er uns nachsitzen lassen. Er jammerte über sein Budget und unsere Rechnungen, aber andererseits war er der Erste, der nach Jugend und Lachen verlangte! Und er wurde nicht enttäuscht.

Bei der Premiere des Films, die in einem sehr eleganten Kino auf den Champs-Élysées stattfand, trieben wir es auf die Spitze. Die Produktionsfirma hatte beschlossen, bei dem Empfang, zu dem die Schönen und Reichen von Paris eingeladen waren, Couscous zu servieren... Wahrscheinlich wollten sie, um die Sympathien der Franzosen zu wecken, meine Herkunft aus den nordafrikanischen Kolonien betonen.

Alles begann sehr korrekt. Jean-Paul küsste Hände und begrüßte wichtige Menschen, und dann begann er sich zu langweilen. Da brachten die auf Tontellern aufgehäuften Berge von Weizengrieß ihn auf eine Idee. Er organisierte sich eine der Couscous-Platten und verschwand damit unter einem der Tische. Mich verleitete er dazu, bei seinem Plan mitzumachen: Meine Aufgabe war es, die Munition zu fertigen, kleine, ganz fest zusammengedrückte Couscous-Kugeln. Und als wir genügend Geschosse beisammen hatten, gingen wir zum Angriff über.

Die Wurfgeschosse gingen auf Sakkos, Kostüme und Dekolletees nieder und zerstoben in tausend Körner. Schreie und Gelächter und auch einige Flüche quittierten unser Feuerwerk.

Wie hätte ich mich in diesen magischen Jahren des Charmes von Paris erwehren können? Ganze Monate lang hätte ich mich dort vergnügen können, schließlich war ich zwanzig. Aber ich stand unter Vertrag. Da waren Leute, die sich um meine Karriere kümmerten. Und der Film rief mich fort. Fast zehn Jahre lang drehte ich nicht in Frankreich. Die Firma prüfte die Angebote sehr professionell, aber die Angebote der Franzosen waren einfach nicht interessant genug.

Sicher, ich kam immer auf der Durchreise nach Paris, um meine Garderobe zu ergänzen, mir einen neuen Haarknoten machen zu lassen, einige Besuche abzustatten, aber dann flog ich zu meiner Familie nach Rom oder zu Dreharbeiten ans andere Ende der Welt. Ich arbeitete für Italiener, Amerikaner, Russen, Polen … Aus den Zeitschriften erfuhr ich das Neueste von meinen französischen Freunden, die ich per Zufall bei Dreharbeiten, auf Galas und Festivals wiedersah.

Und dann kam eines Tages ein Angebot, das niemanden gleichgültig lassen konnte. Ein Duell. Die Konfrontation, die man seit meinen Anfängen voraussagte: B.B. gegen C.C. Die Französin Brigitte Bardot, siebenunddreißig, gegen die Italienerin Claudia Cardinale, zweiunddreißig. Eine Partie, auf die schon jetzt Wetten abgeschlossen wurden. Vier Produzenten aus Frankreich, Spanien, Italien und Großbritannien hatten sich für dieses zehn Millionen Francs teure Projekt zusammengetan.

Bardot – Cardinale: Das Duell

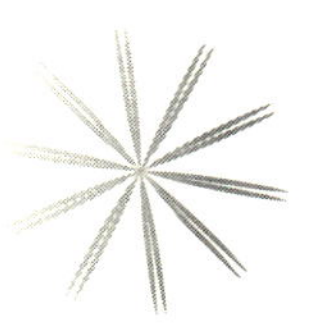

Seit Marilyns Tod war Brigitte auf der ganzen Welt zu einem Sexsymbol geworden. So berühmt war sie, dass man sie allein für die positive Handelsbilanz Frankreichs verantwortlich machte.

Überall auf der Welt wurde ihr Name in einem Atemzug mit dem von Charles de Gaulle genannt. Sie warb genauso für die Trikolore wie ein Ozeandampfer, ein Überschallflugzeug oder ein Hochgeschwindigkeitszug... Ich will damit sagen, dass sie weit mehr als eine Schauspielerin war: Sie war ein Aushängeschild für ein Land, das zugleich Geschichte schreiben und seine Jugend demonstrieren wollte. Deswegen wurde sie auch im Élysée-Palast empfangen, obwohl man sie gleichzeitig als Verkörperung von Sittenverfall und Ausschweifung darstellte.

Aus all diesen Gründen versprach *Petroleum-Miezen* (Les Pétroleuses) das Ereignis des Jahres 1971 zu werden, obwohl das Drehbuch ein wenig schwach war.

Die Geschichte ging um zwei rivalisierende Banden, die Familien King und Sarrazin, die beide von jungen Frauen angeführt werden, Amazonen, die sich schließlich in einem alten Dorf im Wilden Westen mit dem Revolver in der Hand gegenüberstehen. Das Dorf war von französischen Auswanderern gegründet worden und natürlich... komplett in Spanien aufgebaut!

Brigitte spielte Louise King, die Tochter des Banditen

Frenchie King, die auf alle Arten von Eisenbahnüberfällen spezialisiert ist. Mit ihren vier Schwestern hat sie eine Tasche geraubt, in der sich die Karte einer viel versprechenden Ölquelle befindet. Und ich war in meiner Rolle fest entschlossen, diesen Schatz mit Hilfe meiner vier Brüder zurückzuerobern.

Das Dorf hieß Bougival Junction, eine Anspielung für diejenigen Fans, die wussten, dass Brigitte in dem gleichnamigen Vorort westlich von Paris aufgewachsen war, also in einem anderen, nicht so wilden Westen. Nach dem Italo-Western war nun die Zeit der Petticoat-Western gekommen.

Man hatte alles getan, damit die Spannung sich in dem Moment, in dem die beiden Boxer im Ring aufeinander trafen, auf dem Höhepunkt befand. »C.C. kommt im Alphabet nach B.B.«, hatten einige Provokateure gerufen, um das Fieber anzuheizen. Mit umgehängten Kameras warteten die Fotografen auf den Moment, in dem die beiden Bomben explodieren – oder sich zumindest in die Haare geraten würden, was spektakulär zu werden versprach, denn wir hatten beide sehr langes Haar, die eine blond, die andere braun.

Am ersten Tag kam ich wie gewohnt zu früh. Und ich wartete. Wir alle warteten. Brigitte kam nie pünktlich zum Set. Aus vielen verschiedenen Gründen konnte sie einfach nicht aufstehen. Weil sie abends feierte, wenn ich schlafen ging, und auch, weil für sie der Film schon eine lästige Pflicht geworden war, die sie nur noch ungern erfüllte. Außerdem, war sie nicht die Diva? Sie konnte tun, was sie wollte.

Schließlich erschien sie und trug überwältigende Shorts, die ihren makellosen Po und ihre vom Tanzen trainierten Beine, die in Stiefeln steckten, vorteilhaft zur Geltung brachten.

Und plötzlich stand mir meine Jugendzeit wieder vor Augen, als die B.B. in der Schule in Tunis unser aller Vorbild war, als ich mich wie sie frisierte, mit einem Pferdeschwanz und wilden Strähnen, die bis ins Gesicht hingen, als ich mich schwarz kleidete, mit engen Rollkragenpullis. Jetzt, fünfzehn Jahre später, hatte dieser Stil sich gründlich verändert; aber sie erfand eine sehr sexy Art des Westernstils mit langen Haaren unter dem Stetson und schrägen Absätzen. Alle Männer am Set rissen Mund und Augen auf. Sie hatte die erste Runde gewonnen.

Dann entdeckte sie meinen hübschen metallic-grauen Rolls Roys und meinen neapolitanischen Chauffeur, der schön wie ein junger Gott war.

Und da wurde sie ganz blass. Dieser Punkt ging an mich.

Für eine Frau ist es niemals einfach, mit einer anderen Frau zu drehen. Ich hatte das Privileg, mit außerordentlichen Schauspielern zu arbeiten, und ich weiß, dass der Erfolg eines Films vor allem davon abhängt, ob zwischen den Partnern dieses unausgesprochene Einverständnis zustande kommt. Es reicht, dass dieser kleine Funke überspringt, und die Szene wird gut. Das ist etwas, was wir Schauspieler sofort spüren.

Aber es ist schwierig, diese Verbindung zu einer Frau aufzubauen, denn das erste Gefühl, das uns verbindet, ist die Rivalität, die sich umso stärker entwickelt, je mehr man einander bewundert oder fürchtet.

Schauspielerinnen springen hart miteinander um; das verlangt der Beruf. Sie ertragen es nicht, wenn sie nicht die Schönste sind. Wenn sie daran zweifeln, fühlen sie sich sofort erdrückt und unsicher und verkümmern entsprechend. Aber je mehr sie sich bemühen, ihre Überlegenheit herauszustellen, umso mehr müssen sie andererseits ihre Schwächen verbergen.

Gegenüber den anderen habe ich den großen Vorteil, dass ich mich stark fühle. Das Leben hat mir nichts erspart, und daher fürchte ich mich vor nichts und niemandem. Diese Seite meiner Persönlichkeit macht mich zu einem seltenen Exemplar. Ich bin direkter, freimütiger als viele meiner Geschlechtsgenossinnen. Vor einigen Jahren, auf dem Festival in Cannes, erkannte ich eine Schauspielerin, mit der ich einmal gearbeitet hatte, und ich ging ganz einfach, ohne Berechnung, auf sie zu. Ich bin in diesen Dingen ganz unbefangen. Andere würden vielleicht vorher überlegen: »Mal sehen, wir sind zwei Stars, und es darf auf keinen Fall so aussehen, als ob ich ihr Tribut zolle«, und so weiter. Und vielleicht haben sie ja Recht, denn die Reaktionen, die ich auslöse, fallen selten so aus, wie ich es erwarte. Es gibt Schauspielerinnen, die ich oft getroffen habe und die mich nicht zu erkennen scheinen, sogar wenn sie die Einzigen in der Menschenmenge sind, die sich nicht an mich erinnern... Aber so meinen sie, ihre Überlegenheit herauszustreichen. Ihr Pech!

Sogar mit meiner Freundin Monica Vitti habe ich diese Art Konkurrenzdenken erlebt, als wir zusammen *Eine Laus im Pelz* (A mezzanotte va la ronda del piacere) von Marcello Fondato drehten. Im wirklichen Leben waren wir die besten Freundinnen der Welt. Aber vor den Kameras war von Freundschaft nicht mehr die Rede. Die eine musste die andere ausstechen, das war eine Frage des Überlebens. Jedenfalls dachte Monica so. Ich versuchte, gar nicht auf diese ständige, zwanghafte Rivalität zu achten, aber sie schuf ein Klima, unter dem die ganze Truppe litt.

Monica wartete ab, bis ich aus meinem Wohnwagen kam, um dann ihre Kostüme auszuwählen, und zwar immer so, dass sie meine bei weitem in den Schatten stellte. Eine Schauspielerin kann das ganz automatisch, Farben und Formen aussuchen, alles, was den Blick auf sie zieht. Ärgerlicher war, dass sie sich bei den Großaufnahmen so platzierte, dass sie ins Bild kam und ich mich umdrehen musste. Der Cutter Ruggero Mastroianni, Marcellos Bruder, sprach mich darauf an.

»Du kommst mir vor wie Prinz Philip, immer zwei Schritte

hinter der Königin! Ich kriege den Schnitt nicht hin, weil ich dich nie in Großaufnahme habe.«

Am Ende war ich ziemlich verärgert und rächte mich auf meine Weise, nämlich mit Hilfe einer Blindschleiche, einem Tier, das wie eine Schlange aussieht, aber so harmlos ist wie ein Regenwurm.

Ich hatte sie in der Nähe der Wohnwagen gefunden und gleich gewusst, wozu ich sie gebrauchen konnte. Am letzten Tag, während Monicas wichtigster Szene, legte ich sie mir um den Hals wie eine Boa, nur ohne Federn. Und stellte mich ihr gegenüber, als sie vor dem Objektiv stand. Was für ein Gesicht sie gemacht hat! Ich dachte, sie würde ohnmächtig!

Aber ich war ja nie in Gefahr gewesen. Seit Kleopatra hat es nicht viele Mädchen gegeben, die in der Lage sind, eine Schlange mit der Hand zu fangen und sich um den Hals zu legen … An diesem Tag haben wir herzlich gelacht, und weiter ist der Konkurrenzkampf zwischen uns nie gegangen.

Bei Brigitte konnten die Beobachter sich nicht einmal über eine so originelle Konfrontation freuen. Alle, die gespannt darauf warteten, wurden enttäuscht. Sie konnten sich nur auf den Streit des Produzenten mit … Guy Casaril stürzen, dem siebenunddreißigjährigen Regisseur, der zwei Filme vorzuweisen hatte, *Astragal* und *Novizinnen*, und der für diese internationale Produktion mit üppigem Budget engagiert worden war.

Wütend stürmte der Regisseur hinaus und wurde stehenden Fußes durch Christian Jaque ersetzt, ein Schwergewicht des französischen Films, der schöne Erfolge gehabt hatte; so hatte er für *François premier* (1937) Fernandel vor die Kamera geholt oder 1951 Gérard Philipe für *Fanfan, der Husar*. Er hatte auch in den Fünfzigerjahren eine Reihe von Filmen mit Martine Carol gedreht. Das Sache war nur, dass er inzwischen siebenundsechzig war und am Ende seiner Karriere stand. Dieser

Wechsel in letzter Minute verhieß nichts Gutes. Aber unsere Konfrontation – die zwischen den zwei Hauptdarstellerinnen – hielt die Presse dermaßen in Atem, dass man sich kaum vorstellen konnte, dass der Film kein Erfolg werden würde.

Das Problem mit dem Wagen war sofort erledigt worden. Ich hatte einen silberfarbenen Rolls. Brigitte bekam einen weißen, noch dazu mit aufklappbarem Verdeck. Und ihr Chauffeur hätte sich bei der Wahl zum Mister Universum bewerben können.

In dieser Hinsicht war sie also beruhigt.

Blieb meine Person. Immer noch jagte ich ihr Angst ein, und sie behauptete, ich sei keine richtige Frau, sondern eher ein Mann. Eine ziemlich gnadenlose Bemerkung.

Christian Jaque fand ebenfalls, ich sei ein richtiger Wirbelwind. Er registrierte fassungslos, dass ich bereit war, früh am Morgen aufzustehen, in den Sattel zu steigen oder selbst zu schießen. Brigitte dagegen hatte immer Angst, sich wehzutun. Ein richtiges Mädchen, was?

Man hatte ihr erzählt, dass ich Unterricht im Ringen nahm, im Pistolenschießen und Reiten … und sie sah mich an, als käme ich vom Mars. Wenn ihr Pferd losgaloppierte, hörte man sie schreien: »Hilfe, Mama!« Was alle am Set ganz reizend fanden.

Doch wie man weiß, ist ja der Clou des Drehbuchs eine Kampfszene zwischen uns beiden. Es kam gar nicht in Frage, dass sie Schläge einsteckte. Ihre Erziehung als junge Bürgertochter aus einem vornehmen Viertel, ihr Unterricht in klassischem Tanz hatten ihr keine Gelegenheit gegeben, sich mit rauen Burschen zu messen, und sie kannte das geheime Vergnügen nicht, das es bereitet, schmutzig und mit zerrissenen Kleidern nach Hause zu kommen.

Als der Moment kam, in dem wir uns im Staub wälzen sollten, sie und ich, mit zerzaustem Haar und ausgefahrenen Krallen, stand ich einem stämmigen Spanier mit Haaren auf der Brust gegenüber, den man wie sie angezogen hatte. Und ich bekam einen Lachanfall. Der Arme sah ganz betreten aus, als ich mich an einen Zaun lehnte und weigerte, bei diesem Spiel mitzumachen. Das war zu grotesk. Diese Leute glaubten doch nicht, dass ich unter diesen Umständen drehen würde!

Dem Regisseur konnte ich meinen Standpunkt klar machen, aber vor allem musste Brigitte überzeugt werden. Ich ging selbst zu ihr und erklärte ihr, dass ich sehr gut trainiert sei, dass ich alles unter Kontrolle hätte und ihr ganz bestimmt nicht wehtun wolle.

Ich führte ihr vor Augen, dass wir uns vor dieser Herausforderung nicht drücken dürften, das seien wir unserer Karriere und uns selbst schuldig. Wir mussten nur an der Szene arbeiten und ihr beibringen, in dem Moment, in dem der Faustschlag kommen würde, den Kopf zur Seite zu drehen. Das alles musste auf den Millimeter genau berechnet werden, aber das würden wir schon schaffen…

Ich glaube, sie wusste meine Offenheit zu schätzen. Und sie vertraute mir. Darauf bin ich sehr stolz. Ich hatte es geschafft, sie für mich gewonnen. Schließlich haben wir die Szene gespielt und uns dabei sehr gut amüsiert, obwohl ich einen blauen Fleck im Gesicht und sie eine Schramme an der Lippe davontrug. Es dauerte eine Woche, die Kampfszene zu drehen, und genauso lange durften wir uns die Haare nicht waschen, denn sie mussten mit Staub und Schweiß verklebt bleiben, damit die Übergänge stimmten.

Wir schafften es, weil Brigitte verstanden hatte, dass ich nicht ihre Feindin war. Schließlich konnte sie sich sogar entspannen und eine Verbündete in mir sehen. Wie vermutet hatte diese Passage des Films den größten Erfolg. Sie ist vollkommen echt.

Seitdem hatte unsere Beziehung sich verändert. Brigitte hatte nicht nur keine Angst mehr vor mir, sondern sah mich als Beschützerin. So suchte sie an dem Tag, als sie sich mit ihrem damaligen Freund zerstritt, Zuflucht in meinem Wohnwagen.

Aber sie hatte den Glauben an den Film verloren. Der Ruhm, die Skandale, die Geschichten … sie hatte ihren Anteil daran gehabt. Jetzt hatte sie das Gefühl, ihr wahres Leben liege anderswo. Aber nie hätte ich geahnt, wie tief ihre Verzweiflung war, hätten wir nicht während der Dreharbeiten vom Tod von Anna Maria Pierangeli erfahren, die sich mit einer Überdosis Schlaftabletten umgebracht hatte. Da sah ich, wie Brigitte zusammenbrach. Sie konnte gar nicht mehr aufhören zu weinen.

Zuerst hatte ich sogar den Eindruck, sie hätte die italienische Schauspielerin ebenfalls persönlich gekannt. Nein, antwortete Brigitte mir, sie war ihr nie begegnet, aber es genügte ihr zu wissen, dass sie Schauspielerin gewesen war, wie wir, wie sie: Wir waren alle verloren, alle dazu verurteilt, vor Verzweiflung zu sterben.

Brigitte weinte um sich selbst. Sie fürchtete sich vor der Zukunft. Es war, als hätte der Himmel ihr einen Fingerzeig geschickt, aus einer Welt zu fliehen, die zu gefährlich war. Ich konnte es mir damals nicht vorstellen, weil sie so schön, so erfolgreich war, aber sie hatte bereits beschlossen, ihre Karriere zu beenden. Sie würde sich vom Film zurückziehen, abrupt, wie die großen Damen des Ancien Régime, die in einem gewissen Alter dem Leben bei Hof entsagten und sich in ein Kloster zurückzogen. Drei Jahre später, kurz nach dem Misserfolg von *L'Histoire très bonne et très joyeuse de Colinot Trousse-Chemise* von Nina Companeez, war es so weit. Da war sie erst vierzig.

Als sie mich so erlebte, immer noch bereit, mich einzusetzen, an meiner Rolle zu arbeiten, verstand sie das nicht. Wie war es möglich, dass ich immer noch Freude am Filmen hatte? Wieso hatte ich Spaß an einfachen, kindischen Spielchen?

Wie dem Reiten. Seit *Zirkuswelt* und *Spiel mir das Lied vom Tod* hatte ich gute Fortschritte gemacht... Jetzt hätte man mich schon einsperren müssen, um mich daran zu hindern, in die andalusischen Berge auszureiten. Ich nutzte unsere Mittagspausen, um zu verschwinden und ganz allein durch die Landschaft zu galoppieren.

Am Ende betrachtete Brigitte mich mit Neid. Schließlich nahm sie meine Einladung an, obwohl sie sehr ängstlich war. Wir ritten zusammen in die Berge, im Herrensitz. Die Produktion war verzweifelt. Wenn uns etwas zustieß, wenn wir stürzten, wäre der ganze Film ruiniert. Aber wir kehrten in Hochstimmung zurück. Für das Duell, auf das alle warteten, standen die Aussichten allerdings schlecht.

Der Film wurde von der Kritik verrissen, war aber ein Kassenerfolg. Das Überraschendste daran war für mich aber der Erfolg der Platte mit dem Original-Soundtrack, der Szene nämlich, in der ich tanze und singe – ausgerechnet ich, die ich so lange gebraucht hatte, bis ich im Film überhaupt sprechen durfte – und schließlich einen sehr züchtigen Striptease hinlege, der beim Korsett und den schwarzen Strümpfen aufhört. Ganz ähnlichen, wie mir sie Pietro Tosi zum ersten Mal 1960 für den Bolognini-Film verordnet hatte.

Das Lied kam gleich in die Hitparaden und stieg in Japan sogar auf den ersten Platz auf. Die Japaner sind an Frauen gewöhnt, die etwas tiefere Stimmen haben. Ausgerechnet ich, die in der Schule im Kinderchor immer schweigen musste, begann in Varieteesendungen zu singen, im Fernsehen und nahm sogar eine zweite Platte auf, *Love, love, love*, die sich ebenfalls sehr gut verkaufte. Doch als man mir kürzlich die Rolle einer einstigen Opernsängerin anbot, habe ich abgelehnt... Schließlich haben sie mich als ehemalige Jazz-Sängerin besetzt, das war plausibler.

Wenn man ein gewisses Alter erreicht hat und sich selbst gut kennt, kann einen kein natürliches Hindernis mehr aufhalten. Meine Stimme war zunächst ein Handicap gewesen und war dann zu einem meiner Pluspunkte geworden. Und so ist es mit vielen Dingen... Es gibt eine Art voranzuschreiten, seinen Weg zu gehen, der einem die Entscheidungen und den Rhythmus vorgibt. Ich stand auf dem Höhepunkt meines Könnens. Ich war voller Lebensenergie. Ich musste laufen, rennen, alle Risiken eingehen. Der Film war ein Abenteuer, das immer wieder von vorn begann.

Damals bot man mir an, *Der Mann aus Marseille* (La Scoumoune) zu drehen, mit José Giovanni, dem Autor von Kriminalromanen, der wusste, wovon er redete.

1943 war José zwanzig gewesen. Er war korsischer Abstammung und lebte damals in Chamonix, wo seine Eltern ein kleines Hotel betrieben. Er war ein begeisterter Bergsteiger, arbeitete als Bergführer und nahm gelegentlich an Aktionen der Résistance teil. Aber nach dem Krieg geriet er in Paris in schlechte Gesellschaft. Er hatte sich auf eine Welt eingelassen, die gefährlicher war als die der Gletscher und hohen Gipfel: Pigalle. Dieser Mann, der die Weite liebte, fand sich im »Loch« wieder, wie er später seinen ersten Roman nennen sollte. Er wurde zum Tode verurteilt.

Sein Vater führte einen hartnäckigen Kampf um seine Begnadigung und Rehabilitierung. Aber während dieser Zeit musste er aushalten. Sein Anwalt drängte ihn zum Schreiben und legte dann dem Schriftsteller Roger Nimier sein erstes Manuskript vor. Nimier glaubte zunächst an einen Schwindel, aber Giovanni lieferte ihm noch im selben Jahr drei weitere Romane, die alle in der »Serie noire« veröffentlicht wurden.

Als er 1956 freikam, war sein Weg schon vorgezeichnet. Er widmete sich dem Schreiben, bis er dem Regisseur Jacques Becker begegnete, der *Das Loch* verfilmen wollte und ihn bat, an den Dreharbeiten teilzunehmen, um Kulissen und Dialoge möglichst authentisch zu gestalten.

So wurde er Drehbuch- und Dialogautor und arbeitete mit Becker, Sautet, Deray und Enrico, und schließlich führte er Regie. Seine Spezialität war noch immer die Darstellung des »Milieus«.

Ich kannte dieses Genre. Es ähnelt ein wenig den Western, Filme über Männer, in denen für Frauen kaum ein Platz ist. Ich hatte meine Vorbehalte, aber ich stimmte zu, Giovanni zu treffen.

Die Produktionsfirma hatte ihm schon den Namen von Monica Vitti genannt, doch die hatte versucht, ihren Freund als Kameramann unterzubringen... Alle Regisseure wissen, dass so etwas für einen Schauspieler das beste Mittel ist, seine Präsenz auf der Leinwand zu kontrollieren. José war misstrauisch. Er fürchtete, sie könnte zu viel Aufmerksamkeit auf sich lenken. Man hatte ihm auch Jeanne Moreau vorgeschlagen, aber er wollte zuerst mich treffen.

In seiner Gegenwart zerstoben meine Vorurteile sofort. Ich hatte mit einer Kämpfernatur zu tun, wie ich sie mag; einem Mann, der im Geiste immer noch Bergsteiger war und sich nicht davor fürchtete, sich mit einem stärkeren Gegner zu schlagen. Eine Frau, Zazie, die Mutter seiner zwei Kinder, hatte es verstanden, sein rebellisches und gewalttätiges Temperament zu zügeln.

Und außerdem hätte bestimmt schon der Name Belmondo ausgereicht, um mich zu erweichen. Genau dieser Held neuen Stils, den die Zeitschrift *Life* auf einem Titel »sexy, crazy and cool« genannt hatte, ließ mich dahinschmelzen. Giovanni wollte, dass er unter seiner Regie noch einmal die Rolle des Antoine La Rocca spielte, den er schon vor zwölf Jahren in dem Film verkörpert hatte, den Jean Becker nach einem seiner Romane gedreht hatte. Und ich würde wieder mein liebstes Filmkostüm tragen: Korsage, schwarze Strümpfe und hochhackige Schuhe…

Über Tag spielte also Jean Paul diesen altmodischen Ganoven mit dem würdevollen Lächeln, der große Prinzipien hochhält und mit dem niemand zu spaßen wagt… Ich war seine Geliebte und Spießgesellin.

Und abends, im Privatleben, verrückte er in dem Palast, in dem wir wohnten, die Möbel, während ich den Direktor ablenkte.

Giovanni hatte eine Erklärung für alle, die über diese Metamorphose verblüfft waren. »Meine Filme brauchen sportliche Schauspieler; Leute, die nicht erst mit dem Training anfangen, wenn sie ihren Vertrag unterzeichnet haben. Solche Typen müssen sich bewegen. Bevor sie eine Szene spielen, konzentrieren sie sich nicht, indem sie den Kopf in beide Hände stützen. Sie toben stattdessen herum, das ist normal.«

Er war an Extreme gewöhnt und hatte schon ganz andere erlebt… Mir machte er ein sehr schönes Kompliment: »Die Cardinale ist eine der wenigen Frauen auf der Welt, die einen Knüppel oder einen Revolver schwenken können, ohne dass der ganze Saal in Gelächter ausbricht.« In *Der Mann aus Marseille* verlangte meine Rolle von mir nur, einen Gangster mit einer zerbrochenen Flasche anzugreifen.

José, der im Jahr 2004 starb, gehörte zu den wahren Freunden, die ich durch meinen Beruf gefunden habe. Und als er mir dann 1982 eine Rolle in *Der Rammbock (Le Ruffian)* anbot, einem Abenteuerfilm, der in Kanada gedreht werden sollte, zögerte ich keinen Moment.

Durch Giovannis Kamera sollten wir das Universum entdecken, das er so gut kannte und ohne das er nicht leben konnte: die Berge. In der Hauptrolle natürlich die Rocky Mountains.

Zu den Schauspielern gehörte auch einer von Josés besten Freunden, Lino Ventura, ein Mann, der ihm ähnelte, schweigsam, integer, direkt, von Ängsten getrieben. Und ebenfalls ein großer Sportler, ein ehemaliger Meister im griechisch-römischen Ringen, der sich nicht davor fürchtete, es ohne Double mit dem eisigen Wasser der Stromschnellen aufzunehmen, in denen er einen Schatz verloren hatte. Ein Bursche, mit dem nie jemand eine Liebesszene gedreht hatte und der es nicht einmal vertragen konnte, wenn man ihn zur Begrüßung umarmte. Ein Mann, der Kartenspiele und gutes Essen liebte und sich öffnete, wenn er Vertrauen gefasst hatte. In einer Tischrunde, vor einem dieser Gerichte, wie er sie mochte – das heißt, ohne Schnickschnack und gehaltvoll –, legte er eine entwaffnende Liebenswürdigkeit an den Tag. Man hätte Giovanni und ihn für Brüder halten können. Die beiden verstanden sich auch ohne Worte. Jeder kannte auch die Schattenseiten des anderen und ließ sich nicht von dem scheinbaren Glanz des Erfolgs blenden. In Venturas Augen sprach meine italienische Herkunft für mich, denn er war selbst im Alter von acht Jahren nach Frankreich ausgewandert.

Die Amerikaner drehten viel in Kanada, und so wohnte in dem Hotel in Montreal, in dem wir abstiegen, ein weiteres Filmteam, die ehemalige Crew von *Spiel mir das Lied vom Tod*, darunter auch Robert De Niro, einer der größten amerikanischen Schauspieler. Entdeckt hatte ihn Scorsese, der in ihm einen Giganten von der Statur eines Brando sah.

Leone lud mich zum Abendessen ein, und so lernte ich Robert kennen, oder besser gesagt Bob. Er war italienischer Abstammung und in Little Italy, New York, geboren, das praktisch ein Vorort von Sizilien ist. Für mich hatte er eine kleine Schwäche. Und meine Mutter, die mich zu den Dreharbeiten begleitet hatte, hatte eine ganz große für ihn. Immer wieder meinte Mama zu mir, er erinnere sie an meinen Bruder Adrien.

»Findest du nicht, dass er ihm ähnlich sieht, Claude?«, fragte sie.

»Und wer ist nun dieser Adrien?«, wollte De Niro wissen, der sich nicht gern mit anderen vergleichen ließ. Er hatte ja keine Ahnung, dass sie ihm kein schöneres Kompliment hätte machen können. Kurz gesagt, er gehörte beinahe zur Familie, was ihm außerordentlich gut gefiel; denn bei uns fand er ein wenig seine Wurzeln wieder. An unseren drehfreien Tagen unternahmen wir alle zusammen schöne Ausflüge.

Um anonym zu bleiben, verkleidete sich De Niro, der im Film alles spielen konnte – ob Polizist oder Gangster, Monster oder Versager, Boxer oder Asket –, bei diesen Gelegenheiten als Clochard. Niemand erkannte ihn. Ich dagegen tat nichts, um mich zu verstecken, und während des ganzen Spaziergangs gab ich ständig Autogramme, wie jemand, der im Sommer umhergeht und Früchte von den Bäumen pflückt.

Am Ende explodierte De Niro fast.

»Warum immer du?«, rief er aus.

Jetzt war er gekränkt, weil ihn niemand angesprochen hatte! Typisch Schauspieler: Auf der einen Seite tat er alles, um unerkannt zu bleiben, und auf der anderen beunruhigte es ihn, wenn das Publikum ihn nicht wahrnahm.

Das war die erste Eifersuchtsszene, die Bob mir machte. Weitere sollten folgen, und zwar jedes Mal, wenn er Bernard Giraudeau sah, der mit uns in *Der Rammbock* spielte. Die blauen Augen dieses sechsunddreißigjährigen Schauspielers, den Giovanni in allen seinen Filmen einsetzte, trieben ihn zum

Wahnsinn. Er lud mich fast jeden Abend zum Essen ein, um sicherzugehen, dass ich nicht mit Giraudeau zusammen war.

De Niro ist einer dieser reizenden Burschen, die in Wirklichkeit Tyrannen sind, weil sie es nicht ertragen können, wenn sie nicht überall die Ersten sein dürfen. Der Stoff, aus dem die Champions sind.

Bob und ich haben uns noch oft wiedergesehen, bei den verschiedensten Gelegenheiten: Ob er nun in Cannes den Orden der Ehrenlegion erhielt oder ob er mir in den Anproberäumen von Armani, der damals mein Lieblingscouturier war, beim Warten Gesellschaft leistete.

Ja, De Niro ist der Typ Mann, der mir gefällt. Aber ich habe ihm widerstanden, und er ist ein Freund geworden. Die Frauen wissen gar nicht, was sie verlieren, wenn sie den Männern erliegen, die ihnen den Hof machen. Sobald man nicht in die Falle geht, entwickelt sich eine andere Art von Beziehung, die auf einem unausgesprochenen Einverständnis beruht; eine viel dauerhaftere und stärkere Beziehung.

Ich mochte Bob und war seinem Charme gegenüber nicht unempfindlich. Aber ich habe mich noch nie für Abenteuer, die einen Abend dauern, interessiert. Außerdem schrieben wir inzwischen das Jahr 1982. Und in meinem Leben hatte sich vieles verändert…

Vierter Teil
Wiedergeburt

Der Einzige, der nichts von mir wissen wollte

1972, ein schreckliches Jahr. Im symbolträchtigen Alter von dreiunddreißig Jahren hatte ich einen dieser Stürme auszustehen, eine dieser unverzichtbaren Phasen des Lebens, die eine Art Grenze bilden. In meinem Leben gibt es ein »vor« und ein »nach« 1972.

Das »Vorher« war der Komfort, die Berühmtheit, die Sicherheit und auch das immer Gleiche. »Danach« bedeutet für mich Gefahr, Gefühle, Lampenfieber angesichts des Unbekannten. Eines wunderschönen Unbekannten.

Aber ich habe nicht gezögert. Ich hatte keine Angst. Obwohl um mich herum meine Welt zusammenbrach. Im Sturm bin ich nur einem einzigen Kompass gefolgt, meinem Instinkt. Nichts von dem, was man mir hätte sagen können, keine Warnungen oder Drohungen, hielten mich davon ab, dieser unerbittlichen Macht des Lebens zu folgen, die mich zu dem Mann zog, den ich mir endlich ausgewählt hatte, allein und gegen alle Widerstände.

Und ich bedaure nicht, auf so viel Feindseligkeit gestoßen zu sein.

In den schwierigen Zeiten haben sich meine Glaubenssätze und Überzeugungen herausgebildet. Unter widrigen Umständen findet man Mittel und Wege, sich zu festigen und endlich zu sich selbst zu finden. Aber ich gebe zu, dass ich mich oft wie eine Schlafwandlerin auf einem schmalen Grat bewegt habe, ohne nach unten zu sehen. Die Gefahr, dann zu fallen, wäre zu groß gewesen.

Im Juli 1972 erlitt Luchino Visconti, mein teurer Luchino, einen Schlaganfall. Der Mann, der mir meinen Platz am Himmel der Stars geschenkt hatte, ging plötzlich im Dunkel unter. Ich erinnere mich daran wie an einen Stern, der erlischt. Vor unseren Augen büßte er nach und nach seine Leuchtkraft ein, ohne dass jemand etwas dagegen tun konnte.

Er, der immer so stolz, so elegant gewesen war, Visconti, der große Visconti, brauchte jetzt Hilfe beim Rasieren, beim Anziehen seiner Schuhe, beim Aufstehen. Er konnte nicht im Sessel sitzen, ohne nach vorn zu fallen, kraftlos wie eine verrenkte Stoffpuppe.

Wir erzählten damals einander die Bekenntnisse des Meisters, die seinen ganzen Zorn zum Ausdruck brachten. »Ich hasse die Krankheit«, sagte er. »Sie nimmt mir meine Freiheit. Sie demütigt und entwürdigt mich.«

Er hatte sich gezwungen gesehen, das riesige Haus in der Via Salaria zu verkaufen und in eine Zweizimmerwohnung in der Nähe einer seiner Schwestern zu ziehen. Ich hatte ihn immer für unbesiegbar gehalten, aber jetzt schrumpfte der Riese vor meinen Augen zusammen. Und dabei war er erst sechsundsechzig Jahre alt.

Wir sahen Visconti auf einen Stock gestützt gehen. Sein Gesicht war skelettartig hager geworden. Plötzlich war er ein alter Mann, ängstlich, invalide. Und dann diese Verbissenheit, mit der er den Schnitt von *Ludwig II.* fortsetzen wollte, den er nur halb abgeschlossen hatte, seine Entschlossenheit, den Film zu beenden, den er Helmut Berger gewidmet hatte – Berger, der ihn nicht einmal in der Klinik in Zürich besucht hatte… Diese Gewissheit, dass er sterben würde, wenn er nicht sofort wieder an die Arbeit ging. Was für ein Albtraum!

Und woran dachte ich zu dieser Zeit? An das Leben. Es trug das Gesicht eines neapolitanischen Regisseurs, der niemals lächelte und dessen offener Blick hart wie Stahl sein konnte.

Pasquale Squitieri war dreiunddreißig, genau wie ich. Der Regisseur hatte bereits zwei Western unter dem Pseudonym William Redford gedreht sowie einen Gangsterfilm, *Camorra*, der in Italien enormen Erfolg gehabt hatte.

Ich hatte ihn schon im Theater gesehen, denn er war auch Schauspieler. Und Anwalt, seit dem Alter von einundzwanzig Jahren. Außerdem machte er Politik. Kurz gesagt ein Unersättlicher, ein leidenschaftlicher Entdecker, den die Ungerechtigkeit quälte, ein Perfektionist, ein Idealist, hoch begabt, mit strahlenden blauen Augen, die er vor allzu hellem Licht mit einer Ray-Ban-Sonnenbrille schützte, von der er sich nie trennte.

Man hatte ihn mit einem Filmprojekt zu mir geschickt.

Für *Die Rache der Camorra* (I Guappi) brauchte Pasquale eine Neapolitanerin, überschäumend, die mit den Händen redet… Überhaupt keine Rolle für mich. Aber Gianni Hecht, der den Film produzierte, bestand darauf, dass er mich engagierte. Der übliche Streit zwischen einem Regisseur, der das erträumte Werk verwirklichen will, und den Geldgebern, die auf das Publikum schielen.

Pasquale tauchte also bei mir auf dem Land auf und trug die Miene eines Mannes zur Schau, der es nicht gewohnt ist zu gehorchen und sich trotzdem gezwungen sieht, eine Entscheidung zu treffen, die ihm nicht behagt. Eine wütende Miene. Doppelt wütend sogar, weil ich nicht die Neapolitanerin war, die er sich vorstellte, und außerdem ein Star, der die Titelseiten aller Zeitschriften zierte. Ich war Teil eines Systems, das ihn erzürnte. Und ich hatte den Fehler begangen – aber war es wirklich einer gewesen? –, ihn in einem schwarzen Abendkleid zu empfangen, dekolletiert und sehr sexy, wie er mir später sagte.

Wie die meisten anspruchsvollen Regisseure war er sich sicher, dass man keinen Film mit jemandem drehen kann, der die alleinige Aufmerksamkeit auf sich zieht. Außerdem verabscheute Squitieri, der einem Ideal von Gerechtigkeit und Gleichheit anhing, das System, das die Stars in den Mittelpunkt stellte. Für ihn kam es überhaupt nicht in Frage, sich mit einer launischen Diva abzugeben.

Kurz gesagt, unser Zusammentreffen schien pure Formsache zu sein. Er gab sich große Mühe, mir zu demonstrieren, dass er »nur« gekommen sei, um seinen Auftraggebern einen Gefallen zu tun, und dass er genau wisse, dass wir beide unsere Zeit vergeudeten. Seiner Meinung nach war es völlig ausgeschlossen, dass wir uns jemals verstehen würden. Seine bissige Ironie grenzte schon an Grobheit.

Er saß mir gegenüber im Wohnzimmer. Mein vierzehnjähriger Sohn drückte sich im Flur herum. Ich war erstaunt darüber, was für einen Blick Pit Squitieri zugeworfen hatte. Pit war sehr besitzergreifend, was mich anging. Nachdem er meinen Gast mit drohender Miene gemustert hatte, schob er draußen Wache.

Eindeutig hatte keiner von uns die leiseste Absicht, irgendwie liebenswürdig zu sein… Das war nun wirklich nicht die entspannte Atmosphäre, die man sich für eine erste Begegnung wünscht.

Während Squitieri mir sein Drehbuch erzählte, machte er sich nicht einmal die Mühe, seine Brille abzunehmen. Er redete mit mir wie mit einer kleinen Angestellten und schien zu ignorieren, dass ich eine der berühmtesten Schauspielerinnen der Welt war.

In diesem Jahr liefen zwei Filme von mir im Kino, *Der Mann aus Marseille* von José Giovanni und *Il Giorno de Furore* von Antonio Calenda. Ich hatte schon mit den Größten gearbeitet, Regisseuren, neben denen er immer noch ein Anfänger war. Ich drehte gerade den neuen Bolognini, *Libera, Amore mio*, und demnächst würde ich in dem nächsten Film von Visconti mitwirken. Viele hielten mich für eine der anziehendsten Frauen der Welt. Glaubte er wirklich, dass seine Playboy-Brille mich beeindruckte? Für wen hielt er sich, dieser Kerl mit den breiten Schultern, der hohen Stirn, der makellos geraden Nase, dem gut geschnittenen Mund, dass er sich nicht herabließ, auch nur einen Hauch von Sympathie zum Ausdruck zu bringen?

Er legte es eindeutig darauf an, dass ich es ablehnen würde, unter seiner Regie zu arbeiten.

Ich hatte einen Burschen vor mir, der mich für seinen Film nicht haben wollte… Und ich dachte nur daran, wie ich ihn dazu bringen könnte, seine Meinung zu ändern.

Trotz seiner schlechten Laune gefiel er mir bereits. Schon immer hatte ich gerade die Männer verschmäht, die alles taten, um sich bei mir einzuschmeicheln. Und bei dem hier, der alles daran setzte, mich zu ärgern, konnte ich nur daran denken, ihn zu verführen. Er würde mir nicht widerstehen können, oder ich war keine Schauspielerin!

Ich sagte also zu, *Die Rache der Camorra* zu drehen. Ob ihm das nun gefiel oder nicht! Am Set hatte ich dann das Gefühl, nicht einfach eine weitere Rolle zu spielen, sondern zu einem Duell anzutreten. Und dieses würde kein Schaukampf sein; es ging nicht darum, mich mit einer Brigitte Bardot im Staub zu wälzen. Jetzt kam es darauf an, einigen Dutzend Mädchen, deren Namen in seinem Notizbuch standen, einen Kerl zu entreißen. Das fing schon mit der jungen und bezaubernden Frau an, die bei den Dreharbeiten als Assistentin für ihn arbeitete… Pasquale begriff sehr schnell, dass ich vor nichts zurückschrecken würde, um ihn zu bekommen. Da nützte es gar nichts, dass er mich am Set mit einem eisigen »Sieh an, da kommt die Diva« empfing. Ich hatte ihn erwählt, und er würde mir nicht entkommen.

Während des gesamten Films machten sich zwei wunderbare italienische Schauspieler das Privileg streitig, in mein Zimmer eingeladen zu werden. Fabio Testi, ein überragender Sportler und ehemaliger Stuntman, den De Sica in *Der Garten der Finzi Contini* zur Hauptperson gemacht hatte, und Franco Nero, ein Westernheld mit dunklem Haar und blauen Augen. Junge Männer von dreißig Jahren, die nicht wussten, was sie noch anstellen sollten, um mir zu gefallen. Je mehr Komplimente sie mir machten, je netter, sanfter, verliebter sie sich gaben, umso gleichgültiger behandelte ich sie. Seit frühester Jugend hatte ich Zeit gehabt zu beobachten, dass dieses Verhalten meine Verehrer nicht abschreckte, sondern im Gegenteil noch stärker anzog. Aber mir war das gleich, mir war alles vollkommen egal, was mir zum Greifen nahe war.

Ich machte es genau wie die Männer. Ich hatte denjenigen im Auge, der mich nicht ansah. Man könnte sogar behaupten, ich wäre ihm nachgelaufen, was mir noch nie passiert war. Unter den nichtigsten Vorwänden rief ich ihn an, bei Tag und Nacht. Ich stellte ihm nach.

Unsere Liebesgeschichte begann gegen Ende der Dreharbeiten. Pasquale war glücklich, sein Film war fast fertig, und das Ergebnis versprach gut zu werden. Außerdem befand sich seine Karriere im Aufwind. Sobald *Die Rache der Camorra* abgedreht war, hatte er vor, nach New York zu fliegen, wegen eines sehr großen Projekts, an dem ihm viel lag und über das er mit Dino De Laurentiis sprechen musste.

Ich hatte mein Misstrauen und alle meine Prinzipien vergessen, ich hatte mich ihm geschenkt, ohne Furcht davor, was man darüber reden würde, was er davon denken könnte; und das in dieser Umgebung, wo mich jeder beobachtete und wo sogar eine große Zahl Angestellter der Vides die Hauptaufgabe hatte, mich zu überwachen. Außerdem hatte ich keine andere Wahl, mein Körper sprach an meiner Stelle.

Zweifellos war Pasquale der Meinung, dass er kein allzu großes Risiko einging. Ich gefiel ihm, er fand mich anziehend, aber wir beide waren zusammengekommen, als er sich anschickte, nach Amerika zu gehen. Wir waren Liebende auf Zeit, deren Trennung bei ihrer Begegnung bereits feststand.

Da kannte er mich schlecht. Aber Pasquale wusste nichts von mir und sagte sich wahrscheinlich, dass ich an diese Art von kurzen Beziehungen gewöhnt sei. Er konnte nicht ahnen, bis zu welchem Punkt ich plötzlich in ein Universum gestürzt war, wo ich alle Gefahren missachtete oder, genauer gesagt, wo die Gefahren mich anzogen. Ich stand bei der Vides unter Vertrag, und Franco Cristaldi war inzwischen Präsident der Vereinigung der italienischen Produzenten. Aber er hätte sogar Präsident des Weltverbandes sein können – was er fünf Jahre später wurde –, das hätte für mich nichts geändert.

Als die Dreharbeiten zu Ende waren, ließ Pasquale mir dreihundert rote Rosen in meine Suite im Excelsior von Neapel schicken. Das Personal wusste gar nicht, wohin damit; und nachdem alle Vasen, die es auf der ganzen Etage gab, gefüllt waren, mussten die Leute sie notgedrungen in die mit Wasser gefüllte Badewanne legen.

Nun ja, ich sollte etwas noch Verrückteres tun.

Ich hatte meinen Koffer gepackt und mir ein Ticket nach New York gekauft, ohne irgendjemandem Bescheid zu geben, ohne Pasquale nach seiner Meinung zu fragen. Ohne dass ich überhaupt wusste, wo er wohnte. Ohne ihn vorzuwarnen. Aber ich hatte es geschafft, mir die Telefonnummer eines seiner Freunde zu besorgen, eines Fotografen.

Ich landete am Kennedy-Flughafen und wählte mit klopfendem Herzen die Nummer. Ein Mann nahm ab, und ich fragte ihn, ob er derjenige sei, der Pasquale Squitieri kannte, und er sagte ja. Da stellte ich mich vor und fragte ihn, ob er wisse, wo ich Pasquale finden könne.

Der Mann schien erstaunt zu sein, aber Pasquale befand sich zufällig bei ihm, und er holte ihn an den Apparat.

»Ich bin hier, in New York, am Flughafen«, sagte ich zu ihm. »Kommst du mich abholen …«

Das war eigentlich keine Frage. Eine ablehnende Antwort war einfach nicht möglich.

Pasquale schwieg eine Weile.

»Du bist verrückt!«, antwortete er schließlich. »Was hast du vor?«

Was sollte ich wohl in Amerika vorhaben …

Und er kam mich holen.

Eine Szene, wie sie in tausend Filmen gespielt worden ist.

Ich stehe neben meinem Koffer. Seit eineinhalb Stunden warte ich, allein inmitten einer wimmelnden Menschenmenge. Einige Leute drehen sich um, mustern mich, aber ich setze eine Miene auf, die ihnen verbietet, mich anzusprechen. Wird er kommen, wird er nicht kommen? Ich zweifle; vielleicht zum ersten Mal frage ich mich, ob ich gewinnen werde. Und wenn er nicht den Mut hat, der Geliebte der Frau des berühmtesten Produzenten von Italien zu sein? Aber ich weiß, dass das nicht möglich ist. Nicht bei ihm, nicht bei Pasquale Squitieri. Wenn es auf der ganzen Welt einen freien Mann gibt, wenn nur noch einer übrig ist, dann er. Und dann sehe ich ihn.

Er kommt auf mich zu, als könne er es nicht glauben. Wir rennen nicht aufeinander zu wie die Schauspieler im Film. Ich bleibe stehen, neben meinem viel zu schweren Koffer, und er geht weiter, ohne zu lächeln, vielleicht bewegt. Endlich steht er vor mir, wie fragend.

»Ich will bei dir bleiben.«

Das waren die einzigen Worte, die ich sagte. Und erst da nahm er mich in die Arme. Er sagte nur einen Satz, den ich nie vergessen werde.

»Wenn die schwierigen Zeiten und die Zweifel kommen, dann erinnere dich an diesen Augenblick.«

Wer nie den Duft der Erde nach einem verregneten Nachmittag eingesogen, wer nie die Meeresbrise auf der Haut gespürt, wer nie den Geschmack einer wilden Erdbeere gekostet hat, der kann nicht verstehen, was ich in diesem Moment empfand. Ich spürte das Leben plötzlich viel intensiver, nichts entging mir, weder die Farbe seines Jacketts noch die Sanftheit seiner Hände. Alle meine Sinne waren geschärft, ich war so wach wie nie, seit ich in Tunesien fünfzehn gewesen war und berauscht von diesem Gefühl, am Leben zu sein.

Wir begingen eine Torheit. Keiner von uns war ungebunden. Wir waren nicht mehr jung und unerfahren, Menschen ohne Verpflichtungen, die niemandem Rechenschaft abzulegen brauchten. Wir wussten, was wir riskierten, wenn wir dieser Leidenschaft nachgaben, die zwischen uns war. Der Film war unser Leben. Ich war ein Star, und Pasquale stand ebenfalls am Beginn einer brillanten Karriere. Und wegen einer Liebesgeschichte setzten wir alles aufs Spiel.

Andere wären zurückgeschreckt. Die Gefahr war zu groß. Aber wir hätten uns selbst verraten, wenn wir so entschieden hätten.

Angesichts des absoluten Anspruchs der Liebe kann man nicht kühl und berechnend handeln. Die Gewissheit, dass diese Entscheidung unser bisher so privilegiertes, so geregeltes Leben durcheinander bringen würde, machte diese Momente vollkommener Freiheit umso kostbarer. Wir hielten an unserem Schatz fest, der in den Augen seriöser Menschen so unsichtbar wie Luft war. Aber das war eine Luft, ohne die ich nicht mehr atmen konnte und die meinem Schicksal seinen ganzen Sinn gab.

Wie viele Menschen sagten mir damals: »Komm schon... Claudia, komm wieder zu Verstand, du bist nicht die Erste, die ein Abenteuer hat, aber sei vernünftig, steig in ein Flugzeug, und flieg nach Hause. In ein paar Tagen hast du alles vergessen.«

Die Ersten waren die Produzenten, mit denen ich befreundet war und die Cristaldi kannten. De Laurentiis und Lombardo hielten sich beide in diesem Moment in New York auf. Aber je mehr sie mir zuredeten, auf die Stimme der Vernunft zu hören, umso eiliger hatte ich es, überall in Italien anzurufen, bei meinen Eltern, bei meinen Freunden, um zu verkünden, dass ich nicht zurückkam, dass ich Cristaldi verlassen würde, weil ich dem Mann meines Lebens begegnet war.

Sobald ich alle Brücken hinter mir abgebrochen hatte, würde mich niemand mehr zwingen können, sie in umgekehrter Richtung zu beschreiten. Mir war schon klar, dass ich, um ans Ziel meiner Reise zu gelangen, Krieg würde führen müssen. Aber man zieht nicht in Pumps und mit einem Sportwagen in den Kampf...

Pasquale zeigte mir gleich, wie mein Leben aussehen würde, wenn ich bei ihm blieb. Er hatte vorgehabt, die USA mit dem Bus zu durchqueren. Die Greyhound-Busse sind die preiswerteste Verbindung von einem Staat in den anderen und werden von einer relativ marginalisierten Bevölkerung benutzt: all denen, die kein Auto haben, was dort schon ein wenig suspekt ist, und jungen Leuten, Rucksacktouristen, die darauf brennen, die Welt zu entdecken. Pasquale wollte diese Seite von Amerika kennen lernen, die man nicht in den Hollywood-Filmen findet, wollte hinter die Kulissen des kapitalistischen Erfolgs sehen.

Natürlich nahm er nur das unbedingt Nötige mit und sehr wenig Kleidung. Der ganze Platz in seiner Tasche wurde von einer kleinen Filmkamera eingenommen, von der er sich nie trennte.

Pasquale hatte mehrere Western gedreht, aber er war noch nicht fertig mit Amerika. Für ihn war diese Reise so etwas wie eine Erkundungsfahrt, die Gelegenheit, neue Ideen, neue Szenen zu finden. Und er hatte nicht die Absicht, meinetwegen seine Pläne zu ändern. Wenn ich bei ihm bleiben wollte, musste ich mich auf ihn einstellen, dann war es an mir, ihm zu folgen. Und meinen Koffer selbst zu tragen.

Wenn er mich darum gebeten hätte, wäre ich ihm auch in die Hölle gefolgt. Ich habe keine Sekunde darüber diskutiert.

Seit fünfzehn Jahren kannte ich nur Paläste, Pelze, Wagen mit Chauffeur. Und ich sortierte rasch die Kleider aus, die ich mitgenommen hatte und die eher für ein Festival geeignet waren als für eine Expedition von viertausend Kilometern, vom Atlantik zum Pazifik.

Dort, wo wir hinfuhren, würde ich keine Abendkleider brauchen, und begeistert packte ich meine Tasche. Keine Garderobiere mehr, keine Sekretärin, kein Chauffeur, keine Aufpasser aller Arten! Ich hatte es eilig wie ein junges Mädchen, das gerade sein Abitur bestanden hat und darauf brennt, seine Flügel auszubreiten. In zwanzig Jahren war ich von einem Filmset zum anderen, von einem Land ins andere und oft von einem Kontinent zum anderen gezerrt worden, und trotzdem kam es mir vor, als wäre ich noch nie von zu Hause weg gewesen. Ich hatte die ganze Welt bereist… aber noch nie an der Seite des Mannes, den ich liebte.

Pennsylvania, Ohio, Indiana, Illinois, Missouri… Getreidefelder, so weit das Auge reicht. Bei einer Geschwindigkeit von achtzig Stundenkilometern. Wenn wir umstiegen, kehrten wir in Coffee-Shops ein. Die Serviererinnen nannten mich »Honey« und brachten mir dünnen Kaffee, ohne sich zu fragen, wer ich war und was ich tat. Vielleicht hatten sie ja noch nie von mir gehört… oder sie waren nicht in der Lage, die Verbindung zwischen einer bekannten Schauspielerin und einem Mädchen, das mit dem Bus fuhr, herzustellen. Was für eine einzigartige Erfahrung! Ich entdeckte nicht nur ein Land und seinen Alltag, sondern ich wurde eine andere, jemand ohne Vergangenheit. Beinahe ohne Gepäck. Eine Nomadin und eine verliebte Frau, die überall zu Hause ist, wenn sie nur die Hand des Mannes halten kann, den sie sich erwählt hat.

Ich dachte nicht einmal mehr an die Paparazzi, die es gewöhnt waren, sich vor mir aufzubauen, die sich darum geschlagen hatten, mir Fotos meines Sohns zu stehlen, mich mit ihm zu erwischen… Und die wie vor den Kopf geschlagen gewesen wären, hätten sie erfahren, dass ich so einfach mit dem volkstümlichsten aller Verkehrsmittel verschwunden war.

Ich reiste in einem Bus mit Klimaanlage, neben mir saß mein Liebster, und niemand kam auf die Idee, uns dort zu suchen. Die Motelzimmer waren einfach eingerichtet, manchmal trostlos. Die Blümchenmuster der Tagesdecken waren eines schrecklicher als das andere. Pasquale war jähzornig. Wir liebten uns bis zum Wahnsinn, aber das hinderte ihn nicht daran, sich zu ärgern, wenn ich zu lange brauchte, um mich zu schminken oder zu frisieren. Er fand, ich sei sehr auf mein Äußeres bedacht, und bei ihm war das kein Kompliment. Ich hätte mir gewünscht, er würde aufhören, sich über Dinge aufzuregen, an denen er nichts ändern konnte. Der Zustand der Welt ließ ihm keine Ruhe, die Ungerechtigkeit empörte ihn.

Ich wünschte, er hätte eingesehen, dass auch er Spaß brauchte. Man kann doch nicht ständig in einem Zustand der Rebellion leben. Aber ich liebte ihn so, wie er war.

Mein Lächeln war immer eine Waffe gewesen, die mich aus den schlimmsten Situationen rettete, aber bei ihm reichte das nicht, um die Diskussion zu beenden. Ständig musste ich mich rechtfertigen, überlegen... Warum dachte ich so, und warum sagte ich dieses und jenes? Ich durfte mich nicht länger in eine bequeme Oberflächlichkeit zurückziehen. Auch ich brachte meine Argumente vor: Ich war eine Komödiantin, ich musste auch spielen und mich amüsieren wie ein Kind. Aber das konnte er nicht zulassen; ständig musste man wichtige, entscheidende Dinge tun.

Wir waren beide dreiunddreißig und nicht mehr so flexibel wie junge Paare, die ohne allzu viel Aufhebens zusammenwachsen. Das Leben hatte uns bereits geformt, und unsere Zusammenstöße verliefen oft heftig. Aber die Macht, die uns aufeinander zutrieb, war so stark, dass kein Hindernis sie aufhalten konnte. Wir waren wie Kugeln aus reiner Energie, die funkensprühend zusammenstoßen, sich entfernen und wieder annähern.

Und wir standen erst am Beginn unserer Reise.

Die Entfernungen auf dem Kilometerzähler wuchsen. Immer weiter entfernte ich mich von allem, das mein Leben ausgemacht hatte. Wie hatte ich bloß dieses Eingesperrtsein, dieses perfekte Regelwerk ertragen können? Wir brauchten zehn Tage bis Los Angeles.

New Mexico, Arizona... Hinter den Fensterscheiben des Busses war die Prärie nach und nach der Wüste gewichen. Es wurde immer heißer. Ich erkannte die Landschaften wieder, in deren Nähe ich früher einmal gedreht hatte. Damals fuhren wir in Kutschen, und die Männer waren in lange Staubmäntel gekleidet, die Leone in Mode gebracht hatte... Die Leute, die jetzt in den Bus stiegen, trugen nur Blousons und Jeans, aber waren sie wirklich anders?

Auch hier redete man nicht viel. Wir trafen merkwürdige Gestalten. Und ihre Art, uns zu beobachten, hatte oft nichts Einnehmendes. Sie tranken Bier und schauten dabei im Fernsehen Baseball, das Spiel, dessen Regeln Cary Grant mir zu erklären versucht hatte.

Wir hatten die Berge durchquert, und nun veränderte sich die Landschaft. Am Ende der Straße lag der Pazifik. Gern wäre ich am Strand entlanggefahren, um vor dem Hintergrund der untergehenden Sonne das Ballett der Surfer zu beobachten und die jungen Mädchen auf ihren Rollschuhen. Aber dazu war Pasquale nicht hergekommen. Man hatte ihm von Pendleton erzählt, einem Lager, wo vietnamesische Flüchtlinge unter elenden Umständen zusammengepfercht waren. Er wollte diese Pustel auf dem Gesicht des reichsten Landes der Welt anprangern und zeigen, wie Amerika die Menschen behandelte, die in Vietnam auf seiner Seite gestanden hatten.

In Los Angeles angekommen, mieteten wir einen Wagen und kauften Landkarten. Das Lager war darauf nicht verzeichnet. Es war mehr oder weniger geheim, und ich weiß nicht, woher Pasquale seine Informationen hatte. Er wollte es mir nie verraten.

Plötzlich fuhren wir von der Hauptstraße ab, die weiter nach Mexiko führte, und fanden uns auf einer Piste wieder, die nirgendwohin außer zu diesem Lager führte. Die Gegend wirkte verlassen, aber sie muss unter strenger Bewachung gestanden haben, denn sehr rasch tauchte über uns ein Helikopter auf. Mit ohrenbetäubendem Rotorenknattern folgte er unserem Wagen. In der halb geöffneten Tür saß ein Mann mit einem Maschinengewehr. Das Manöver sollte dazu dienen, uns einzuschüchtern, aber ich hatte zu viele Filme gedreht, um mich von einer Waffe ängstigen zu lassen. Im Gegenteil, die Gefahr, der Druck, machten das Unternehmen nur noch aufregender. Pasquale fuhr mit gleichmäßiger Geschwindigkeit weiter.

Schließlich kamen wir vor dem Eingang zu einem Lager an. Gitter und Stacheldraht. An der Straße standen Schilder, die verkündeten: »Gefahr! Militärisches Sperrgebiet« und »Betreten verboten!« Bewaffnete Militärwachposten kamen auf uns zu. Sie traten an den Wagen, und durch das offene Fenster verlangte Pasquale, mit ihrem Vorgesetzten zu sprechen. Ein unterer Dienstgrad tauchte auf, ein Captain. Pasquale erklärte ihm, warum wir gekommen waren, und er stellte mich vor.

»Claudia Cardinale«, sagte er, als wäre ich die Königin von England. »Sie möchte die Flüchtlinge besuchen. Wir drehen für das Fernsehen.«

Der Bursche hatte noch nie von mir gehört, wirkte aber verunsichert. Ich musste schon eine wichtige Persönlichkeit sein, wenn man meinen Namen wie ein Sesam-öffne-dich gebrauchte …

Pasquale hatte geblufft, und es hatte funktioniert. Aber mehr noch, ich fühlte mich geschmeichelt. Er hatte mich gebraucht. Ich hätte alles getan, um ihm nützlich zu sein. Und seine Frechheit siegte. Die Soldaten ließen uns ein. In den Vereinigten Staaten hat man großen Respekt vor der Presse, und sie wollten wohl keinen Zwischenfall riskieren, der dazu geführt hätte, dass sich alle Kameras des Landes auf sie richteten. Also organisierte man auf die Schnelle eine Führung für uns.

Rotznasige Kinder, die darauf warteten, dass sie jemand adoptierte, rannten auf bloßen Füßen durch den Staub; Frauen wuschen ihre Wäsche in Schüsseln; Männer spielten Karten. Niemand lächelte. Das war noch wesentlich schlimmer als in den ärmsten Winkeln von Sizilien. Diese Menschen saßen verloren mitten im Nirgendwo; sie waren dem Tod entronnen, aber sie machten nicht den Eindruck, als freuten sie sich, am Leben zu sein. Sie warteten. Worauf, das wussten sie wohl selbst nicht.

Pasquale filmte, und ab und zu ließ man ihn eine Frage stellen. Und plötzlich stürzte sich ein Flüchtling auf uns.

»Das sind Kommunisten, alles Kommunisten!«, kreischte der Mann.

In seinem Wahn dachte er vielleicht, wir wären gekommen, um sie auszuhorchen und anzuzeigen … Man führte uns zum Tor zurück.

Ich stand kurz davor, in Tränen auszubrechen; das Amerika von Hollywood war mir lieber.

Doch Pasquale zeigte sich nur ein wenig ernster und rebellischer als sonst. Das Ganze geschah ein Jahr bevor der Vietnamkrieg mit dem fluchtartigen Rückzug der Amerikaner zu Ende ging. Nach unserem Besuch wurde das Lager aufgelöst; wahrscheinlich, um anderswo aufgebaut zu werden, an einem Ort, wo niemand sich darum kümmern würde, wie das mächtigste Land der Welt den Menschen dankte, die ihm die Treue gehalten hatten.

Die »Ferien« hatten vierzehn Tage gedauert. Während dieser zwei Wochen hatte ich einen Kontinent durchquert, Empfindungen und Erfahrungen aufgesogen und begonnen, einen Durst nach Leben und Freiheit zu stillen, der von nun an grenzenlos erschien.

Aber selbst die schönste Reise geht einmal zu Ende. Uns blieb nichts anderes übrig, als zurückzufliegen und unsere Wünsche mit der Wirklichkeit zu konfrontieren. Meine Träume mit meinem Willen. Am liebsten wäre ich noch Tage, Wochen mit Pasquale weitergefahren. Als die Maschine auf dem Flughafen von Rom aufsetzte, wurde mir schwer ums Herz. Die Ferien waren vorüber.

Jetzt waren wir nicht mehr allein auf der Welt. Viele Menschen erwarteten uns, und nicht alle waren uns wohlgesonnen.

Pasquales Wagen, den ich am Flughafen hatte stehen lassen, hatte eine Panne, als müsste es so sein. Auf einem Abschleppwagen stehend, kamen wir am frühen Morgen vor meiner Villa an, unter den verwirrten Blicken der Wächter, die wir hatten wecken müssen, damit sie uns die Tore öffneten. Stille empfing uns.

Es war die Ruhe vor dem Sturm.

Ein Geruch nach Asche

Wenn ein Dampfer mit voller Fahrt läuft, dauert es einige Zeit, die Maschinen anzuhalten. Ebenso machen sich Veränderungen nicht sofort bemerkbar. Projekte erwarteten mich, die seit Monaten verhandelt und unterzeichnet waren: ein Film von Carlo Di Palma, *Lucky Girls* (Qui cominicia l'aventura), ein weiterer von Alberto Sordi, *Il commune senso del pudore*, und *Eine Laus im Pelz* von Marcello Fondato.

Außerdem hatte mein Freund Luchino mich gebeten, ihm einen Tag zu schenken und in seinem Film *Gewalt und Leidenschaft* (Gruppo di famiglia in un interno) aufzutreten.

Als im April 1974 die Dreharbeiten begannen, konnte Visconti trotz übermenschlicher Anstrengungen noch nicht wieder gehen. Doch er war da, stand aufrecht und gab uns Anweisungen wie immer – oder beinahe –, so als wäre alles in bester Ordnung. Suso, sein hoch geschätzter Drehbuchautor, in dessen Gegenwart er seinen Schlaganfall erlitten hatte, ließ ihn keinen Moment aus den Augen. Er schien ebenso sehr zu leiden wie Visconti.

Er konnte nicht länger wie ein großer General Hunderte von Komparsen und ebenso viele Techniker dirigieren, oder von einer Kulissenwerkstatt in einen Schminkraum laufen. Aber er wollte sich keine Blöße geben.

Mir hatte er den Gefallen getan, mir den Platz des Gespenstes freizuhalten.

Er wollte mich als Braut sehen, das Gesicht hinter einem weißen Schleier verborgen, genau so einem, wie ihn Carla Erba, die Erbin einer der reichsten Familien Mailands, getragen hatte, als sie den Grafen Giuseppe Visconti de Modrone heiratete, seinen Vater.

Je mehr Luchino den Tod näher kommen fühlte, umso vertrauter, eindringlicher und kostbarer wurde ihm die Erinnerung an seine Mutter. Er wollte sie noch einmal im ganzen Glanz ihrer Jugend und ihrer Liebe sehen. Dass er mir diese Rolle anvertraute, war eine gewaltige Ehre für mich.

Luchino konnte jedoch nicht ahnen, wie stark es mich berührte, dieses Kostüm zu tragen. Es erinnerte an eine Geschichte, die ihm eine Herzensangelegenheit war, und seine Geschichte war auch die meine. Aber nicht aus den gleichen Gründen.

Der Umstand, dass seine Tage gezählt waren, sein Leidensweg, seine Demütigungen, seine Leidenschaft für den Film, die umso glühender war, als sie nun der Liebe zu einer unerreichbaren Geliebten glich – all dies hatte dafür gesorgt, dass er die Gerüchte über mich nicht kannte. Und dennoch wusste er auf seine Weise alles, ohne dass ich es je nötig gehabt hätte, mich ihm anzuvertrauen.

Als ich zwanzig war und ein Kind von kaum einem Jahr hatte, das irgendwo auf dem Land im Verborgenen lebte, da hatte er mir in *Rocco und seine Brüder* das Baby in die Arme gelegt…

Jetzt war ich Mitte dreißig, ich liebte *absolut*, und er sah mich als Braut…

Als ich nach diesem einzigartigen Drehtag nach Hause kam, bewegt und traurig darüber, ihn so geschwächt wiederzusehen, erwartete mich ein Päckchen. Er hatte mir ein Abendtäschchen von Bulgari schicken lassen wie eine Einladung zu seinem nächsten wunderbaren Ball, den er aber nur noch in seiner Fantasie geben konnte.

In den Nachrichten wurde nur noch von Bombenanschlägen, Entführungen und Morden berichtet. Der rechte und der linke Terrorismus versuchten einander zu übertreffen und ließen entsetzliche Opfer zurück: acht Tote und einhundertundzwei Verletzte bei der Explosion einer Bombe in Brescia am 28. Mai 1974; zwölf Tote und achtundvierzig Verletzte am 4. August bei einem Attentat auf einen Zug in der Nähe von Bologna. Die italienische Geschichte wurde mit Blut geschrieben. Und dieser kleine, zarte und auch so nutzlose Gegenstand sprach von Raffinesse und Schönheit. Neben der Liebe das Einzige, was zählt, wie Visconti sagte.

Dieses Abendtäschchen erinnerte mich an ein anderes Leben, und nicht nur an das des »Leoparden« und diesen Ball, ein Symbol meiner Jugend. Es beschwor ein Leben herauf, das zu verlieren ich im Begriff war. Einen Geruch nach Asche.

Visconti lag im Sterben, und ich war so unendlich naiv gewesen zu glauben, dass Cristaldi, der sich immer so »distanziert«, so »liberal« gegeben hatte, Verständnis aufbringen würde. Ich fand, nach fünfzehn Jahren könne er sich ruhig damit abfinden, dass ich versuchte, mir ein neues Leben aufzubauen, so wie er es nach seiner ersten Ehe getan hatte. Und mir verzeihen.

Doch als ich ihm meinen Entschluss mitteilte, entdeckte ich einen Menschen, den ich nicht kannte. Eine Figur aus einem Melodram, die vor keiner Drohung zurückschreckte, um mich zu halten. Sollte ich lachen oder mich fürchten? Angesichts der kühlen Beziehung, die zwischen uns geherrscht hatte, war mir vollkommen unverständlich, warum er derart wütete.

Cristaldi, mein »amerikanischer Ehemann«, meinte sogar, er könne meinen Sohn gegen mich instrumentalisieren. Und leider trug Pit seinen Namen und betrachtete ihn als den Vater, den er nie gehabt hatte.

Seit meinen Anfängen im Filmgeschäft, die inzwischen siebzehn Jahre zurücklagen, hatte ich keinen Müßiggang gekannt. Ich hatte drei bis vier Filme pro Jahr gedreht und kannte nur schrillende Telefone und Termine, die sich überschnitten. Wie zufällig lief mein Fünfjahresvertrag mit der Vides 1973 aus. Natürlich weigerte ich mich, ihn zu erneuern. Und plötzlich entdeckte ich das Schweigen, leere Seiten in meinem Kalender. So genannte Freunde, die sich davonmachten. Die Einsamkeit.

Und noch schlimmer, ich sah, wie es an Pasquale nagte, dass man ihn beruflich ins Abseits stellte. Er hatte seine Arbeit als Journalist wieder aufgenommen. Die Politik spielte in seinem Leben eine immer wichtigere Rolle; vielleicht, weil sie an die Stelle des Films trat. Denn er fand keinen Produzenten mehr für die Projekte, an die er geglaubt hatte; trotz der triumphalen Aufnahme, die *Die Rache der Camorra* in Italien gefunden hatte. Niemand wollte es sich mit Cristaldi verderben…

Und dennoch öffneten unsere Nächte mir die Tore zur Ewigkeit. Ich wollte nicht an die Zukunft denken; ich hatte genug mit der aufregenden Gegenwart zu tun. Wie in einem Wirbelsturm sah ich, wie alle, die in meinem Leben am wichtigsten gewesen waren, sich entfernten und am Straßenrand zurückblieben.

Luchino… Zum letzten Mal in meinem Leben hatte ich unter seiner Regie gedreht. Doch er hatte mir von einem weiteren, neuen Projekt erzählt, weil er ohne eine neue Idee nicht leben konnte. Wir alle wussten, dass er bis zum Schluss aktiv bleiben würde. Niemals würde man sehen, wie er verzichtete, sich auf einem Sofa ausstreckte und ruhte. Im Gegenteil, er hatte es nur noch eiliger, seine Träume zu verwirklichen, ehe alles vom Nichts verschlungen würde.

Er hatte vor, den Roman *Die Unschuld* des großen italienischen Schriftstellers Gabriele D'Annunzio zu verfilmen, und hatte mir die Rolle der Amerikanerin versprochen, mit Dominique Sanda als meinem Partner. Ich wusste, dass er wie besessen daran arbeitete. Es hieß sogar, diese Leidenschaft habe ihm wieder Kraft und Hoffnung geschenkt. Schließlich begann er, sich selbst anzukleiden und ohne Stock zu gehen.

Nur hatte er unterdessen einen Brief von Cristaldi bekommen. Ich hatte mit der Vides und mit meinem Produzenten gebrochen. Und Cristaldi hatte beschlossen, sich zu rächen. Auf die kleinlichste Weise.

In dem Film, den Luchino vorbereitete, tötet der Mann, der von der Untreue seiner Frau erfährt, das Kind, das ihrer Verbindung mit ihrem Geliebten entstammt. Cristaldi gab sich damit zufrieden, meine Karriere zu vernichten, und die von Pasquale gleich dazu.

Die letzten Worte Luchinos, an die ich mich erinnere, hätte ich am liebsten nie gehört.

»Du weißt, wie sehr ich dich liebe, Claudine, aber Franco liebe ich ebenfalls.«

Mein Meister hatte sich entschieden.

Natürlich hatte er in seinem ganzen Werk von einer Welt erzählt, die von einer Scheidung überschattet wurde. Der seiner Eltern, die für ihn das Ende der Kindheit und die Vertreibung aus dem Paradies bedeutet hatte. Er hatte eine Gesellschaft gegeißelt, in der die Familie in Auflösung begriffen war und keinen Schutzraum mehr bot, in dem Kinder in Frieden aufwachsen konnten.

Trotzdem hätte ich mir gewünscht…

Ich tröste mich mit dem Gedanken, dass Luchino zu dieser Zeit nur noch ein Schatten seiner selbst war.

Kurz bevor die Dreharbeiten für *Die Unschuld* begannen, wollte er so tun, als sei er wieder gesund. Er, der seinen Freund Lancaster beschimpft hatte, weil er sich während der Dreharbeiten zu *Der Leopard* eine Knieverletzung zugezogen hatte, beschloss, dass er keine Hilfe mehr brauchte, um sein Zimmer zu verlassen. Aber er stürzte und konnte nicht wieder aufstehen. Er hatte sich ein Bein gebrochen. Was tun? Sich umbringen? Nein, er führte im Rollstuhl die Regie.

»Und nächstes Mal führe ich vielleicht von einer Trage aus Regie!«, rief er den Journalisten zu.

Seine Bosheiten, seine Grausamkeit richteten sich nur noch gegen sich selbst.

»Auf geht's, bewegen wir diesen Kadaver«, befahl er der Person, die damit beauftragt war, seinen Rollstuhl zu schieben.

Als eine Freundin ihn wegen seines exzessiven Tabakkonsums schalt und ihn fragte, wie viele Zigaretten er pro Tag rauche, antwortete er:

»Dreitausend, reicht das?«

Ich erlebte also diese Tragödie nicht mit, diese letzte Schlacht, den aussichtslosen Kampf eines Mannes, der weiß, dass er bereits verloren ist. Auch Delon hatte an diesem letzten Film nicht mitgewirkt. Als er von Luchinos Tod erfuhr – durch einen Journalisten, der ihn bei Dreharbeiten mit José Giovanni in Cannes rücksichtslos überfiel –, konnte er kein Wort sagen, sondern brach nur in Tränen aus.

In meinem Leben habe ich nur an sehr wenigen Beerdigungen teilgenommen. Nicht aus Gleichgültigkeit, oh nein! Sondern weil ich so bin wie alle Menschen: Wenn ich jemanden verliere, den ich geliebt habe, möchte ich angesichts seiner sterblichen Überreste in Frieden, in Schweigen und Achtung seiner gedenken. Aber für eine bekannte Schauspielerin ist das unmöglich. Jede Zeremonie ist für uns eine Maskerade. Das ist die Strafe für uns Stars, die wir es gewöhnt sind, auf der Leinwand Gefühle auszudrücken, die nicht unsere eigenen sind. Wenn wir sie wirklich empfinden, sind die Fotografen da, um sich die Show nicht entgehen zu lassen. Niemand hört auf uns, wenn wir »Stopp« sagen und nicht mehr spielen wollen.

Und natürlich, die Trauerfeier für Luchino, an der ich dennoch unbedingt teilnehmen wollte, machte keine Ausnahme von dieser Regel. Sie waren alle gekommen, die Geier, um sich an den tränenüberströmten Gesichtern zu ergötzen …

Uberta, Luchinos Schwester, verriet, dass er ganz friedlich bei ihr gestorben sei, während er die zweite Symphonie von Brahms hörte. Wenigstens darüber bin ich froh. Denn ihm, der uns das Schweigen, die Zurückhaltung gelehrt hatte, hätte sicherlich an diesem Freitag, dem 19. März 1976, etwas gefehlt.

Glücklicherweise erwies sich die Kulisse seiner Größe als würdig. Diese Kirche war wie ein Theater. Seine letzte Inszenierung leitete er nicht von einer Trage aus, wie er es uns angedroht hatte, sondern in seinem Sarg liegend, zu Füßen des Altars von Sant' Ignazio, dem Herzen des barocken Rom.

Über unseren Köpfen prangte das herrlichste Trompe-l'œil-Gemälde, das man sich nur vorstellen konnte, die Scheinkuppel, die Andrea Pozzo für die Jesuiten, die sich eine echte nicht leisten konnten, gemalt hatte.

Francesco Rosi, der 1948 Luchinos Assistent gewesen war, hielt die Trauerrede auf dem Kirchenvorplatz, vor der gewaltigen Menschenmenge, die auf den Platz geströmt war, als wäre er das Parkett der Scala. Sowohl der Erste Sekretär der Kommunistischen Partei, Enrico Berlinguer, als auch der Präsident der Republik, Giovanni Leone, waren gekommen, und so viele Schauspieler und Künstler, wie sie keine einzige Produktion hätte aufbieten können. Es fehlten nur die alten Freunde: De Sica, der 1974, und Anna Magnani, die 1973 verstorben waren, und Pasolini, der 1975 in einem Hafenviertel ermordet worden war.

Als der Sarg, der den ganzen Nachmittag in Sant' Ignazio aufgebahrt gestanden hatte, nach draußen getragen wurde, stieg von dem Platz, der schwarz von Menschen war, ein letzter Applaus auf.

Gebe Gott, dass er bis in den Himmel zu hören war!

Visconti wollte nicht in die Erde gelegt werden. »Man muss vor Leidenschaft brennen«, sagte er. »Brennen, bis der Tod als letzter Akt des Lebens kommt und uns in Asche verwandelt.«

Niemand wollte verraten, wo Luchinos Asche verstreut wurde.

Die Welt war leer.

Umso leerer, da Franco Cristaldi dafür gesorgt hatte, dass man mich wie eine Aussätzige behandelte.

Der Film hatte mir alles gegeben: eine Heimat, eine Sprache, Freunde, eine neue Familie. Abgesehen von meinen Eltern, meinen Brüdern und meiner Schwester war er meine ganze Welt gewesen.

Doch jetzt stieß das Kino mich von sich.

Auch Pasquale hatte das Projekt nicht umsetzen können, an dem ihm so viel lag, einen enormen Film, mit dem er unter die Größten aufgestiegen wäre. Auch er war jetzt zum Schweigen verurteilt. Oft konnte er sich nicht bezähmen und machte mir deswegen Vorwürfe, auch wenn er mich nachher zerknirscht um Verzeihung anflehte.

Ich hatte unzählige Rollen gespielt und war an Kofferpacken, Hotels und unmögliche Terminpläne gewöhnt. Aber ich gab nicht auf. Eines Tages, da war ich mir sicher, würde ich wieder filmen.

Aber Viscontis Tod hatte das Ende einer Ära angekündigt. Der italienische Film war in eine tiefe Krise gestürzt. Bis dahin hatte die Kinoproduktion sich auf etwa zweihundertfünfzig Filme pro Jahr belaufen. Wirtschaftsexperten wissen, dass diese Zahl 1976 abrupt auf einhundertfünfzig sank. Dabei musste man noch eine ganze Anzahl Pornofilme abziehen, deren Produktion sich damals auf dem Höhepunkt befand.

Wie hatte sich der Film seit meinen Anfängen verändert! Ich hatte mich nie vor der Kamera ausziehen wollen, aber jetzt zeigte man Geschlechtsteile in Großaufnahme. Selbst bei ganz normalen Dreharbeiten sah man surrealistische Szenen. Ich erinnere mich daran, wie eine Regisseurin einer ihrer Schauspielerinnen die Schamhaare frisierte … Und trotzdem schlossen die Kinos, eines nach dem anderen. Die Filmleute wussten gar nicht, wie weit sie die Unterwürfigkeit und Demagogie treiben sollten, um sich die Gunst des Publikums zu sichern. Je weiter sie sich auf das Niveau herabließen, von dem sie glaubten, dass die Zuschauer es wünschten, umso mehr gewann das Fernsehen an Einfluss.

Die Zeit der Viscontis und Fellinis, ihrer Verrücktheit, ihrer Ansprüche, dieses Strebens nach einem Ideal der Perfektion, das nicht erreichbar war und sie in den Wahnsinn trieb, war vorbei. Die Don-Quichotte-Gestalten blieben ihrer Verzweiflung überlassen. Fellini hatte mit *Ginger und Fred* alles erzählt, dieser Geschichte eines alten Tanzpaares; letzte Fragmente von Poesie, auf einem Fernsehbildschirm zur Schau gestellt, wie diese Mädchen, die in Hamburg in den Fenstern sitzen. Auch mein Pasquale provozierte, lehnte sich auf. Er hätte sich so sehr gewünscht, Italien wachzurütteln … das Land, dessen geistiger Führer von nun an Silvio Berlusconi war.

Die Amerikaner hatten gut lachen.

Vorbei die Zeit, als ihre Filme kaum in die Lücken hineinkamen, die ihnen die nationalen Produktionen ließen; damals, als der Dorfpriester oder der kommunistische Bürgermeister die Programmgestaltung überwachte.

Endlich hatte das Hollywoodkino es geschafft, die italienischen Künstler und andere Filmschaffenden zu verschlingen. Ich verlor dabei meinen ganzen Besitz.

Die Vides hatte es nicht für nötig gehalten, meine Steuern zu bezahlen. Mit einem Mal hatte ich hundert Millionen Lire Schulden abzuzahlen, und dabei arbeitete ich nicht mehr. Es blieb nichts anderes übrig, als alles zu verkaufen, was ich hatte. Die Freiheit hat einen Preis, und der ist niemals zu hoch. Ich hatte nie gespielt, um reich zu werden. Ich hatte gespielt, um zu leben, und jetzt musste ich lieben, um zu leben; also ging das Leben weiter, und das war das Wichtigste.

1975 hatten Pasquale und ich uns gemeinsam in der Umgebung von Rom niedergelassen. Das Personal hatte mich verlassen: der unglaublich freundliche Chauffeur, der mich aber so genau im Auge behielt wie die Karosserie des Jaguars, die Sekretärin, der Pressesprecher.

Nur Monique war geblieben, meine Freundin aus Kinderzeiten und meine engste Vertraute.

Fast zwei Jahre lang drehte ich keinen einzigen Film. Zwei Erdbeben hatten mein Leben erschüttert: einmal das in meinem Privatleben, das mir Glück gebracht hatte, und zum anderen das des italienischen Films, das uns in Verwirrung stürzte.

Dank Franco Zeffirelli fand ich 1976 wieder den Weg ins Filmstudio. Er hatte mir eine Rolle in *Jesus von Nazareth* (Gesù di Nazareth) vorgeschlagen, einen Film, den er gleichzeitig für das Fernsehen und das Kino drehte.

Ich will mich gar nicht darüber auslassen, dass er mich für die Rolle der Maria Magdalena, der untreuen Frau, ausgewählt hatte… diejenige, die gesteinigt werden soll, als Jesus ihr zu Hilfe kommt. »Wer unter euch ohne Sünde ist, der werfe den ersten Stein.« Das verhinderte jedoch nicht, dass ich stürzte, als ich versuchte, den Wurfgeschossen auszuweichen. So bin ich in den letzten Sequenzen nur im Profil zu sehen, wie ein antikes ägyptisches Relief. Die andere Seite meines Gesichts war dick angeschwollen.

Ein blutjunger Tunesier, Tarak Ben Amar, produzierte den Film; ein Projekt außerhalb der Szene, die von Franco Cristaldi kontrolliert wurde. Die Dreharbeiten fanden im tunesischen Monastir statt. So schloss sich der Kreis. In diesem kleinen alten Fischerdorf hatte ich zusammen mit meinen Klassenkameradinnen meine erste Rolle gespielt. Dieses Mal vereinte die Besetzungsliste Schauspieler aus der ganzen Welt.

Filme über das Leben Christi sind in der Karriere eines Schauspielers immer ein ganz besonderes Abenteuer und lassen ihn selten unberührt. Für mich waren damit noch aufwühlendere Gefühle verbunden, denn ich fühlte mich wie eine Kranke, die aus einer langen Quarantäne entlassen wird.

Pasquale kam nach. Zum ersten Mal konnte ich ihm das Land meiner Kindheit zeigen. Wir hatten nicht vor zu heiraten, aber ich gebe zu, als ich, umhüllt vom Duft des Jasmins und der blühenden Orangenbäume, Hand in Hand mit dem Mann, den ich liebte, durch die Gässchen mit ihren weiß getünchten Häusern und blau angestrichenen Fensterrahmen spazierte, kam es mir vor, als wären wir auf Hochzeitsreise. Ist es nicht so, dass wir, wenn wir wahrhaft lieben, dem anderen immer zuerst von unserer Kindheit erzählen wollen?

»Meine Claudia«

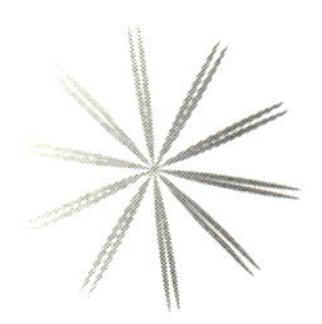

Ich wollte alles mit Pasquale teilen – das Leben, den Film. Deswegen konnte ich es kaum abwarten, weitere Filme mit ihm zu drehen.

Nach *Die Rache der Camorra* war das *Die Rache bin ich* (Il prefetto di ferro, 1977), danach kam *Der Aufstieg des Paten* (Corleone, 1978). In vier Jahren hatten wir drei gemeinsame Filme gedreht. Das Jahr 1979 brachte dann eine ganz neue Wende in meinem Leben.

Mein Sohn Patrick hatte soeben mit einer sehr hübschen Sizilianerin, Amy, ein Kind bekommen, die reizende Lucille. Er war einundzwanzig Jahre alt. Und ich, die ich neunzehn Jahre älter war, sollte einige Monate später ein bezauberndes kleines Mädchen zur Welt bringen, das seinem Vater wie aus dem Gesicht geschnitten war.

Am Anfang unserer Liebe war ich gar nicht auf die Idee gekommen. Pasquale hatte bereits drei Kinder. Meine erste Schwangerschaft hatte ich unter schwierigen Bedingungen erlebt. Außerdem waren wir beide so glücklich. Warum etwas daran ändern? Was brauchten wir noch? Ich ging auf die vierzig zu und hatte Angst, ich könnte zunehmen, mein Aussehen ruinieren. Außerdem war es damals nicht so üblich wie heute, mit vierzig ein Kind zu bekommen. Wieder einmal würden sich bestimmt alle die Mäuler über mich zerreißen …

Doch die guten Gründe dafür, egoistisch und bequem zu leben, verflogen rasch, als sich diese Sehnsucht aufdrängte: ein

Kind von Pasquale. So ist das, so etwas kann man nicht erklären. Als ich erfuhr, dass ich schwanger war, da war ich verrückt vor Freude. Besser gesagt, wir waren beide verrückt vor Freude, zwei Kinder, die das Leben entdecken.

Welchen Unterschied es doch macht, ob man ein Kind allein erwartet, verängstigt, einsam, oder zusammen mit dem Mann, der einen liebt, der einen umsorgt und beschützt… Je mehr sich mein Bauch rundete, desto deutlicher sah ich, wie glücklich Pasquale war, umso gelassener, strahlender fühlte ich mich.

Ich wünschte mir einen Jungen, aber ich spürte gleich, dass es ein Mädchen werden würde. Warum? Wieder einmal mein Instinkt. Zu Beginn konnte ich mir nur schwer eine zweite Frau im Haus vorstellen, die mir vielleicht die Liebe meines Partners streitig machen würde. Doch dann, als unser Baby im April 1979 zur Welt kam, mit seinen strahlend blauen Augen und seinen kurzen blonden Härchen, schmolz ich dahin. Nur noch sie zählte. Das Wunder geschah. Meine Tochter…

Pasquale eilte gleich ins Rathaus, um die Geburt anzuzeigen, ohne dass wir uns schon über den Vornamen einig waren. Als er zurück war, erklärte er, er habe sich für Claudia entschieden. Eine zweite.

»Aber wieso?«, fragte ich erstaunt.

»Wenn ich die eine rufe, dann kommen gleich zwei«, antwortete er.

Pasquale ist eben Neapolitaner.

Ich war immer noch die Galionsfigur meiner Generation. Die ehemalige kleine Verlobte Italiens, die Hauptfigur eines Märchens, die zum Star geworden und dann ins Lager der Rebellen übergelaufen war und nur tat, was sie wollte. Mit einer Mutterschaft mit vierzig ging das Abenteuer weiter. Von neuem war ich als Pionierin auf den Titelblättern zu sehen.

Ich bin mir sicher, dass ich viele Frauen befreit habe, die nicht wagten, den Schritt zu tun, andere Schauspielerinnen zum Beispiel wie Ursula Andress, mit der ich inzwischen eng befreundet war. Einige Monate später erwartete sie ihren kleinen Sohn …

Man fotografierte mich beim Stricken. Die Leute glaubten vielleicht, diese Geburt würde alles über den Haufen werfen, dass ich mit dem Filmen aufhören würde, um die schöne Rolle der Vollzeit-Mama zu spielen. Da kannten sie mich aber schlecht und den neuen Lebensstil der Frauen, deren Wortführerin ich geworden war. Ich betete meine Tochter an, meinen Partner, aber ich brauchte meinen Beruf.

Nach Claudias Geburt beeilte ich mich, mit Pasquale an seinem neuen Projekt zu arbeiten, *L'Arma*. Dann hatte ich zusammen mit meinem Freund Burt Lancaster einen kurzen Auftritt in *Die Haut* (La Pelle) von Liliana Cavani, einer Malaparte-Verfilmung. Und auch Delon sah ich wieder, anlässlich einer großen Gala, die zu Viscontis Ehren in der Oper gegeben wurde.

Ich nahm meinen Platz am Firmament der Stars wieder ein. Wie am Ende eines mittelalterlichen Romans hatte ich alle Prüfungen bestanden. Manche Leute konnten es trotzdem nicht leiden, dass ich dabei so gut weggekommen war. Immer noch verziehen sie mir nicht, wie ich mich entschieden hatte.

Die italienischen Journalisten wussten gar nicht, was sie noch erfinden sollten, um der Welt zu verkünden, dass ich am Ende war. Sie waren besessen von dem Gedanken, dass ich irgendwann mit Pasquale brechen würde. Die Presse veröffentlichte Fotos von mir und meinem erwachsenen Sohn und präsentierte ihn als meinen neuen Geliebten … Man hätte meinen mögen, ich hätte das ganze Land verraten, als ich einen Produzenten verließ. Und dann hatte Pasquale noch die Eigenschaft, sich mit seinen sehr engagierten, provokanten Ideen Feinde zu schaffen.

Eines Abends, in Paris, kam er nach Hause und trug einen Stapel Zeitungen unter dem Arm.

»Na, so etwas! Du bist ja noch da«, sagte er zu mir. »Überall lese ich, dass du seit sechs Monaten mit der Kleinen allein lebst!«

Pasquale tat weiterhin nichts, um sich beliebt zu machen.

Er, den man so oft als Linken, sogar extrem Linken verschrien hatte, als Kommunisten oder sogar Mitglied der Roten Brigaden, hatte keine Angst, als Faschist abgestempelt zu werden. Er drehte einen Film über ein Tabuthema – Mussolini –, wenngleich er einen sehr speziellen Blickwinkel wählte, nämlich den von Clara Petracci, seiner Geliebten, die ihm bis in den Tod gefolgt war. Eine Frau, die in Italien ein Mythos war.

Überall kochten Skandale hoch, sogar die Vatikanbank war jetzt darin verwickelt, aber wegen eines Films stritten sich die Leute. Eines schönen Films, in dem ich eine meiner schönsten Rollen spielte. Um die Clara zu spielen, musste ich mich so verändern wie selten zuvor. Unter den großen Wagenradhüten, nach der Mode der Vierzigerjahre geschminkt und so ausgeleuchtet, wie es damals in den Studios üblich war, bin ich kaum zu erkennen.

Das war unser fünfter gemeinsamer Film und zweifellos derjenige, der mir am liebsten ist. Er kam 1984 heraus und wurde beim Filmfest in Venedig vorgestellt.

Der Schauspieler, der den Duce verkörperte und eine frappierende Ähnlichkeit mit dem Vorbild aufwies, wollte als Mussolini gekleidet an der Veranstaltung teilnehmen. Pasquale bekam einen Schock.

»Geh dich umziehen!«, befahl er ihm sofort.

Aber mehr brauchte es gar nicht.

Schon stand das Publikum kurz davor, handgreiflich zu werden. Aber nicht wegen der Qualität des Films, die unbestreitbar war. Nein, die alten Leidenschaften aus der Mussolini-Zeit kochten wieder hoch. Das ging so weit, dass man mir zuerst den Preis für die beste schauspielerische Leistung verlieh, was auch schon im Fernsehen gemeldet wurde, um dann die Entscheidung zu revidieren und ihn mir im letzten Moment wieder zu entziehen. Ich zog es vor, mich in meinem Zimmer einzuschließen, denn ich fürchtete, der Streit könnte bei mir weitergehen. Schließlich ignorierte mich die Mostra. Doch die Presse entschädigte mich dafür.

Pasquale jedenfalls schwebte im siebten Himmel. Nichts liebt er mehr, als Diskussionen vom Zaun zu brechen und Entrüstung hervorzurufen. Man muss ihn sehen, wenn er im Fernsehen spricht. Das ist immer ein großer Auftritt.

Beim letzten Mal hatte er eine kleine Überraschung vorbereitet, von der er mir wohlweislich nichts verraten hatte: ein Röhrchen Viagra, das er einem bekannten Tennisspieler, der ebenfalls im Studio war, überreichte. Ein neuer Skandal. Während der darauf folgenden Debatte spielte der Sender Werbung ein.

Zu Beginn von Gorbatschows sanfter Revolution fuhren wir zusammen in die Sowjetunion. Der reine Wahnsinn ... Bei einer offiziellen Einladung kamen Persönlichkeiten aus der ganzen Welt zusammen. Ich erinnere mich an Gregory Peck, an Yoko Ono. Die Sicherheitsdienste waren es nicht gewöhnt, sich überrumpeln zu lassen, aber Pasquale schaffte es, eine Kamera einzuschmuggeln. Zehn Soldaten kamen, einer nach dem anderen, um ihn zu fragen, ob er eine Dreherlaubnis habe. Er zeigte ihnen Buttons und Papiere, die sie nicht lesen konnten. Und so drehte er seinen Film und schickte ihn an Gorbatschow, als Zeichen seiner Bewunderung ...

Pasquale besitzt das Talent, die Menschen in Aufruhr zu versetzen. Seine Reden als Senatsabgeordneter rufen häufig

Proteststürme hervor. Aber wenigstens schläft im Parlament niemand während der Debatten ein! Leider habe ich diese Auftritte noch nie miterleben können. Die Anwesenheit einer Schauspielerin im Saal würde seine politische Karriere in Misskredit bringen.

Vielen Menschen jagt Pasquale Angst ein, aber mir nicht. Er weiß genau, wer ich bin, nämlich kein Mensch, der sich erdrücken lässt. Seine Aggressivität prallt an mir ab. Wir haben knapp ein Dutzend Filme zusammen gedreht, und wir haben auch für das Theater gearbeitet. Und immer hat man Notiz von uns genommen.

Einer der schönsten Filme von Pasquale Squitieri ist auch einer der brutalsten: *Eine Mutter* (Atto di dolore) aus dem Jahr 1990. Er hat ihn nach einer wahren Geschichte geschrieben, die ihm damals, als Anwalt, eine Frau anvertraut hatte. Sie hatte ihren drogensüchtigen Sohn getötet und wurde jetzt von Schuldgefühlen geplagt.

Gilles Jacob ließ uns nicht zum Festival von Cannes zu, unter dem Vorwand, der Film sei zu hart. Er ist in der Tat so realistisch, dass man ihn heute in Schulen zeigt, um Jugendliche vor den Gefahren der Drogensucht zu warnen.

Mit Pasquale habe ich das Glück, wieder einen Regisseur von der Art Viscontis zu haben, wie ich sie liebe, jemanden, der sich enorm um seine Schauspieler kümmert. Am Set vergessen wir, was wir einander bedeuten, und sind einfach nur Profis, die wissen, dass sie auf das Talent des anderen zählen können. Ich kann auf all seine Anweisungen reagieren, und er kennt mich so gut, dass ich nicht schummeln kann.

Der Regisseur Squitieri weiß immer, wann ich mich in mein Lächeln flüchte, um ein Problem zu umschiffen. Und er lässt mir nichts durchgehen. Er treibt mich in die Enge, bis ich es schaffe, das Gefühl, das er braucht, zum Ausdruck zu bringen. Wie Luchino holt Pasquale das Beste aus seinen Schauspielern heraus.

Er hat keine Angst, mir – und den anderen – zu zeigen, was er erwartet, und exakte Anweisungen zu geben. Und so kann man, weil man sich sicher fühlt, das Beste von sich und seinem Talent geben. Dafür verlangt er, mit Profis zu arbeiten, mit Leuten, die gut sind. Auf amerikanische Art.

Wir lieben es, zusammen zu drehen. Im richtigen Leben findet man immer eine Ausrede. Aber vor der Kamera verzeihen wir uns nichts; jeder ist für den anderen ein Furcht erregender Prüfer.

Filme sind teuer. Und noch teurer, wenn man Material verschwendet. Wenn Pasquale Squitieri mit den Dreharbeiten beginnt, hat er die Aufnahmen im Kopf schon organisiert, der Film ist fast schon geschnitten... Er muss nur noch in den Kasten. Er braucht nicht viele Aufnahmen. Bevor er anfängt, weiß er schon genau, wo er seine Kamera platziert.

Regisseure, die dieselbe Szene drei- oder viermal aus verschiedenen Blickwinkeln drehen, haben einfach die Technik nicht ausreichend gemeistert. Diesen Aspekt ihres Berufes vernachlässigen die jungen Kollegen oft – Licht, Kameraeinstellung, Ton –, aber wenn man sich damit nicht gut auskennt, lässt man zu, dass diejenigen, die Bescheid wissen, einem den Film »stehlen«. Wenn man seinen eigenen Stil behaupten will, muss man alles können.

Da er weiß, wohin er will, arbeitet Pasquale Squitieri schnell und ist früh fertig. Gegen siebzehn Uhr können alle nach Hause gehen. Wieder die Organisation, die Visconti so wichtig war. Ich liebe dieses Ritual, aber ich habe auch keine Angst vor dem Abenteuer.

Göttin in Peru

Was Abenteuer angeht, hat mich *Fitzcarraldo* von Werner Herzog nicht enttäuscht.

François Truffaut sagte: »Wenn ich einen Film beginne, glaube ich immer, dass er der schönste Film der Welt wird. Aber am Ende bin ich froh, wenn ich ihn wenigstens fertig bekomme.« Niemand könnte diese desillusionierte Bemerkung besser bestätigen als Werner Herzog. Der ehrgeizige deutsche Regisseur kultiviert die Probleme geradezu. Ich kann mich des Verdachts nicht erwehren, dass ihm das Leiden ein Bedürfnis ist und er sich deswegen solche Prüfungen auflädt. Keine Ahnung, welche Wunde er auf diese Weise heilen oder von neuem aufreißen will, aber das ist eine Tatsache. Er braucht es, immer wieder seine Grenzen zu überschreiten, was ihn zugleich faszinierend und beängstigend macht. Gefährlich sogar.

Herzog kam ohne Vorankündigung zu mir nach Rom. Ohne einen Termin, ohne auch nur Kontakt zu meinem Agenten aufgenommen zu haben, klopfte er an meine Tür. Da ich im beruflichen Bereich immer von einem dicken Schutzwall von Mittelsleuten umgeben bin, war das für mich eine erste Überraschung, eine erste Enttäuschung.

Da stand er vor mir, groß und hager, gekleidet wie ein Student, ein Rucksacktourist, und wirkte, als sei er per Anhalter gefahren. Blond, mit einem dichten Schnurrbart und blauen, ein wenig träumerischen Augen. Er hatte so gar nichts von einem selbstsicheren Regisseur, der in der Lage ist, seine Truppe durch den Sturm zu steuern. Man hätte ihn eher für einen Mystiker halten können, auf einem Kreuzzug, dessen Sinn allen außer ihm selbst verschlossen war.

Ich weiß nicht, was ich getan hätte, wäre Pasquale nicht bei mir gewesen. Aber er war da, und Werner Herzog hatte ihn schon immer fasziniert, denn er war ein seltener Vogel, wie er sie liebt.

Wir hatten schon beide von diesem Phänomen gehört. Vor allem hatten wir *Aguirre oder der Zorn Gottes* (1972) geliebt, mit dem unglaublichen Klaus Kinski in der Hauptrolle. Danach hatten Klaus und Werner zusammen *Nosferatu – Phantom der Nacht* (1978) und *Woyzeck* (1979) gedreht. Über ihre Beziehung waren viele Gerüchte im Umlauf. Man erzählte sich, zwischen den beiden bestehe eine heftige Hassliebe.

Dennoch hatte Herzog – noch – nicht Kinski für die Rolle des Fitzcarraldo ausgewählt, sondern einen amerikanischen Schauspieler, Jason Robards, den Exehemann von Lauren Bacall, mit dem ich schon in *Spiel mir das Lied vom Tod* gedreht hatte. Außerdem hatte er Mick Jagger engagiert.

Er berichtete uns von seinem Projekt wie ein Schläfer, der einen Traum erzählt. Er sagte, das wahre Thema seines Films sei eine Metapher. Um seinen Traum zu erfüllen, muss ein Mann, der sich selbst achtet, in der Lage sein, das Unmögliche möglich zu machen. In diesem speziellen Fall ging es nicht darum, die sprichwörtlichen Berge zu versetzen oder den Mond vom Himmel zu holen, aber weit davon war der Plan nicht entfernt. Die Idee war, mitten im Urwald von Amazonien ein Dampfschiff, das etwa dreihundert Tonnen schwer war, einen Hügel hinaufzutragen …

Ich riss die Augen auf.

Beim Film trifft man viele Verrückte, aber dieser hier war

unübertroffen. Und was hatte ich nun mit seiner Schiffsgeschichte zu tun?

Herzog sagte, diese Idee sei ihm in Carnac gekommen, in der Bretagne, angesichts der berühmten Reihen von Menhiren. Er hatte sich gefragt, wie in aller Welt diese Kelten so schwere Steinbrocken bewegt hatten. Und er wollte es ihnen nachtun und sie sogar noch übertreffen. Der Anlass war eine Geschichte, die man ihm in Peru erzählt hatte, die Abenteuer des Bryan Fitzgerald, eines irischen Kautschukbarons, den man Fitzcarraldo getauft hatte, weil niemand seinen Namen aussprechen konnte.

Dieser »Eroberer des Unmöglichen« träumt davon, im Herzen des Dschungels ein Opernhaus zu bauen, damit sein Idol, der große Caruso, dort Triumphe feiern kann. Ich spiele seine Geliebte Molly, eine Bordellbesitzerin, die ihm hilft, die Mittel für dieses verzweifelte Unternehmen aufzubringen. Mit meinen Ersparnissen kaufe ich das Schiff, mit dem er den Schatz erreichen kann, der für dieses verrückte Abenteuer notwendig ist, nämlich eine Gegend, die reich an Gummibäumen ist.

Ich verstand schon besser.

Pasquale hätte dieser Bursche erzählen können, was er wollte, er war ohnehin schon hingerissen. Ein Regisseur, der nichts auf die Meinung anderer gab, der gefährlich und maßlos lebte, um etwas zu erreichen, das er allein sehen konnte, musste zwangsläufig seine Sympathie erwecken. Die *folie à deux* dieser beiden hat mich schließlich überzeugt.

Herzog bot mir seine Hand.

»Hier ist Ihr Vertrag«, sagte er.

Und ich habe eingeschlagen.

Tatsächlich wusste ich nicht, dass Herzog, als er zu mir kam, gerade aus Ecuador zurückgekehrt war, wo er bereits einige Katastrophen erlebt hatte. Um seinen Hügel zu finden, eine

Landenge zwischen zwei Flüssen, war er bis an die peruanische Grenze gefahren, ohne zu wissen, dass in dieser Region seit Jahren Krieg herrschte. Die Eingeborenen, die dort lebten, die Aguaruna-Indianer, waren äußerst unberechenbar geworden. Sie hatten sich für seine Suche nach einer Location einspannen lassen, weil er ihnen versichert hatte, er werde nicht lange bleiben, und auch, weil er ihnen Arbeit gegeben hatte. Aber sehr rasch und ohne dass er etwas dagegen tun konnte, waren die verrücktesten Gerüchte über ihn in Umlauf. Man sagte, die Weißen gäben ihren indianischen Arbeitern so viel zu essen, weil sie vorhatten, sie zu töten und zu fressen… und nachher würden sie in aller Ruhe ihre Frauen vergewaltigen. Agitatoren hatten sogar Fotos von Leichen herumgezeigt, Aufnahmen aus den Konzentrationslagern der Nazis, als Beweis für die Massaker an anderen Stämmen, für die Herzog angeblich verantwortlich war.

Der Regisseur erschien bald wie der ideale Feind, ebenso grausam wie schwach; jedenfalls wesentlich weniger mächtig als die Ölgesellschaften, die dabei waren, die Indianer aus dem Urwald zu vertreiben. Zum Glück hatte er die Katastrophe kommen sehen und ließ sein Team evakuieren, bevor die Aguaruna angriffen. Was sie im Dezember 1979 taten: Sie steckten sein Lager in Brand. Die letzten Bewohner mussten in Einbäumen flüchten. Mit einer weißen Fahne liefen sie zum Fluss!

Aber der Produzent des Films war Werners Bruder, und der vertraute ihm weiter. Zweifellos auch, weil die Mitwirkung von Mick Jagger eine Erfolgsgarantie war. Der Star der Stones hatte sich einverstanden erklärt, an diesem Projekt teilzunehmen, das vor dem Beginn seiner nächsten Tournee abgeschlossen sein sollte. Herzog hatte ihm die Rolle eines Shakespeare-Schauspielers übertragen, der Fitzcarraldo begleitet.

Nach diesen ersten Zwischenfällen war Herzog nach Deutschland zurückgekehrt. Aber er gehörte nicht zu den

Menschen, die sich von Schwierigkeiten aufhalten lassen, im Gegenteil. Er war jetzt erst recht entschlossen, sein Projekt zu vollenden. Und er machte sich wieder auf die Reise, dieses Mal nach Peru, wo ein Dorf den Namen Fitzcarraldos trägt.

Er fand schließlich einen passenden Drehort mitten im Urwald, mehr als siebenhundert Kilometer von der nächsten Kleinstadt entfernt. Der verrückte Konquistador, sein Dampfschiff und seine siebenhundert Indianer konnten sich also zum Ucayali-Fluss begeben.

Für *Aguirre* hatte er schon ein Segelboot auf einen Baum gezogen! Aber er war entschlossen, es noch besser zu machen…

Wenn man ihm vor Augen führte, er hätte ebenso gut in den Außenbezirken von Iquitos drehen und Modellbauten einsetzen können, wurde Herzog wütend. Nur dieses Gefühl der Isolation, das Schauspieler wie Techniker ergreifen würde, würde es ihnen erlauben, ihr ganzes Können zu zeigen.

»Ich will, dass die Zuschauer wieder lernen, ihren Augen zu trauen«, sagte er.

Einige Jahre zuvor war er zu Fuß von Frankfurt nach Paris gegangen. Ein Opfer, um das Leben einer seiner besten Freundinnen zu retten, die an Krebs litt. Er war ein richtiger Kreuzritter, der an die Notwendigkeit glaubte, Prüfungen zu bestehen und über sich selbst hinauszuwachsen. »Alles, was ich jemals gut gemacht habe«, sagte er, »habe ich zu Fuß gemacht… Wenn ich laufe, bin ich wie ein Bison.«

Das stimmt, nichts hätte ihn aufhalten können, höchstens ein Abgrund. Aber wenn er dort mit seinem Boot hineinstürzte, würde er nicht das einzige Opfer sein.

Also fuhr ich Anfang 1981 nach Iquitos in Peru, tausend Kilometer vom Pazifik entfernt. Mein Sohn, der von der Aussicht, Mick Jagger zu treffen, fasziniert war, begleitete mich.

Wenn man den Reiseführern glaubt, ist Iquitos die Metropole des peruanischen Amazonien. Ich stieg im Imperial ab, einem Hotel, das hauptsächlich von merkwürdigen, mit Goldschmuck behängten Typen mit finsteren Mienen bewohnt wurde.

Man stelle sich keinen Palast vor. Aus den Wasserhähnen dieses alten Kolonialbaus floss eine gelbe, mit Sand und Erde gesättigte Brühe, genau die gleiche, die in den Kanälen dieses Venedigs für Arme schwappte, an denen Baracken auf Pfählen standen. Handtellergroße Schaben waren die verbreitetsten Haustiere. Mit Insekten hatte ich schon bei Dreharbeiten in Australien gekämpft. Meine Haut ist extrem empfindlich, und ich hatte keine Lust, mich von den Moskitos auffressen zu lassen, die den Großteil der Bewohner von Iquitos darstellen. Daher hatte ich in meinem Gepäck das Moskitonetz mitgebracht, das Alberto Sordi mir damals geschenkt hatte, und so sah ich Peru durch einen Schleier. Aber in relativer Sicherheit.

Mit dem Taxi fuhr ich in das Viertel, in dem wir drehten. Besser gesagt in einer Art Taxi, einem Vehikel ohne Boden, das mit großer Geschwindigkeit dahinratterte und Staubwolken aufwirbelte. Während der Fahrt hielt ich die Knie angezogen und versuchte gleichzeitig, mein Gesicht vor dem Fahrtwind zu schützen. Wenn man zu Fuß ging, war es besser, ein Taschentuch in der Hand zu behalten. Von den Tierkadavern, die einfach auf dem Gehweg lagen, stieg ein unfassbarer Gestank auf. Schönes Abenteuer!

In der Hitze von mindestens vierzig Grad stand auch das Filmteam kurz vor der Auflösung. Als Jason Robards mich sah, fiel er mir in die Arme … weinend. Am Abend folgte Herzog seinem Beispiel.

Wir hatten uns zu unserer ersten gemeinsamen Mahlzeit rund um einen großen Tisch in einem schlechten Restaurant gesetzt, des einzigen italienischen in dieser Weltgegend. Und da sieht der Regisseur uns an, einen nach dem anderen, nimmt unsere Hände, kann kaum sprechen und muss sich die Tränen abwischen. Er hatte schon jetzt einen solchen Leidensweg hinter sich, dass die Vorstellung, dass sein Film jetzt beginnen würde, ihn zutiefst aufwühlte. Doch das Schwierigste lag noch vor uns.

Der eigentliche Star des Films lag am Kai: die *Narinio,* ein rostzerfressenes Dampfschiff, das Herzog in Kolumbien entdeckt hatte. Sie war 1902 in Glasgow gebaut, und man hatte sie über fünfhundertsechzig Kilometer bis zum Hafen schleppen müssen. Überall drang Wasser in den Schiffsrumpf.

Ihre Instandsetzung gehörte zum Drehbuch. Es war noch viel zu tun, bis sie in das mehrere hundert Kilometer entfernte Dschungelcamp gebracht werden konnte.

Herzog hat später einen Brief veröffentlicht, den er damals an seine deutschen Partner schrieb: »Ich habe trotz allem den Eindruck, dass sich hier niemand unterkriegen lässt. Heute Abend, am Vorabend des ersten Drehtags, sind alle in heller Aufregung wie Soldaten vor der Schlacht. Und morgen beginnt das große Abenteuer… Gott helfe uns! Amen.«

Mit Recht flehte er den Himmel um Hilfe an; nur Gott konnte uns da herausholen.

Am 5. Januar geschah etwas, an das wir noch nicht gedacht hatten: Ein Streik und Demonstrationen brachen aus. Die Bevölkerung war auf den Straßen. Es herrschte Aufruhr. Jason weigerte sich, sein Hotel zu verlassen.

Ich hatte begonnen, in der drückenden Hitze mit Mick Jagger zu drehen. Meine afrikanischen Wurzeln schützten mich noch vor Krankheiten, denen schon andere Mitglieder des Teams zum Opfer gefallen waren.

Herzog verbrachte seine Zeit damit, die einen und die

anderen zu beruhigen. Er hatte eine Krankenschwester und einen Arzt mitgenommen, der auf Tropenkrankheiten spezialisiert war. Trotzdem wurde Jason am 17. Februar krank. Ruhr. Und ein Nervenzusammenbruch. Er saß auf einem Baum und brüllte, er werde nicht herunterkommen und er wolle nichts anderes essen als ein gutes amerikanisches Steak. Nur der Arzt konnte ihn überreden, vom Baum zu steigen, und man brachte ihn eiligst in seine Heimat zurück.

Da konnte die Lloyd's, die den Film versicherte, ruhig ihre Experten schicken, die Diagnose stand fest. Jason, der mehrere Kilo abgenommen hatte, konnte nicht weiterdrehen. Zu einem Zeitpunkt, als vierzig Prozent des Drehbuchs schon abgedreht waren, wurde der Film unterbrochen. Ein anderer Schauspieler musste her. Alles stand auf dem Spiel.

Ich kehrte nach Hause zurück, nach Rom, ohne sicher zu sein, ob es eine Fortsetzung geben würde.

Sechs Wochen später war ich zurück in Iquitos, und zwar ohne Mick Jagger, der wieder zu den Stones hatte stoßen müssen. Seine Rolle wurde schlicht und einfach gestrichen. Für Herzog war das ein gewaltiger Verlust.

Als ich Klaus Kinski ansah, den Werner als Ersatz für Jason Robards ausgewählt hatte, konnte ich mich des Gedankens nicht erwehren, dass er einen Weg gefunden hatte, beide Rollen in einer Person zu vereinen. Jetzt hieß es, wieder an die Arbeit zu gehen.

Jeder, der Klaus Kinski einmal kennen gelernt hat, diesen genialen Schauspieler mit dem unglaublichen Äußeren, diesen irren Augen und diesem starren, Furcht einflößenden Blick, weiß es: Klaus war vollkommen verrückt. Ein Sexbesessener, der sich auf alle Frauen stürzte, egal wie alt sie waren, und der an einem Filmset jedermann terrorisieren konnte. Zu meinem Glück hatte er auch schon einmal mit Pasquale gedreht.

1971, während der Dreharbeiten von *Drei Amen für den Satan*, einem der ersten Western von Pasquale Squitieri, wären sie einander fast an die Kehle gegangen.

Laut Drehbuch befand Kinski sich in einem Saloon, aus dem die Indianer ihn herausholen sollten, um ihn aufzuhängen. Das Problem war allerdings, dass er sich nicht aufhängen lassen wollte. Die Geschichte gefiel ihm nicht. Er war es leid, Nebenrollen zu drehen, bei denen er systematisch noch vor dem Ende des Films umgebracht wurde. Er weigerte sich nicht nur, sich aufhängen zu lassen, sondern er hatte auch noch seine Kollegen angegriffen, die einer nach dem anderen flüchteten, während draußen Pasquale hinter seiner Kamera wartete.

Pasquale wurde wütend. Er setzte sich den Federschmuck eines seiner Schauspieler auf, nahm dessen Axt und stieß völlig außer sich die Tür des Saloons auf.

»Siehst du das hier?«, brüllte er Klaus an und schwenkte die Axt. »Also, wenn du nicht spielst, bringe ich dich um!«

An diesem Tag lernte Klaus, ihn zu respektieren… Er ließ ihn in Ruhe, jedenfalls beinahe.

Später erfuhr ich, dass Herzog bei den Dreharbeiten zu *Aguirre* ebenfalls zu solchen Argumenten hatte greifen müssen. Dort hatte Klaus Komparsen, die beim Mittagessen saßen, angegriffen, einen mit Schwerthieben verletzt und anschließend verkündet, er werde die Koffer packen. Das war bei ihm eine Angewohnheit, er hatte schon dreißig oder vierzig Verträge auf die gleiche brutale Art gebrochen. Aber dieses Mal spielte er keine Nebenrolle. Er war der große Held dieses Epos, und Herzog wusste, wenn er abreisen würde, wäre sein Film erledigt.

Werner erklärte ihm, er werde seine Waffe holen, und bevor Klaus auch nur zehn Meter gegangen wäre, hätte er acht Kugeln im Kopf. Die neunte würde er für sich selbst aufbewahren. Klaus begriff, dass er nicht scherzte. Er hatte Recht, er hatte es mit einem Verzweifelten zu tun, dem man alles zutrauen konnte. Die nächste Polizeistation lag fünfhundert Kilometer entfernt. Er blieb.

Seitdem hatten sie zwei Filme zusammen gedreht und dabei ständig zwischen Liebe und Hass geschwankt. »Vor mehr als einem Jahr hat er mir die Rolle angetragen«, sagte Klaus immer wieder. »Nur, dass ich ihn zum Teufel geschickt und einfach aufgelegt habe. Jetzt hat er natürlich gewartet, bis er in der Scheiße sitzt, um mich zu Hilfe zu rufen.«

Ich blieb auch am Set, wenn ich nicht drehte. Herzog hatte mich darum gebeten. Er wusste, dass ich die Einzige war, die die Wogen glätten konnte. Und außerdem wirkte ich beruhigend auf die Indianer. Mit meinem langen weißen Kleid hielten sie mich für eine Göttin. Wenn ich die Dreharbeiten verließ, gingen sie ebenfalls.

Mir war völlig klar, dass wir jeden Tag um Haaresbreite an einer Katastrophe vorbeischrammten; jeder war zu allem fähig. Sogar Herzog. Eines Tages wollte er nach New York, kam aber zu spät zum Flughafen. Mit dem Argument, das Check-in sei schon abgeschlossen, verweigerte man ihm den Zutritt zum Flugzeug. Da stürzte er auf die Piste, um sich vor die Räder der Maschine zu legen, damit sie nicht abheben konnte.

Ich habe ihn dann auf dem Polizeirevier abgeholt.

Werner Herzog hatte einen ersten so genannten »Set« mitten im Urwald aufbauen lassen. Wir fuhren mit dem Lastwagen hin, auf der Ladefläche stehend! Er verbrachte die Nächte in einer Hängematte zwischen zwei Bäumen. Für uns hatte er allerdings Bungalows bauen lassen, in denen es von Ameisen und Riesenspinnen nur so wimmelte. Eines Morgens wurden wir von Kinskis Gebrüll geweckt: Er hatte einen Skorpion in seinem Bett gefunden.

Selbst die Mahlzeiten waren ekelhaft. Sie bestanden hauptsächlich aus Yucca-Wurzeln, Reis und Bananen.

Klaus berührte kein Besteck, keinen Teller, ohne sie zuvor desinfiziert zu haben.

Für eine Szene musste er mit den Indianern zum Zeichen des Friedens *masado* trinken, ein alkoholisches Getränk, das die Frauen zubereiten, und zwar aus einem Gemüse, das sie lange Zeit kauen … Völlig unmöglich, dass dieses Gebräu über seine Lippen kam. Sorgfältig wusch er seine Kalebasse aus und ließ sich dann Kondensmilch hineingießen.

Herzog dagegen, der schon mehrere Monate im Dschungel verbracht hatte, trank das Wasser, das er uns verbot, wie ein Einheimischer.

Jedes Mal, wenn er von seinen Schauspielern oder Statisten etwas Gefährliches verlangte, zum Beispiel an Bord des Schiffs Stromschnellen zu überqueren oder die Taue zu ziehen, mit denen es auf den Berg gehievt werden sollte, blieb er dabei und ging die gleichen Risiken ein wie sein Team. Als das Flugzeug, das zwischen der Stadt und dem Lager pendelte, abstürzte und fünf Menschen zu Schaden kamen, darunter ein Toter und einer, der lebenslang gelähmt bleiben würde, empfand er tiefe Schuldgefühle, obwohl er nichts damit zu tun hatte und es sich nicht um Mitglieder des Teams handelte. Er wusste nicht, was er tun sollte, um weitere Tragödien zu verhindern, denn er musste uns beträchtlichen Gefahren aussetzen.

Bis zum Schluss zweifelten wir. Niemand glaubte, dass er es schaffen würde, das Schiff auf den Hügel ziehen zu lassen. Herzog selbst hatte keine Ahnung, wie lange er brauchen würde, um dieses Kunststück zu vollbringen.

Er hatte die Indianer für ein halbes Jahr engagiert, aber einige waren bereits seit neun Monaten da.

Das Ganze war absurd, und ich glaube ehrlich gesagt nicht,

dass der Film durch diese Szene viel gewonnen hat. Der Wasserstand des Flusses war nicht mehr hoch genug, das Schiff war auf Grund gelaufen… Wir mussten auf ein Gewitter warten, die Regenzeit oder gutes Licht. Herzog drehte nur in dem exakten Moment, in dem die Sonne die Erde rot aufleuchten lässt. Langeweile und Krankheiten setzten dem Team zu. Es kam immer öfter zu Unfällen. Unsere Indianer schafften es sogar, sich von anderen mit Pfeilen angreifen zu lassen. Und trotzdem brachten sie es fertig, dieses elende Schiff auf Schienen durch den Schlamm zu ziehen.

»Wieder sind es Herzogs totale Ahnungslosigkeit, Beschränktheit, Unfähigkeit, Arroganz und Rücksichtslosigkeit, die immer wieder unser Leben aufs Spiel setzen, den endgültigen Zusammenbruch der Dreharbeiten und den Ruin der Finanzierung androhen«, schrieb Klaus Kinski in seinen Memoiren[3]. Inzwischen hatten sie einander wegen eines lauwarm servierten Kaffees fast totgeschlagen.

»Nach Stunden ununterbrochenen Tobens aß ich mein letztes Stück Schokolade, das ich in meiner Hütte versteckt gehalten hatte, ganz nahe vor dem Gesicht K.s, der ohnedies immer nur eine Handbreit von meinem Gesicht entfernt seine Lunge aus dem Leib schrie, und das konnte er nicht mehr fassen und war schlagartig still«, erinnert sich Herzog.[4]

Werner notierte alles in einem kleinen Heft, von dem er sich nie trennte. Das trieb Klaus noch mehr in den Wahnsinn.

»Er schleppt Tag und Nacht ein Notizbuch in einem Lederetui am Gürtel mit sich herum, in das er seine großmäuligen Lügenberichte über die Dreharbeiten einträgt«, murrte er.[5]

3 Klaus Kinski, *Ich brauche Liebe,* 1991, S. 414
4 Werner Herzog, *Eroberung des Nutzlosen,* 2004, S. 196
5 Klaus Kinski, s.o., S. 415

Am Ende fragten die Indianer Werner Herzog, ob sie Kinski für ihn umbringen sollten… Als ich abreiste, schenkten sie mir Blumen, Steine und ein wenig von ihrer Erde, damit ich ihre Seele mit mir nahm. Das war eines der schönsten Geschenke, die ich je bekommen habe. Neben denen von Luchino.

Fitzcarraldo wurde 1982 in Cannes vorgestellt. Klaus war der Schrecken der Journalisten, die ihn interviewen wollten. Er hielt Reden von der Art: »Diesen oder einen anderen Film zu drehen, das ist für mich nur eine Geldfrage. Das Gute an Herzog ist, dass er ebenfalls alle Menschen verachtet.« Dann wieder hieß es: »Ah, im Urwald zu leben, mit allen Fasern seines Körpers zu empfinden, dieser weite Raum, dieses tiefe Durchatmen, das ist großartig! Machen denn die Tiere im Dschungel etwas anderes? Sie sind wenigstens nicht dumm. Sie drehen keine Filme.« Oder so: »Werner und ich gehen uns oft an die Gurgel, sogar jetzt noch. Aber Amazonien ist besser zu ertragen als die meisten anderen Regisseure.«

Der Film erhielt den Preis für die beste Regie. Wieder einmal ging Kinski leer aus. Jeder Versuch, ihn zu trösten, wäre gefährlich gewesen. Herzog hatte diese Erfahrung schon einmal gemacht. Als sie *Woyzeck* gedreht hatten, da hatte er ihm sagen wollen, wie ungerecht er es fand, dass nur Eva Mattes den Preis für die beste Nebenrolle bekommen hatte.

»Was soll ich denn mit einem Preis?«, hatte Klaus gebrüllt. »Dieser Abschaum ist mir doch vollkommen egal! Ich weiß genau, dass ich ein Genie bin.«

In Cannes haben wir am Abend der Premiere lange nach ihm gesucht, aber es war unmöglich, ihn zu finden. Er saß allein in einer Bar und hatte unsere Verabredung vollständig vergessen.

Rückkehr auf die Erde

Schauspieler gehören nirgendwo hin, oder, besser gesagt, überallhin zugleich. Sie können jedes Alter und jeden Akzent verkörpern, und sie haben tausend Leben.

Ich habe noch nie Angst davor gehabt, mich für einen Film vollkommen zu verändern. Visconti hat mich gelehrt, schön zu sein, andere wollten mich alt sehen. In *La Storia* (1985) zum Beispiel musste ich aussehen wie eine erschöpfte, durch das Unglück vorzeitig gealterte Lehrerin. Das war eine meiner dramatischsten Rollen. Die ganze Welt kennt den Roman von Elsa Morante, der Frau von Alberto Moravia, nach dem der Film gedreht ist. Eine Abfolge entsetzlicher Ereignisse. Krieg, Besatzung, Vergewaltigung, Elend. Die Hauptperson des Buchs ist ein Kind, das nicht älter als fünf oder sechs Jahre ist. Diese Dreharbeiten hätten so schmerzlich sein können… aber ich erinnere mich vor allem an die drolligen Späße.

Mein kleiner Partner war ein richtiger Teufel, der sich alle möglichen Grimassen oder Flegeleien einfallen ließ, um mich in den traurigsten Momenten aus der Konzentration zu bringen!

Aber nie habe ich auf der Leinwand so alt ausgesehen wie bei Henri Verneuil, der mich ausgesucht hatte, um seine Mama in zwei Lebensaltern zu spielen. In *Mayrig – Heimat in der Fremde* (Mayrig, 1991) bin ich fünfunddreißig. Dies ist die Zeit, als die armenische Familie, vertrieben durch den Genozid, in Marseille ankommt. Und in *Mayrig – Die Straße zum Paradies* (588 rue Paradis), der im selben Jahr herauskam, bin ich fünfundachtzig und gehe gebeugt.

Der Star unter den Visagisten, ein Italiener, war extra aus Los Angeles angereist, um an dieser Metamorphose, die stundenlanges Schminken erforderlich machte, zu arbeiten. Als ich mich am Ende im Spiegel sah, bekam ich einen richtigen Schock. War das wirklich ich? Würde ich eines Tages so aussehen wie diese alte Frau? Ich schaue nicht gern in die Vergangenheit, aber die Zukunft stelle ich mir ebenso ungern vor… Ich bin dafür, die Gegenwart zu leben. Sie ist ganz entschieden die einzige Zeit, auf die es ankommt.

Bei diesen Dreharbeiten wurde ich nicht nur in die Zukunft versetzt, sondern ich sah auch Verneuil wieder, mit dem ich 1961 in Frankreich meinen ersten großen Film gedreht hatte. Und Omar Sharif, den ich 1957 bei *Goha* kennen gelernt hatte.

Wir hatten uns schon einmal wiedergetroffen, vier Jahre zuvor in Ägypten. Damals war ich mit meiner Familie auf einer Reise, und er kam in unser Hotel, um mich zu begrüßen. Ich höre noch die sanfte Stimme, mit der er mich überraschte, wie eine unerwartete Melodie.

»Ich dachte, ich wäre der König in diesem Land. Und jetzt sehe ich, dass du meinen Platz eingenommen hast!«

Ich liebe seine Art, wie er niemals die Stimme hebt, sich keine Launen gestattet und seine starke Persönlichkeit hinter seinem Charme verbirgt. Aber seine Nonchalance ist nur scheinbar. Er ist grimmig auf seine Freiheit und Unabhängigkeit bedacht, und niemand hat ihn bisher dazu bringen können, seiner Neigung zum Risiko, seiner Leidenschaft für das Spielen zu entsagen.

Liegt es an meinen afrikanischen Wurzeln? Ich habe mich immer Menschen wie Verneuil oder Sharif nahe gefühlt, allen

Emigranten wie uns, Nomaden, die es gewöhnt sind, zwischen den Kulturen zu reisen. Weit entfernt davon, uns zu schwächen, stärkt uns diese Vielfalt noch. Als Präsident Chirac mich in die Ehrenlegion aufnahm, hielt er eine kleine Rede, die mich sehr berührt hat. Er überreiche einer multikulturellen Persönlichkeit einen französischen Orden, erklärte er.

Das stimmt, ich bin meiner Kultur nach Französin, italienische Staatsbürgerin und dabei zugleich durch meine Kindheit und Jugend mit Afrika und besonders Tunesien verbunden. Aus den tiefen Wurzeln, die ich dort habe, speist sich immer noch mein Leben. Vielleicht kann ich deswegen die Zerrissenheit von Flüchtlingen so gut nachempfinden.

1971 war ich mit Alberto Sordi in Australien, um *Bello, onesto, emigrato Australia…* von Luigi Zampa zu drehen, einen Film, der in Frankreich nie zu sehen war.

Die italienischen Einwanderer kamen zu uns, nahmen uns bei der Hand.

»Wenn wir euch berühren, haben wir das Gefühl, wieder zu Hause zu sein«, sagten sie.

Überall, wo Alberto und ich hingingen, sprachen die Menschen uns spontan an. Oft weinten sie. Als wir für die Promotion ins Kulturzentrum in Sydney zurückkehrten, schwenkten sie italienische Fahnen. Ich hatte Gänsehaut.

Wie stark doch das Land, in dem wir geboren sind, in uns gegenwärtig ist! Ich bin im Herzen Tunesierin geblieben. Meine Angewohnheit, die Menschen zu berühren, dieses Bedürfnis, gleich einen Kontakt herzustellen, stammt aus meiner Kindheit. Bei uns brauchen wir es, einander bei den Händen zu nehmen oder uns ins Ohr zu flüstern. Man hat keine Angst vor körperlicher Nähe, fürchtet sich aber davor, anderen etwas anzuvertrauen. Man misstraut Worten und Reden.

Vor einiger Zeit war ich zu einem Dinner eingeladen, das

die tunesische Botschafterin anlässlich ihres Weggangs gab. Die meisten Gäste waren wie ich auf der anderen Seite des Mittelmeers geboren. Wie aufregend!

»Erinnerst du dich?«, fragte mich mein Tischnachbar.

Der schöne Satz.

Nein, ich erinnerte mich nicht. In der Rue de Marseille lebte über uns Monsieur Sakuto, ein Mathematiklehrer, der Nachhilfestunden erteilte und ins Haus kam. Wenn er seine Wohnung verließ, klingelte immer ein kleiner Bengel an unserer Tür, um Blanche und mich herauszulocken. Aber mein Vater öffnete und regte sich ziemlich auf… Und der Frechdachs von damals saß neben mir am Tisch.

Als ich 1996 *Prinzessin Amina – Das Geheimnis einer Liebe* (Il Deserto di Fuoco) drehte – mit Anthony Delon, Virna Lisi, Vittorio Gassman und Franco Nero –, sah ich unsere alte Wohnung wieder. Mein Bruder Bruno begleitete mich mit seiner Videokamera. Und wir fanden alle Szenerien unserer Kindheit wieder: die Schule, Karthago, die Rue de Marseille, Tunis…

Wir klingelten an unserer alten Tür. Eine Dame öffnete uns. Sie verstand gleich, warum wir gekommen waren, und empfing uns, als hätte sie seit langer Zeit auf uns gewartet. Sie zeigte uns das Esszimmer, unsere Zimmer, das ehemalige Zimmer von Papa und Mama. Fast nichts hatte sich verändert.

Bruno war so gerührt, dass er nicht in der Lage war, das Objektiv scharf zu stellen. Sein Film ist vollständig misslungen. Vielleicht war es besser so. Man soll nicht versuchen, die Vergangenheit einzufangen.

Natürlich erkennen mich oft Menschen, die ich selbst nicht kenne. Das ist die unangenehme Seite der Berühmtheit. Glücklicherweise beklagen sich Schauspieler nicht, wenn man sie feiert… Oder sie wechseln den Beruf.

Wenn man ein Star ist, gehört man immer ein wenig zur

Familie; die Leute sprechen uns an, als hätten wir gestern mit ihnen zu Abend gegessen. Ich nehme mir immer ein paar Minuten Zeit, um mit ihnen zu reden. Ich möchte wissen, wann ich sie zum Träumen gebracht habe. Wenn ich höre, wie sie schöne Erinnerungen heraufbeschwören, ist das, als überreichten sie mir einen Blumenstrauß.

Und die tunesischen Taxifahrer weigern sich, von mir Geld anzunehmen!

»Du doch nicht! Du bist ein Kind dieses Landes.«

Als ich das letzte Mal Urlaub in Sidi Bou Said machte, einem zauberhaften Dorf im Norden von Tunis, wo alles Frieden ausstrahlt, gelang es mir einfach nicht, meine Einkäufe zu bezahlen.

Tunis, das Lächeln der Tunesier, aber auch die Wüste, das Schweigen, alles das fehlt mir. Und oft, wenn ich telefoniere und etwas zerstreut zuhöre und wenn ich zufällig einen Bleistift in der Hand habe, dann zeichne ich ganz automatisch Palmen.

Ich habe in Tunis gelebt, in Rom und in Hollywood. 1989 habe ich mich in Paris niedergelassen. Pasquale führt in Rom sein Leben. Wir halten nichts von der Gewohnheit, uns ist es lieber, wenn wir eine Entfernung zurücklegen müssen, um uns wiederzusehen. Einen Koffer zu packen, ein Flugticket zu reservieren, sich viermal täglich anzurufen, ist das nicht der Beweis dafür, dass wir kein altes Ehepaar sind, auch wenn wir uns jetzt schon seit dreißig Jahren lieben?

Was wäre wohl aus uns geworden, wenn wir weiter das Alltägliche geteilt hätten? Ich, die ich Stille und Einsamkeit liebe, und er, der von endlosen Diskussionen mit seinen politischen Freunden, mit Journalisten und Intellektuellen lebt... Wir lieben die Freiheit so sehr, dass jeder von uns sie dem anderen gönnt.

Zusammen haben wir die Normandie.

Im Mittelalter eroberten die Normannen Sizilien. Und die Normandie hat meinen Neapolitaner mit den blauen Augen erobert.

1982, während ich *Princess Daisy* (Princess Daisy) drehte, entdeckte ich diese Landschaften, über die ich zuvor nicht das Geringste wusste. Für mich beschränkte die französische Küste sich auf das Mittelmeer. Damals wohnte ich in Rom. Ich kam nach Paris, oder ich war zum Festival von Cannes unterwegs. Bis nach Saint-Tropez wagte ich mich, aber selten weiter.

Ich wollte Pasquale diese unendlich langen Strände zeigen, mit ihren vielen Beige- und Graunuancen, dieser ganzen Palette von Grüntönen, dieser Überfülle von Blumen, diesem Duft der wilden Gräser, der sich mit dem der Erde und des Meeres mischt, kurz gesagt, den Duft der Normandie. Aber ich hatte nicht damit gerechnet, dass er sich auf den ersten Blick verlieben würde. Er wollte, dass wir uns dort sofort ein Haus kauften.

Er hat mir immer gesagt, dass er sich eines Tages auf Dauer dort niederlassen würde. Ich gehe gern dort spazieren. Die Menschen sind so taktvoll. Man kann sie kaum verstehen. Die Normandie ist der einzige Ort auf der Welt, wo man mich nicht anspricht. Die Leute treiben die Höflichkeit so weit, dass sie tun, als würden sie mich nicht erkennen. Um sich nicht aufzudrängen. Sie wären bestimmt erstaunt zu hören, dass anderswo alle mich ansprechen, sogar die afghanischen Frauen, die darauf zählen, dass ich ihnen helfe.

Wenn man Schauspieler ist, kommt es vor, dass man in den Augen der Menschen vieles verkörpert. Für sie ist man wie ein kleines Licht der Hoffnung, und man kann zu ihrer Stimme werden. Aus diesem Grund habe ich zugestimmt, mich zu engagieren. Wir Künstler werden so verhätschelt, unterstützt, geschützt, so dass es nur richtig ist, wenn wir etwas von dem zurückgeben, das das Leben uns geschenkt hat.

Und während man glaubt zu geben, empfängt man noch viel mehr. Ich habe am »Téléthon« teilgenommen, einer Aktion, welche die Erforschung genetischer Krankheiten finanziert, und habe erstaunt erfahren, wie viel Freude die kranken Kinder denen, die sie lieben, schenken. Ich bin auch Schirmherrin des Vereins »Faire face au sida« (Kampf gegen AIDS), dessen Präsidentin, Deborah, sich unermüdlich engagiert.

Aber ich setzte mich vor allem für die Sache der Frauen ein. Im Jahr 2000 wurde ich zur Unesco-Botschafterin ernannt.

1996 drehte ich mit der algerischen Regisseurin Rachida Krim *Sous les pieds des femmes*. Ich habe für Amina gekämpft, der die Steinigung drohte, und für Souad, die lebendig in Brand gesteckt wurde. Es stimmt nicht, dass Frauen schwache Wesen sind. Sie schenken Leben, und deswegen werden sie stärker als die Männer geboren. Ich bin überzeugt davon, dass hinter einem starken Mann immer eine Frau steckt, die noch stärker ist als er.

Als Jugendliche wollte ich Lehrerin werden, sogar in der Wüste, wo nicht besonders viel los ist... Heute bin ich stolz darauf, dass ich immer noch für die Bildung kämpfen kann, insbesondere für die von Mädchen.

Das beste Alter für eine neue Leidenschaft

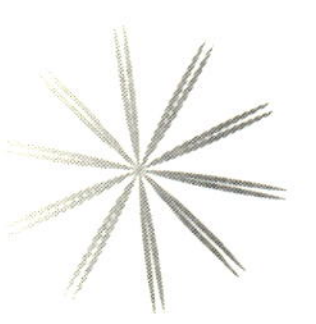

Ich war schon zum Film gekommen, ohne es zu wollen, aber das Theater? Kam gar nicht in Frage. Ich würde mich doch nicht mit sechzig in ein solches Unternehmen stürzen! Das war die erste Antwort, die ich Pasquale gab, als er mir diesen merkwürdigen Vorschlag machte. Selbst gegenüber den Größten habe ich mich da immer geweigert, sogar bei Visconti oder Giorgio Strehler. Also …

Ich hatte immer Angst gehabt, Angst, meinen Text zu vergessen, Angst, nicht verstanden zu werden, Angst, nicht das nötige Timbre zu haben, Angst, nicht gut genug als Schauspielerin zu sein. Und Angst vor der Routine. Jeden Abend, mehrere Monate hintereinander, dieselben Sätze zu wiederholen – wie langweilig!

Man braucht Pasquale Squitieri nicht zu kennen, um sich vorzustellen, dass diese Argumente bei ihm nicht zogen. Er hatte sich mit Maurizio Scaparro zusammengetan, und die beiden wollten mich dazu bringen, ein italienisches Stück auf Französisch zu spielen, *La Venexiana*. Im Théâtre du Rond-Point, in Paris.

Er hatte sich richtig darauf versteift, und er setzte mir zu.

»Du musst Theater spielen, Claudia!«

Das Problem ist, dass ich ihm nie lange etwas abschlagen kann. Ich sagte nein, ich sagte immer wieder nein. Nein … Oder doch? Und schließlich habe ich ja gesagt.

Und fand mich im Mai 2000 auf der Bühne des sehr hübschen Théâtre du Rond-Point auf den Champs-Élysées in Paris wieder, zusammen mit Stéphane Metzger, Catherine Allégret und Marcel Maréchal, um die Geschichte einer reifen Frau zu spielen, die sich in einen jungen Mann verliebt. Das Stück, das in Venedig spielt, wurde im sechzehnten Jahrhundert von einem anonymen Autor verfasst und war von René de Ceccatty, einem gebürtigen Tunesier, überarbeitet worden. Wie hätte ich da ernstlich ablehnen können?

Das Theaterspielen war eine gewaltige Herausforderung. Schlimmer, als für Henry Hathaway aufs Trapez zu klettern. Ich hatte eine Höllenangst … Aber die Leute von der Truppe haben mir geholfen, mich getragen. Sie waren wunderbar zu mir, und wir sind sehr rasch zusammengewachsen. Mehr noch, wir haben uns zusammen amüsiert. Und Catherine Allégret ist heute eine Freundin.

Diese wunderbare Schauspielerin hat nicht die Karriere gemacht, die sie verdient hätte. Sie hat unter dem Erfolg ihrer Eltern Simone Signoret und Yves Montand mehr gelitten, als er ihr genützt hat. Die Kinder von Stars haben gegenüber anderen den Vorteil, dass sie sich in einer Welt entwickeln, die ihnen schon vertraut ist, aber sie sind auch Vorurteilen ausgesetzt.

Einerseits kann ich verstehen, dass man sie nicht ermutigt hat. Meine Tochter wollte mit mir in dem Film spielen, den ihr Vater nach unserem Theaterstück gedreht hat. Ich hatte entsetzliche Angst. Wenn sie vor der Kamera stand, zitterte ich am ganzen Körper … Ich weiß nicht, wie ich reagieren würde, wenn sie mir sagte, dass sie Schauspielerin werden will. Heute orientiert sie sich mehr in Richtung Regie. Sie liebt Musik und Malerei und hat vor kurzem ein Drehbuch über Kunst geschrieben. Sie ähnelt in allem ihrem Vater: eine überschäumende Künstlerin, die Bücher verschlingt und mit Leichtigkeit zwischen Französisch, Italienisch und Englisch wechselt.

Während der Proben in Paris kam sie oft ins Theater. Damals war sie einundzwanzig und zögerte nicht, Kritik zu üben und ihre Meinung zu äußern. Wir haben eine wunderbare Beziehung, was zweifellos daran liegt, dass wir beide sehr unabhängig sind. Sie war vierzehn, als sie mich bat, von zu Hause ausziehen zu dürfen. Ich habe es erlaubt, weil ich wusste, dass sie die nötige Reife besaß. Und heute? Da ist sie diejenige, die sich Sorgen um mich macht.

»Hast du auch daran gedacht, deine Tür abzuschließen, Mama? Bist du nicht müde?«

Ihr Bruder Pit hat sich zunächst in Amerika mit Schmuckdesign beschäftigt. Er kehrte nach Italien zurück, wo er seitdem Möbel entwirft. Claudia ist sehr eng mit ihrer Nichte Lucille befreundet, die drei Monate älter ist als sie und mir in diesem Alter sehr ähnlich. Meine Tochter und ich leben schon lange nicht mehr zusammen. Wenn wir uns dann wiedersehen, haben wir das Bedürfnis, uns zu berühren, zu umarmen, uns tausend zärtliche Worte zu sagen.

Im Theater bemerkte ich, mit welcher Bestürzung Catherine uns beobachtete. Eine solche Beziehung zu ihrer Mutter hatte sie nie gehabt. Sie hat sehr unter ihrer Kälte gelitten und wirft ihr vor, dass sie ihr nicht geholfen, sie nicht beschützt hat. Ich glaube, schließlich hat sie sich eingeredet, dass das bei Kindern von Stars nun einmal so ist. Deswegen wühlte es sie so auf, mich mit meiner Tochter zu sehen.

Man hat Catherine sehr verletzt. Aber man braucht ihr nur ins Gesicht zu schauen, um zu begreifen, dass sie eine richtige Schauspielerin mit einem starken Charakter ist, die nur noch nicht den Platz gefunden hat, der ihr zusteht.

Bei *La Venexiana* haben die Qualität meiner Partner und die des Regisseurs dafür gesorgt, dass ich sofort angebissen habe. Was ich zuvor als schwere Aufgabe gesehen hatte, ist zu einem herrlichen Vergnügen geworden. Aber trotzdem, was ich für Angst hatte! Aber acht Tage vor der Premiere geschah das Wunder. Mein Lampenfieber war verschwunden, und ich fühlte mich im Theater wie zu Hause.

Wir alle hatten das Gefühl, einem großen Ereignis beizuwohnen. Bevor der Vorhang sich zum ersten Mal hob, versammelten wir uns alle und umarmten einander. Jetzt war es so weit, wir mussten ins kalte Wasser springen.

Ich trat auf; und erst in diesem Moment, nach wochenlangen Proben, begriff ich, dass es im Theater etwas anderes gibt, etwas, das ich bei keinem Filmdreh kennen gelernt hatte. Die Atemgeräusche. Und noch mehr, die Bewegung, die durch das Publikum läuft. Lachen, Rührung, Schweigen … die Reaktionen auf meine Worte und Gesten.

Zu Beginn war ich verunsichert, ja sogar unkonzentriert. Ich war es gewöhnt, mit der Kamera zu spielen, ganz egoistisch mit meinem Bild zu flirten. Und jetzt stellte sich etwas zwischen mich und mein Bild. Ich hatte für einen Gegenstand gespielt, aber jetzt spielte ich für Menschen, die ich ganz nah im Dunkel spürte.

Und sie reagierten. Sie lachten, sie waren angerührt, es funktionierte. Die Premiere wurde zu einem Triumph. Der Beifall wollte gar kein Ende nehmen. Und mitten in dem Radau erkannte ich die Stimme meines Freundes Jean-Claude Brialy, der im Publikum saß. Er, der Theaterprofi, der jedes Jahr das Festival Gérard Philipe organisiert, skandierte wie ein Groupie: »Claudia, Claudia!«

Isabelle Adjani ließ mir eine kleine, rührende Nachricht zukommen und ermutigte mich, auf diesem Weg weiterzugehen. Die Größten erwiesen mir Ehre, und die Unbekannten überschütteten mich mit Zuneigung.

Ich hatte mir das nicht vorstellen können, diese Liebe, die man den Schauspielern zu Füßen legt, einen solchen triumphalen Abend. Aber jetzt verstehe ich, warum das Theater zur Sucht werden kann.

Nach mehreren Wochen gingen wir auf Tournee. Unsere Abschiedsvorstellung gaben wir in der Schweiz, wo José Giovanni uns Beifall klatschte. Sogar Pasquale, der so schwierig, so kritisch ist, lobte mich.

»Ich wusste, dass du das schaffen würdest. Aber ich hatte ja keine Ahnung, dass du es so gut machst!«

Als die Plakate abgehängt und die Kostüme im Fundus verstaut waren, blickte ich voller Wehmut auf diese schöne Reise zurück, die zu Ende war. Jetzt kam es nicht mehr in Frage, Pasquale eine weitere Bitte abzuschlagen: Schon lange bat er mich, ein Stück von Pirandello zu spielen.

Er hatte *Come tu me voi* ausgesucht, die Geschichte einer Frau, die unter Amnesie leidet, der »Unbekannten«. Durch eine furchtbare Tragödie hat sie sogar vergessen, wer sie ist. Wie eine leere Hülle beugt sie sich den Wünschen der anderen. Sie wird das, was die anderen in ihr sehen wollen.

In den Dreißigerjahren hatte Greta Garbo die Rolle der Ignota gespielt. Pasquale meinte, diese Person könne von niemandem besser verkörpert werden als von einer Filmschauspielerin, die von den Leuten mit ihren Rollen identifiziert wird. Als Kulisse hatte er Bilder aus *Das Haus in der Via Roma* gewählt. Man wusste nicht mehr, wer ich war, die lebende Frau auf der Bühne oder die Erscheinung, die jeder wiedererkannte. Ich pendelte zwischen der Leinwand und der Bühne, zwischen Anderssein und Identität.

Das Stück wurde in ganz Italien ein Triumph, von Nord bis Süd. Sieben Monate lang spielten wir vor ausverkauften Häusern. Junge Leute schenkten mir Blumen und kleine Schokoladenherzen und sagten mir, sie seien zum ersten Mal im Theater, und sie seien meinetwegen gekommen.

Pasquale hatte Recht gehabt.

Im Theater gibt es keine Routine! Merkwürdigerweise gleicht keine Vorstellung der anderen. Die Menschen im Publikum reagieren nicht jeden Abend auf dieselben Stichwörter. Genau wie das Leben ist das Theater nie gleich. Die Kamera reflektiert unser Bild wie ein Spiegel. Es ist das, was wir sehen wollen, oder zumindest beinahe. Jedenfalls haben wir das Gefühl, einen Teil des Problems gelöst zu haben. Aber die Zuschauer... Wer weiß schon, in welcher Stimmung sie ins Theater kommen werden? Ob ihnen nach Lachen oder Weinen zumute ist? Ob sie zerstreut oder aufmerksam sein werden? Jeder bringt seine Vergangenheit, seine Gefühle, seine Empfindsamkeit mit. Daran müssen die Schauspieler sich anpassen. Man spielt nicht vor einem lebendigen Publikum wie vor einem gefühllosen Roboter.

Und dann die Reisen, die man zusammen mit den anderen Schauspielern unternimmt! Auch der Austausch zwischen uns verläuft niemals gleich. Oft werden mir Ein-Personen-Stücke angeboten. So etwas ist sehr in Mode. Aber das kommt gar nicht in Frage. Damit würde ich mich ja nicht nur der einzigen Stütze berauben, die man auf den Brettern hat, sondern auch des größten Vergnügens. Theater spielen bedeutet auch zu teilen.

Ich weiß nicht, ob es daran lag, dass ich jetzt Theater spielte, aber noch im selben Jahr, 2000, bat mich ein Vertrauter des Papstes, Gedichte aufzunehmen, die Karol Wojtila geschrieben hatte, als er jung war, insbesondere das tief bewegende »Sulla tua bianca tomba«, das er mit neunzehn beim Tod seiner Mutter schrieb. Zwei CDs sind aufgenommen worden: *Compagni die viaggio* mit Vittorio Gassman und *Splendore dell'Acqua* mit Alberto Sordi und Monica Vitti. Um mich aufzuziehen, sagt Pasquale, dass sie mich ausgesucht haben, weil ich Cardinale heiße. Damit gehöre ich auch ein bisschen zur hohen Geistlichkeit, nicht wahr?

Wenn man mich heute fragt, was mir lieber ist, das Theater oder der Film, dann gerate ich ein wenig in Verlegenheit. Es sind zwei verschiedene Welten. Wie sollte man sie vergleichen? Mögen Sie lieber die Malerei oder die Musik … Ich weiß nicht, das kommt darauf an. Das Theater und das Kino sind zwei Universen, die fast nichts gemeinsam haben. Sicher, man trägt Kostüme, lernt seinen Text, aber abgesehen davon sind weder die Arbeit noch die Empfindungen dieselben.

Das Einzige, was sich nicht unterscheidet, ist die Konzentration, die immer erforderlich ist. In dem Moment, wenn der Regisseur »Action« sagt oder es zum dritten Mal klingelt, muss man bereit sein.

Auf beides bereite ich mich auf dieselbe Art vor. Zuerst lese ich meine Rolle mit leiser Stimme, bis ich sie vollkommen beherrsche. Bei Dreharbeiten wie im Theater komme ich immer sehr früh. Ich setze mich ganz ruhig irgendwohin und lese die Dialoge noch einmal. Nach und nach erwachen die Kulissen zum Leben. Das Schweigen weicht, das Leben bricht los. Und damit das Fieber einer neuen Vorstellung, diese Erregung, die aus Lust und Lampenfieber besteht.

Im Theater trägt die Zeit ihr wahres Gesicht, denn genau wie im richtigen Leben schreitet sie unerbittlich voran. Beim Film dagegen wird sie zerstückelt. Man kann den Anfang nach dem Ende drehen und so weiter, sterben und dann zur Ballszene zurückkehren. Man begleitet die Figur, die man spielt, einige Tage oder einige Monate lang, oft sogar mit Unterbrechungen, wie es mir in der Zeit erging, als ich zwischen den Sets von Visconti und Fellini hin und her wechselte, zwischen einem Prinzessinnenkleid und einer weißen Bluse. Der Theatermime dagegen spielt in einem Zug, ohne Pause und unter Einsatz seines ganzen Körpers.

Wir sind keine Fernsehmoderatoren, die sich obenherum schick anziehen und an den Füßen alte Schuhe tragen können… Im Theater kann man die Dinge nicht zur Hälfte tun. Wenn Filmaufnahmen mit einem Sprint vergleichbar sind, dann ist das Theater ein Langstreckenlauf.

Schon merkwürdig, wenn man mit sechzig eine neue Leidenschaft entdeckt. Das Älterwerden ist nur ein Verlust für denjenigen, der es zulässt. Für die anderen, diejenigen, die immer weitergehen, bleiben noch so viele Dinge zu entdecken, so viele Gründe, überglücklich zu sein, dass man lebt!

Meine liebste Zeit

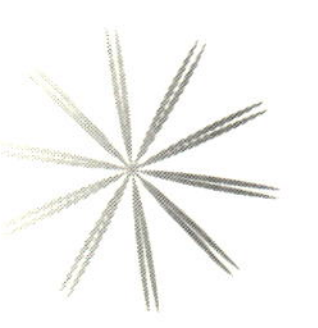

Heute ernte ich den Lohn für meine Arbeit. Goldener Löwe in Venedig für mein Lebenswerk (1993), Goldener Bär in Berlin (2002), Großer Preis beim Festival in Stuttgart, Mitglied der Ehrenlegion in Frankreich, Portugal und Italien. Ich habe in der Jury von Cannes gesessen und war Mitglied in der Oscar Academy in Hollywood. Aber ich möchte mich nicht in ein Museum stellen lassen. Immer noch ist die Gegenwart meine liebste Zeit.

Natürlich, wenn ich heute an einem Filmset eintreffe und sehe, wie der Regisseur seine Kamera platziert, weiß ich gleich, mit wem ich es zu tun habe. Es gibt einige Kollegen, mit deren Berufserfahrung man sich nur schwer messen kann. Das hindert mich aber nicht daran, immer noch gern zu drehen, zu spielen, zumindest wenn ich dem Regisseur vertrauen kann und ich das Drehbuch mag.

Beim Film zu beginnen ist schwierig. Aber noch schwieriger ist es, beim Film zu bleiben. Das ist so, als ob man sich in einen Dschungel wagt: Es ist nicht der erste Schritt, der zählt. Das weiß ich besser als jeder andere; schließlich feiere ich bald mein fünfzigstes Berufsjubiläum. Weder Schönheit noch Glück sind genug, um Schauspielerin zu sein. Ich glaube sogar, dass beides uns nur unzureichend auf die Prüfungen vorbereitet, die unvermeidlich kommen werden.

Ein Schauspieler muss sensibel sein, aber man muss auch stark sein, und das ist die große Schwierigkeit dieses Berufs. Er zwingt uns, beides zu sein; wenn eine dieser Eigenschaften fehlt, ist man nichts. In unserer grausamen Welt überleben die Schwachen nicht.

Das lernte man damals in Tunesien schon als Schulkind. Insbesondere, wenn man einer Minderheit angehörte. Ich habe noch nie vor jemandem Angst gehabt. Von Kindesbeinen an bin ich eine Kämpferin gewesen… Heute muss ich lachen, wenn ich amerikanische Stars in Cannes oder im Fernsehstudio mit ihren Bodyguards sehe. Diese Leute müssen wirklich ziemlich zerbrechlich sein, dass sie sich lieber mit Wächtern umgeben statt mit den Menschen, die sie lieben und bewundern. Es ist mir schon passiert, dass ich einen Flur im Festivalpalast nicht betreten durfte, weil soeben Claudia Schiffer eintraf… Ist das nicht witzig?

Ich hätte viele Gründe, auf die großen Erfolge der Vergangenheit zurückzublicken. Immer noch bekomme ich Briefe von jungen Leuten, die von einer Rolle, einer Figur, die ich verkörpere, begeistert sind und mich um meine Adresse bitten, als wäre ich noch die junge Schauspielerin, die sie angerührt hat. Ich nehme ihre Verehrung als das, was sie ist, nämlich der Ausdruck ihrer Bewunderung für ein Kino, das nicht mehr ist und das ihnen fehlt. Ein Kino, das sich nicht auf Küche und Sofa als Dekoration beschränkte und das nicht von den gleichen Menschen bevölkert war, die man auf der Straße trifft. Ein Kino, das uns über uns selbst hinaustrug.

Der Film hat mir alles gegeben, eine Heimat, eine Sprache. Meine Freiheit, herrliche Abenteuer und vor allem Freunde. Aber er hat mich nicht verändert. Ich habe nie die Person aus dem Auge verloren, die ich war, wenn die Kameras ausgeschaltet wurden.

Ja, eine ruhmreiche Vergangenheit kann manchmal auch eine schwere Last sein. Aber wie schon gesagt, liebe ich die Gegenwart immer noch mehr als jede andere Zeit. Sicher, die Kostüme sind nicht mehr so schön, das Licht weniger sublim. Aber wenn ich morgens aus dem Haus gehe, um meine Zeitungen zu holen, treffe ich immer noch Menschen, die mir etwas zu sagen haben. Echte Menschen, keine Illusionen oder Gespenster.

Es kommt sogar vor, dass sie mir von jemandem erzählen, den ich einmal gut gekannt habe: Claudia Cardinale, ein Mädchen, das Walzer tanzen konnte wie sonst niemand, das wunderbare Kleider trug und sogar in der Lage war, auf ein Trapez zu klettern… Es ist erstaunlich, was eine Schauspielerin fertig bringt… auf der Leinwand.

Und ich? Alle meine Freunde wissen genau, dass ich schon auf einem Balkon Höhenangst bekomme.

ANHANG

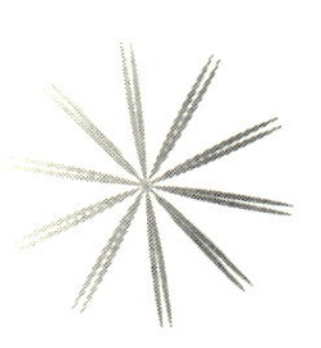

KINO

1956
Anneaux d'or
Regie: René Vautier

1957
Goha
Regie: Jacques Baratier
Drehbuch: Georges Schéhadé, nach dem Buch von A. Ades und A. Josipovici
Mit Omar Sharif

In diesen beiden Filmen wirkte Claudia Cardinale noch als Schülerin mit.

1958
Diebe haben's schwer (I soliti ignoti)
Regie: Mario Monicelli
Drehbuch: Age, Scarpelli, S. Cecchi d'Amico und M. Monicelli
Mit Vittorio Gassman, Toto, Marcello Mastroianni

Drei Ausländerinnen in Rom (Tre straniere a Roma)
Regie: Claudio Gora
Drehbuch: A. De Riso

Die erste Nacht (La prima notte)
Regie: Alberto Cavalcanti
Drehbuch: J. Ferry, A. Hermant, C. A. Puget, L. Vincenzoni
Mit Martine Carol, Vittorio De Sica

Diebe sind auch Menschen (Audace colpo dei soliti ignoti)
Regie: Nanni Loy
Drehbuch: Scarpelli, N. Loy, A. Incorocci
Mit Vittorio Gassman, Renato Salvatori, Nino Manfredi

Menschen, die im Schatten stehen (Il magistrato)
Regie: Luigi Zampa
Drehbuch: P. Festa Campanile, M. Franciosa
Mit François Périer, Jacqueline Sassard

Treppauf – treppab (Upstairs and Downstairs)
Regie: Ralph Thomas
Drehbuch: F. Harvey
Mit Mylène Demongeot

Unter glatter Haut (Un maledetto imbroglio)
Regie: Pietro Germi
Drehbuch: E. De Concini, P. Germi, A. Giannetti
Mit Pietro Germi, Franco Fabrizi

Wind des Südens (Il vento del sud)
Regie: Enzo Provenzale
Drehbuch: G. Mangione, E. Provenzale
Mit Renato Salvatori

1960
Austerlitz – Glanz einer Kaiserkrone (Austerlitz)
Regie: Abel Gance
Drehbuch: A. Gance
Mit Pierre Mondy, Martine Carol, Michel Simon

Bel Antonio (Il bell'Antonio)
Regie: Mauro Bolognini
Drehbuch: V. Brancati, P. P. Pasolini
Mit Marcello Mastroianni, Pierre Brasseur

Gefährliche Nächte (I Delfini)
Regie: Francesco Maselli
Drehbuch: E. De Concini, F. Maselli, A. Moravia
Mit Gérard Blain

Rocco und seine Brüder (Rocco ei suoi fratelli)
Regie: Luchino Visconti
Drehbuch: L. Visconti, nach einer Vorlage von Giovanni Testori
Mit Alain Delon, Annie Girardot, Renato Salvatori
Ausgezeichnet mit dem Sonderpreis der Jury und dem Silbernen Löwen beim Filmfest in Venedig

1961
Das Haus in der Via Roma (La viaccia)
Regie: Mauro Bolognini
Drehbuch: M. Pratesi, V. Pratolini, P. Festa Campanile, M. Franciosa
Mit Jean-Paul Belmondo, Pietro Germi

Vor Salonlöwen wird gewarnt (Les lions sont lâchés)
Regie: Henri Verneuil
Drehbuch nach einer literarischen Vorlage: France Roche
Dialoge: Michel Audiard
Mit Darielle Darrieux, Jean-Claude Brialy, Michèle Morgan, Lino Ventura

Das Mädchen mit dem leichten Gepäck (La ragazza con la valigia)
Regie: Valerio Zurlini
Drehbuch: V. Zurlini, P. De Bernardi, E. Medioli, G. Patroni Griffi
Mit Jacques Perrin
Ausgezeichnet mit dem David di Donatello-Preis

Cartouche der Bandit (Cartouche)
Regie: Philippe de Broca
Drehbuch: D. Boulanger, Ph. de Broca
Mit Jean-Paul Belmondo

Hörig (Senilità)
Regie: Mauro Bolognini
Drehbuch: M. Bolognini, T. Pinelli, G. Parise. Nach einem Roman von Italo Svevo
Mit Anthony Franciosa

1962
8½ (Otto e mezzo)
Regie: Federico Fellini
Drehbuch: F. Fellini
Mit Marcello Mastroianni, Anouk Aimée
Auszeichnung: Großer Preis beim Filmfestival in Moskau

1963
Der Leopard (Il gattopardo)
Regie: Luchino Visconti
Drehbuch: S. Cecchi d'Amico, P. Festa Campanile, E. Medioli, M. Franciosa. Nach Giuseppe Tomasi di Lampedusa
Mit Alain Delon, Burt Lancaster
Auszeichnung: Goldene Palme in Cannes 1963

Der Rosarote Panther (Pink Panther)
Regie: Blake Edwards
Drehbuch: M. Richlin, B. Edwards
Mit David Niven, Peter Sellers

Die Gleichgültigen (Gli indifferenti)
Regie: Francesco Maselli
Drehbuch: S. Cecchi d'Amico, F. Maselli, A. Moravia. Nach dem gleichnamigen Roman von Alberto Moravia
Mit Rod Steiger, Shelley Winters, Paulette Goddard

Zwei Tage und zwei Nächte (La ragazza di Bube)
Regie: Luigi Comencini
Drehbuch: C. Cassola, L. Comencini
Mit George Chakiris

1964
Zirkuswelt (Circus World)
Regie: Henry Hathaway
Drehbuch: B. Hecht, J. E. Grant, P. Yordan
Mit John Wayne, Rita Hayworth

Sandra (Vaghe stelle dell'Orsa)
Regie: Luchino Visconti
Drehbuch: S. Cecchi d'Amico, E. Medioli, L. Visconti
Mit Jean Sorel, Michael Craig

Cocü (Il magnifico cornuto)
Regie: Antonio Pietrangelli
Drehbuch: D. Fabbri, R. Maccari, E. Scola, S. Strucchi
Mit Ugo Tognazzi, Gian Maria Volonte, Bernard Blier

1965
New York Express (Blindfold)
Regie: Philip Dunne
Drehbuch: Ph. Dunne, W. H. Menger
Mit Rock Hudson

Sie fürchten weder Tod noch Teufel (Lost Command)
Regie: Mark Robson
Drehbuch: N. Gidding, nach einem Roman von Jean Lartéguy
Mit Anthony Quinn, Alain Delon

Eine Rose für alle (Una rosa per tutti)
Regie: Franco Rossi
Drehbuch: E. Borrás, E. De Concini, Nino Manfredi, F. Rossi
Mit Nino Manfredi, Mario Adorf

Die gefürchteten Vier (The Professionals)
Regie: Richard Brooks
Drehbuch: R. Brooks
Mit Burt Lancaster, Lee Marvin, Jack Palance

1966
Die Gespielinnen (Le fate), Episodenfilm. Episode »Armenia«
Regie: Mario Monicelli
Drehbuch: S. Cecchi d'Amico, T. Guerra, G. Salvioni

Die nackten Tatsachen (Don't Make Waves)
Regie: Alexander Mackendrick
Drehbuch: I. Wallach, G. Kirgo
Mit Tony Curtis, Sharon Tate

Piero Gherardi (Kurzfilm)
Regie: Nadia Werba
Auszeichnung: Goldene Muschel beim Internationalen Festival von San Sebastian

Die mit den Wölfen heulen (The Hell with Heroes)
Regie: Joseph Sargent
Drehbuch: H. Livingston, H. Welles
Mit Rod Taylor

1967
Der Tag der Eule (Il Giorno della civetta)
Regie: Damiano Damiani
Drehbuch: D. Damiani, U. Pirro, L. Sciascia, nach einer Vorlage von Leonardo Sciascia
Mit Franco Nero
Auszeichnung: Nastro d'Argento für die beste schauspielerische Leistung

1968
Spiel mir das Lied vom Tod (C'era una volta, il West)
Regie: Sergio Leone
Drehbuch: D. Argentio, S. Leone, S. Donati, nach einer Geschichte von Bernardo Bertolucci
Mit Henry Fonda, Charles Bronson, Jason Robards

Ein feines Pärchen (Ruba al prossimo tuo)
Regie: Francesco Maselli
Drehbuch: L. Gelbart, V. C. Leone, F. Maselli, L. Montagnana
Mit Rock Hudson

1969
Das Rote Zelt (Krasnaja palatka)
Regie: Michail Kalatosow
Drehbuch: R. L. Adams, R. Bolt, E. De Concini
Mit Sean Connery, Peter Finch, Hardy Krüger

Im Jahre des Herrn (Nell'anno del Signore)
Regie: Luigi Magni
Drehbuch: L. Magni
Mit Nino Manfredi, Robert Hossein, Ugo Tognazzi

Die Gräfin und ihr Oberst (Adventures of Gérard)
Regie: Jerzy Skolimowski
Drehbuch: H. A. L. Craig, G. Gutowski, S. Skolimowski, nach einer Vorlage von Conan Doyle
Mit Peter MacEnery, Eli Wallach

Die Freundin war immer dabei (Certo, certissimo, anzi … probabile)
Regie: Marcello Fondato
Drehbuch: M. Fondato, nach einer Vorlage von D. Maraini
Mit Catherine Spaak

1970
Popsy Pop (Popsy Pop)
Regie: Jean Herman
Drehbuch: H. Charrière, J. Herman
Mit Ginette Leclerc

1971
Petroleum-Miezen (Les Pétroleuses)
Regie: Christian Jaque
Drehbuch: M.-A. Anies, J. Nemours
Mit Brigitte Bardot, Michel J. Pollard, Micheline Presle, Jacques Jouanneau

Die Audienz (L'Udienza)
Regie: Marco Ferreri
Drehbuch: D. Matelli, M. Ferreri
Mit Michel Piccoli, Ugo Tognazzi, Vittorio Gassman

Bello, onesto, emigrato Australia sposerebbe con paesana illibita
Regie: Luigi Zampa
Drehbuch: R. Sonego, L. Zampa
Mit Alberto Sordi

1972
Der Mann aus Marseille (La Scoumoune)
Regie: José Giovanni
Drehbuch: J. Giovanni, nach seiner eigenen Romanvorlage
Mit Jean-Paul Belmondo, Michel Constantin, Andréa Ferréol

Il Giorno de Furore (Days of Fury)
Regie: Antonio Calenda
Drehbuch: E. Bond, A. Calenda, U. Pirro

Die Rache der Camorra (I Guappi)
Regie: Pasquale Squitieri
Drehbuch: P. Squitieri, U. Pirro
Mit Franco Nero, Fabio Testi

1973
Libera, Amore mio (Libera, Amore mio)
Regie: Mauro Bolognini
Drehbuch: N. Badalucco, M. Bolognini, L. Vincenzoni
Mit Philippe Leroy-Beaulieu, Adolfo Celi

1974
Gewalt und Leidenschaft (Gruppo di famiglia in un interno)
Regie: Luchino Visconti
Drehbuch: S. Cecchi d'Amico, L. Visconti
Mit Burt Lancaster, Helmut Berger, Silvana Mangano

Eine Laus im Pelz (A mezzanotte va la ronda del piacere)
Regie: Marcello Fondato
Drehbuch: M. Fondato, F. Scardamaglia
Mit Vittorio Gassman, Monica Vitti

1975
Lucky Girls (Qui cominicia l'avventura)
Regie: Carlo Di Palma
Drehbuch: B. Alberti, C. Di Palma, A. Pagani
Mit Monica Vitti

Il Commune Senso del Pudore
Regie: Alberto Sordi
Drehbuch: R. Sonego, A. Sordi
Mit Philippe Noiret, Alberto Sordi

1976
Die Rache bin ich (Il prefetto di ferro)
Regie: Pasquale Squitieri
Drehbuch: P. Squitieri, A. Petacco
Mit Giuliano Gemma
Auszeichnungen: David di Donatello-Preis, Oscar-Nominierung

Jesus von Nazareth (Gesù di Nazareth)
Regie: Franco Zeffirelli
Drehbuch: A. Burgess, S. Cecchi d'Amico
Mit Robert Powell, Rod Steiger, James Mason

1977
Das gefährliche Spiel von Ehrgeiz und Liebe (La Part du Feu)
Regie: Étienne Périer
Drehbuch und Adaption: D. Fabre, É. Périer
Mit Michel Piccoli, Jacques Perrin

1978
Der Aufstieg des Paten (Corleone)
Regie: Pasquale Squitieri
Drehbuch: O. Barrese, M. De Rita, A. Maiuri, P. Squitieri
Mit Giuliano Gemma, Michele Placido
Auszeichnung: Bester Film beim Festival von Montreal

La petite fille en velours bleu
Regie: Alan Bridges
Drehbuch: Ch. Watton, A. Bridges
Mit Michel Piccoli, Umberto Orsini

Goodbye und Amen (Good Bye e Amen)
Regie: Damiano Damiani
Drehbuch: N. Badalucco, D. Damiani
Mit Tony Musante, John Forsythe

Flucht nach Athena (Escape to Athena)
Regie: Georges Pan Cosmatos
Drehbuch: E. Anhalt, G. P. Cosmatos, R. Lochte
Mit Roger Moore, David Niven

Si Salvi Chi Vuole
Regie: Roberto Faenza
Mit Gastone Moschin

L'Arma
Regie: Pasquale Squitieri
Drehbuch: P. Squitieri
Mit Stefano Satta Flores
Auszeichnung: Preis für die beste schauspielerische Leistung beim Filmfestival in Belgrad

1980
Kennwort: Salamander (The Salamander)
Regie: Peter Zinner
Drehbuch: R. Katz
Mit Anthony Quinn, Franco Nero

1981
Fitzcarraldo
Regie: Werner Herzog
Drehbuch: W. Herzog
Mit Klaus Kinski

Die Haut (La Pelle)
Regie: Liliana Cavani
Drehbuch: R. Katz, L. Cavani nach dem Roman von Curzio Malaparte
Mit Marcello Mastroianni, Burt Lancaster

1982
Der Rammbock (Le Ruffian)
Regie: José Giovanni
Drehbuch: J. Giovanni
Mit Lino Ventura, Bernard Giraudeau

Ein pikantes Geschenk (Le Cadeau)
Regie: Michel Lang
Drehbuch: M. Lang
Mit Pierre Mondy, Clio Goldsmith

1983
Heinrich IV. (Enrico IV)
Regie: Marco Bellochio
Drehbuch: M. Bellochio, nach Luigi Pirandello
Mit Marcello Mastroianni

1984
Claretta Petacci
Regie: Pasquale Squitieri
Mit Giulano Gemma
Auszeichnungen: Preis für die beste schauspielerische Leistung beim Filmfest in Venedig und Nastro d'Argento für die beste schauspielerische Leistung

La Donna delle Meraviglie
Regie: Alberto Bevilacqua
Drehbuch: A. Bevilacqua
Mit Ben Gazzara, Lina Sastri

Familienpyramide (L'été prochain)
Regie: Nadine Trintignant
Drehbuch: N. Trintignant
Mit Philippe Noiret, Jean-Louis Trintignant, Fanny Ardant

1985
La Storia
Regie: Luigi Comencini
Drehbuch: S. Cecchi d'Amico, C. Comencini, L. Comencini
Mit Francisco Rabal

1987
A Man in Love – Leidenschaftliche Begegnung (Un homme amoureux)
Regie: Diane Kurys
Drehbuch: D. Kurys, O. Schatzky
Mit Peter Coyote, Greta Scacchi

1988

Die Französische Revolution – Jahre der Hoffnung / Jahre des Zorns (La Révolution Française)

Regie: Robert Enrico

Drehbuch: D. Boulanger, R. Heffron

Mit Jean-François Balmer, Jane Seymour, Peter Ustinov, Klaus Maria Brandauer

1989

Winter 54 (Hiver 54 – L'Abbé Pierre)

Regie: Denis Amar

Drehbuch: D. Amar, M. Devort

Mit Lambert Wilson, Robert Hirsch

1990

Eine Mutter (Atto di Dolore)

Regie: Pasquale Squitieri

Drehbuch: N. Balestrini, S. Bianchi, P. Squitieri, F. Traversa

Mit Giulia Boschi, Bruno Cremer

Auszeichnung: Preis für die beste schauspielerische Leistung beim Festival von Montreal

La Bataille des trois rois

Regie: Souheil Ben Barka und Outchkoun Mazarov

Drehbuch: S. Ben Barka, G. Castillo

Mit Massimo Ghini

1991

Mayrig – Heimat in der Fremde (Mayrig) und *Mayrig – Die Straße zum Paradies* (588 rue Paradis)

Regie: Henri Verneuil

Drehbuch: H. Verneuil, nach seinen gleichnamigen Romanen

Mit Omar Sharif

Auszeichnung: Großer Preis der Nationalen Filmakademie 1991

1992
Der Sohn des rosaroten Panthers (The Son of Pink Panther)
Regie: Blake Edwards
Drehbuch: B. Edwards, M. und S. Sunshine
Mit Roberto Benigni

1993
Frauen denken nur an eines (Elles ne pensent qu'à ça)
Regie: Charlotte Dubreuil
Drehbuch: Ch. Dubreuil, G. Wolinski
Mit Carole Laure, Bernard Le Coq

1995
Un été à La Goulette
Regie: Ferid Boughedir
Drehbuch: F. Boughedir
Mit Michel Boujenah

1996
Riches, belles, etc.
Regie: Bunny Schpoliansky
Drehbuch: B. Schpoliansky
Mit Marisa Berenson, Anouk Aimée

Sous les pieds des femmes
Regie: Rachida Krim
Drehbuch: R. Krim
Mit Ferja Deliba, Nadia Farès, Bernadette Lafont

1999
Li Chiamarono… Briganti
Regie: Pasquale Squitieri
Mit Enrico Loverso, Roberta Armani

Un café… l'addition (Kurzfilm)
Regie: François Rabes und Félice Dutertre
Mit Hélène de Fougerolles

Luchino Visconti Dokumentation
Regie: Carlo Lizzani

2001
And now… Ladies & Gentlemen
Regie: Claude Lelouch
Drehbuch: C. Lelouch, P. Leroux
Mit Patricia Kaas, Jeremy Irons

Fernsehen

1976
Jesus von Nazareth (Gesù di Nazareth)
Regie: Franco Zeffirelli 1983

Princess Daisy (Princess Daisy)
Regie: Warris Hussein
Mit Merete Van Kamp, Lindsay Wagner

1985
La Storia (La Storia)
Regie: Luigi Comencini
Mit Lambert Wilson

1986
Naso di Cane
Regie: Pasquale Squitieri

Blu elettrico
Regie: Elfriede Gaeng

1995
Nostromo – Der Schatz in den Bergen (Nostromo)
Romanverfilmung nach Joseph Conrad
Regie: Alastair Reid, Albert Finney
Mit Kristin Scott Thomas, Colin Firth, C. Amendola

Mia, Liebe meines Lebens (Mia per sempre)
Regie: Giovanni Soldati
Mit John Savane, Tobias Moretti

1996
Prinzessin Amina – das Geheimnis einer Liebe (Il Deserto di Fuoco)
Regie: Enzo Castellari
Mit Anthony Delon, Virna Lisi, Vittorio Gassmann, Arselle Dombasle, Franco Nero, G. Gemma, Marie Laforêt

1999
Elizabeth
Regie: Pasquale Squitieri

2001
La Venexiana
Regie: Pasquale Squitieri
Mit Catherine Allégret, Stéphane Metzger, Claudia Squitieri

Literatur

1995
Moi, Claudia, toi, Claudia mit Anna Maria Mori

Theater

Vom 3. Bis 27. Mai 2000: Hauptrolle in dem Theaterstück *La Venexiana* im Théâtre du Rond-Point, Paris. Das Stück wurde im 16. Jahrhundert von einem anonymen Autor verfasst. Bearbeitung des italienischen Originals: René de Ceccatty, Inszenierung: Maurizio Scaparro

Oktober 2002 bis März 2003: Tournee in Italien mit dem Stück *Come tu me voi* von Luigi Pirandello. Inszenierung: Pasquale Squitieri

Auszeichnungen

1992: Die Französische Cinemathek ehrt Claudia Cardinale. Bei dieser Gelegenheit zeichnet Kultusminister Jack Lang sie bei einer Veranstaltung in der Opéra Garnier als Kommandant der Ehrenlegion für Kunst und Literatur aus.

1993: Goldener Löwe für ihr Lebenswerk beim Filmfestival von Venedig

1999: Ernennung zum Offizier der Ehrenlegion durch den französischen Präsidenten Jacques Chirac

März 2000: Ernennung zur Sonderbotschafterin der französischen Unesco durch Unesco-Präsident Matsuura

2001: Auszeichnung als Offizier der portugiesischen Ehrenlegion durch den Staatspräsidenten

2002: Goldener Bär für das Lebenswerk bei den Berliner Filmfestspielen

2002: Ernennung zum Großoffizier der italienischen Ehrenlegion durch den Staatspräsidenten

Ein dramatisches Leben.
Eine bewegende Autobiografie.

Farah Diba-Pahlavi
ERINNERUNGEN
464 Seiten
mit 21 farbigen und s/w
Abbildungen
Gebunden mit Schutzumschlag
ISBN-10: 3-7857-2157-9
ISBN-13: 978-3-7857-2157-5

Auch als Taschenbuch:
ISBN-10: 3-404-61575-1
ISBN-13: 978-3-404-61575-9

Ihre prunkvolle Hochzeit 1959 mit dem Shah des Iran war eine Märchenhochzeit. Doch ihr Leben war reich an Wendungen und Schicksalsschlägen.
Sie wurde zur ersten Kaiserin des Iran gekrönt, und sie verlor ihre Heimat durch die islamistische Revolution. Sie setzte sich für die Befreiung der Frau aus mittelalterlichen Traditionen ein, und sie erfuhr die Niedertracht falscher Freunde im Exil.
Weitere schwere Erfahrungen zeichneten ihr Leben. Aber Farah Diba-Pahlavi fand immer wieder Kraft – für sich selbst und für andere.

Gustav Lübbe Verlag
Bastei Lübbe Taschenbuch

*»Wenn ich durch deine Liebe lebe,
dann werde ich tausend Jahre alt.«*

HELLA BRICE

Hella Brice
PIERRE – WIE ICH
DICH SEHE
224 Seiten
mit 153 Abbildungen
in Farbe und
72 Schwarz-Weiß-Fotos
Gebunden
mit Schutzumschlag
ISBN-10: 3-7857-2229-X
ISBN-13: 978-3-7857-2229-9

Seine Bekanntheit ist ungebrochen groß, seine *Winnetou*-Verfilmungen sind Legende. Doch wer ist dieser Pierre Brice wirklich? Seine Ehefrau Hella hat alle öffentlichen, aber auch privaten Momente im Leben ihres Mannes mit der Kamera festgehalten. Entstanden sind dabei wunderschöne Porträts, interessante Backstage-Fotos und herrliche Schnappschüsse, die sie in diesem repräsentativ ausgestatteten Bildband zum ersten Mal vorstellt.
Sie zeigen einen Pierre Brice, wie er für Millionen von Menschen zum Idol und zu einem noch immer überaus beliebten Schauspieler wurde. Und sie zeigen einen Pierre Brice, wie ihn nur wenige kennen: eben »Pierre – wie ich dich sehe«.

Gustav Lübbe Verlag

Die unbekannten Seiten einer ungewöhnlichen Frau

Christine Kaufmann
CHRISTINE KAUFMANN UND ICH
Mein Doppelleben
352 Seiten
mit 40 s/w-Abbildungen
Gebunden mit Schutzumschlag
ISBN 3-7857-2203-6

Sie war einst das »Rosen-Resli« und wurde später als »schönste Großmutter Deutschlands« bezeichnet. Sie war mit dem Hollywood-Traumprinzen Tony Curtis verheiratet und erlebte die amerikanische Filmmetropole in einer ihrer aufregendsten Epochen. Sie war ein Kinderstar im deutschen Nachkriegsfilm – und spielte später expressives Theater unter weltbekannten Regisseuren.

Christine Kaufmann erzählt ihr Leben – witzig, authentisch und vor allem schonungslos ehrlich. Die berührende Zwischenbilanz einer wahrhaft ungewöhnlichen Frau.

Gustav Lübbe Verlag